人民调解工作法律实务丛书

人民调解
方法技巧与法律知识

第2版

《人民调解工作法律实务丛书》编写组 / 编

中国法治出版社
CHINA LEGAL PUBLISHING HOUSE

前　言

人民调解制度是由宪法确认的一项具有中国特色的法律制度，具有重要的法律地位和社会价值。相比于诉讼制度，人民调解制度具有"低成本、高效率、后遗症小"的优势，并且，在人民调解活动中，当事人的自主性与自治性更大，能最大限度地实现自我教育、自我管理、自我服务。近年来，随着人民调解制度的不断完善和基层人民调解组织的不断健全，大量的矛盾纠纷被调处、被化解，调解成功率也在日渐攀升。可以说，人民调解已成为解决各类社会矛盾纠纷的重要途径和有效方法之一，其在维护社会稳定与和谐发展上发挥着不可替代的作用。

担当人民调解工作的是人民调解员。调解工作做得好不好，很大程度取决于人民调解员的能力。这里的能力，可以概括为方法技巧与理论知识。首先，有效的方法技巧对于调解的成功起着至关重要的作用,其不仅能提高工作效率,还能作为一代代人民调解员的"传家宝",具有相当的实用性。其次,理论知识——主要为法律知识,也是人民调解员必备的。司法部等部门发布的《关于加强人民调解员队伍建设的意见》指出,人民调解员的职责任务之一是"做好法治宣传教育工作,注重通过调解工作宣传法律、法规、规章和政策,教育公民遵纪守法"。由此可见,一名合格的人民调解员,不仅要具备良好的道德品质、充沛的工作精力、友善慈爱的心,还要具备一定的法律知识。学习和加强法律知识储备,对一名人民调解员来说,是必须要做到的。

为了帮助广大人民调解工作者学习和掌握与人民调解工作相关的方法技巧和法律知识,我们特别编写《人民调解方法技巧与法律知识》一书。

本书在内容上分为四大部分:第一部分是各种实用调解方法的案例实操,包括法治与德治相结合的方法、动员多种力量协助调解的方法、抓住主要矛盾进行调解的方法、解决思想问题与解决实际问题相结合的方法、换位思考法、苗头预测和遏制法、模糊处理法、褒扬激励法等,一一以纠纷案例形式讲述各种调解方法的运用;第二部分是调解技巧的案例应用,分别对纠纷要素运用技巧、言语语言运用技巧、体态语言运用技巧、心理疏导运用技巧进行汇总并辅以案例分析，力求把不同的调解方法与技巧结合起来，达到预期的调解目标；第三部分是人民调解工作必备的法律知识，囊括了宪法、民法典、劳动合同法、消费者权益保护法、道路交通安全法、食品安全法、刑法、土地管理法等多个领域的法律知识，并且根据《民法典》及其司法解释对其作了新解读，以满足调处各种纠纷的需要；第四部分是与人民调解工作流程和制度相关的法律法规及规范性文件，帮助人民调解员全面掌握工作规范。

本书的特色在于集全面性与实用性于一身。全面性体现在调解方法与技巧全面、法律知识丰富；实用性体现在为广大人民调解员量身定做、通俗易懂，能满足人民调解工作的实际需求。我们坚信，本书一定能成为人民调解工作的得力助手！

为了帮助人民调解员提高综合业务素质，我们精心编写了一套《人民调解工作法律实务丛书》，这套丛书囊括调解方法技巧、调解文书制作、在调解实际中如何与当事人沟通等方方面面的知识，除本书外，还包括《不同纠纷类型的调解案例与法律应用（第3版）》《人民调解案例解析与法律指引》《人民调解员不可不知的100个心理学定律：人民调解中的沟通技巧》《人民调解中的沟通艺术——用心理学引导当事人沟通》《人民调解卷宗文书制作案例示范》《人民调解典型案例填报示范与精解》《心理学在人民调解实务中的运用》等，从理论到实操再到法律运用，是成为一名合格的人民调解员必备的调解教程！

广大人民调解员作为一线的人民调解工作者，对我国的人民调解事业作出了重大贡献。衷心希望我们编写的图书能给您带来帮助，并恳请您对本书提出宝贵意见。在此祝各位人民调解员工作顺利，身体健康！

目 录

第一章 调解方法案例实操

第一节 法治与德治相结合的方法及运用 ………………… 1
案例1：因男方强迫女方结婚引发的纠纷 ………………… 3
案例2：因对遗产继承份额有异议引发的纠纷 …………… 7
案例3：因不满代位继承财产引发的纠纷 ………………… 11

第二节 动员多种力量协助调解的方法及运用 …………… 14
案例4：因离婚后探望子女引发的纠纷 …………………… 18
案例5：因父母一方不同意送养子女引发的纠纷 ………… 20

第三节 抓住主要矛盾进行调解的方法及运用 …………… 23
案例6：因胎儿继承权问题引发的纠纷 …………………… 25
案例7：因不尽赡养义务引发的家庭纠纷 ………………… 28

第四节 解决思想问题与解决实际问题相结合的方法及
运用 ………………………………………………… 30
案例8：因不让孩子上学引发的纠纷 ……………………… 32
案例9：因宅基地界线引发的纠纷 ………………………… 34

第五节　换位思考法及运用 ································· 37
案例 10：夫妻因家庭琐事引发的纠纷 ······················ 39
案例 11：因丈夫好赌引发的纠纷 ·························· 41

第六节　苗头预测和遏制法及运用 ························· 44
案例 12：因妻子出轨引发的纠纷 ·························· 46
案例 13：因遗弃老人引发的纠纷 ·························· 49

第七节　模糊处理法及运用 ······························· 52
案例 14：因不当得利数额分歧引发的纠纷 ·················· 55
案例 15：因孩子打架引发的邻里纠纷 ······················ 57
案例 16：因失业压力引发的离婚纠纷 ······················ 60

第八节　褒扬激励法及运用 ······························· 63
案例 17：因见义勇为受伤请求补偿引发的纠纷 ·············· 65
案例 18：因无因管理产生费用争议引发的纠纷 ·············· 68

第二章　调解技巧案例应用

第一节　纠纷要素运用技巧 ······························· 73
一、时间要素运用技巧 ·································· 74
案例 19：因长期拖欠欠款引发的纠纷 ···················· 75
二、地点要素运用技巧 ·································· 77
案例 20：因误会引发的邻里纠纷 ························ 78
三、人物要素运用技巧 ·································· 80
案例 21：因兄弟换房引发的家庭纠纷 ···················· 82
四、情节要素运用技巧 ·································· 84
案例 22：因偷看孩子手机引发的纠纷 ···················· 85
五、原因要素运用技巧 ·································· 87

案例23：因遗嘱引发的赡养纠纷 ………………………… 87
第二节　言语语言运用技巧 ………………………………… 90
　一、谈话内容的运用技巧 ………………………………… 90
　　案例24：因重男轻女抛弃女儿引发的纠纷 ……………… 92
　二、语音的运用技巧 ……………………………………… 94
　　案例25：因采光权引发的纠纷 …………………………… 97
第三节　体态语言运用技巧 ………………………………… 99
　一、面部表情的运用技巧 ………………………………… 100
　　案例26：因丈夫出轨引发的纠纷 ………………………… 102
　二、姿势的运用技巧 ……………………………………… 104
　　案例27：因土地承包经营权引发的纠纷 ………………… 106
第四节　心理疏导运用技巧 ………………………………… 108
　　案例28：因婆媳关系引发的家庭纠纷 …………………… 110

第三章　人民调解工作必备法律知识

第一节　宪法知识 …………………………………………… 115
　1. 哪些人享有选举权和被选举权？ ……………………… 115
　2. 被判处有期徒刑还享有选举权与被选举权吗？ ……… 115
　3. 公民是否拥有无限制的言论自由权？ ………………… 116
　4. 宪法中是如何规定宗教信仰自由的？ ………………… 116
　5. 宪法是如何保护民宅不受侵犯的？ …………………… 117
　6. 妻子限制丈夫跟异性通信违法吗？ …………………… 117
　7. 父母不让女儿出门见男友违法吗？ …………………… 118
　8. 歧视、虐待妇女违法吗？ ……………………………… 118
　9. 我国的自然资源都归属国家所有吗？ ………………… 119

10. 如何理解公民要尊重社会公德? …………………… 119
第二节　婚姻家庭法律知识 ………………………………… 120
　　1. 男方在婚前购买的房子,婚后属于夫妻共同财
　　　 产吗? ……………………………………………………… 120
　　2. 婚前一方父母出资为二人购买的结婚用房,是否
　　　 属于夫妻共同财产? …………………………………… 120
　　3. 婚后父母为子女购买的房屋所有权归谁? ………… 121
　　4. 娘家陪嫁的财产也是夫妻共同财产吗? …………… 121
　　5. 夫妻一方个人财产在婚后所得的收益,是否属于
　　　 夫妻共同财产? ………………………………………… 122
　　6. 婚前给付的"彩礼"什么情况下能返还? ………… 122
　　7. 住房公积金属于夫妻个人财产还是夫妻共有财产? …… 123
　　8. 一方因人身损害得到的医疗赔偿是夫妻共同财
　　　 产吗? ……………………………………………………… 123
　　9. 夫妻一方个人财产包括哪些? ………………………… 123
　　10. 夫妻一方以个人名义借的债,属于个人债务还
　　　 是夫妻共同债务? ……………………………………… 124
　　11. 夫妻处理财产,收入高的一方享有更多的权
　　　 利吗? …………………………………………………… 124
　　12. 夫妻一方丧失劳动能力后,另一方负有扶养义
　　　 务吗? …………………………………………………… 124
　　13. 家庭暴力是否构成犯罪? ……………………………… 125
　　14. 丈夫强制妻子不得外出工作,合法吗? …………… 125
　　15. 夫妻之间签订的"忠诚协议"合法有效吗? ……… 126
　　16. 事实婚姻是否受法律保护? …………………………… 126

17. 离婚时一方因经济困难要求另一方给予帮助有法律依据吗? ········· 127
18. 离婚时对抚养子女等尽义务多的一方能要求另一方补偿吗? ········· 127
19. 妻子因出轨导致怀孕,在怀孕期间丈夫能否提出离婚? ········· 127
20. 在父母没有监护能力的情况下未成年人由谁监护? ········· 128
21. 什么情况下父母可以指定孩子的监护人? ········· 129
22. 未成年人给他人造成损害由谁承担赔偿责任? ········· 129
23. 非婚生子女的父母不尽抚养义务违法吗? ········· 129
24. 离婚时双方可以约定轮流抚养孩子吗?孩子的抚养费是一成不变的吗? ········· 130
25. 儿子去世,儿媳带孩子再婚,爷爷奶奶有权探视吗? ········· 131
26. 子女有权利干涉父母离婚或再婚吗? ········· 131
27. 儿女对患病在床的老人置之不理,违法吗? ········· 131
28. 父母与子女断绝关系后,子女还需履行赡养义务吗? ········· 132
29. 孙子女对爷爷奶奶有赡养义务吗? ········· 132
30. 孩子符合什么条件才可以被收养? ········· 133
31. 收养人应具备哪些条件? ········· 133
32. 哪些公民、组织可以作为送养人?送养孤儿有什么条件? ········· 134
33. 被亲属朋友抚养的孩子属于收养吗? ········· 134
34. 收养人后悔收养孩子,可以解除收养关系吗? ········· 134

35. 收养关系解除后，成年子女对养父母还有赡养
    义务吗？ ………………………………………… 135

第三节 继承法律知识 ……………………………………… 136

  1. 法定继承是指什么？法定继承顺序是指什么？ ………… 136
  2. 拒绝赡养或虐待父母的子女是否还有继承权？ ………… 136
  3. 口头放弃继承权有法律效力吗？ ………………………… 137
  4. 篡改遗嘱是否会丧失继承权？ …………………………… 137
  5. 出嫁的女儿还有继承父母遗产的资格吗？ ……………… 138
  6. 同母异父、同父异母的兄弟之间可以彼此继承
     遗产吗？ …………………………………………………… 138
  7. 养父母有权继承养子的遗产吗？ ………………………… 138
  8. 侄子可以继承大伯的遗产吗？ …………………………… 139
  9. 儿媳可以作为继承人继承公婆的遗产吗？ ……………… 139
  10. 多尽赡养义务就可以要求多分些遗产吗？ …………… 140
  11. 被资助的孤儿有继承权吗？ …………………………… 140
  12. 遗书算遗嘱吗？ ………………………………………… 140
  13. 老人患有阿尔兹海默症，其所立的遗嘱有效吗？ …… 141
  14. 哪些人不能作为遗嘱见证人？ ………………………… 141
  15. 遗嘱能够"剥夺"法定继承人的继承权吗？ ………… 141
  16. 在什么情况下口头遗嘱有效？ ………………………… 142
  17. 遗嘱继承人继承遗产后不履行相关义务会怎样？ …… 142
  18. 遗嘱无效时该如何分配遗产？ ………………………… 143
  19. 公证过的遗嘱也能撤回吗？ …………………………… 143
  20. 如果遗赠扶养协议解除，已支付的供养费用可
      以要回吗？ ……………………………………………… 143

第四节　劳动就业法律知识 ……………………………… 144
 1. 用人单位对于职业危害是否有如实告知的义务？ ……… 144
 2. 用人单位扣押劳动者的证件是合法的吗？ ……………… 144
 3. 用人单位随便收取费用的行为违法吗？ ………………… 145
 4. 女员工要先写不生育的保证书再入职，合法吗？ ……… 145
 5. 劳动合同没有盖章有效吗？ ……………………………… 146
 6. 非全日制用工能约定试用期吗？ ………………………… 146
 7. 谎报学历签订的劳动合同有效吗？ ……………………… 147
 8. 用人单位发生分立或兼并，原劳动合同是否继续
   有效？ ……………………………………………………… 147
 9. 什么情况下劳动者可以要求解除劳动合同？ …………… 147
 10. 什么情况下劳动者可以签订无固定期限劳动
   合同？ ……………………………………………………… 148
 11. 用人单位拒绝签订劳动合同应当承担什么责任？ …… 149
 12. 未成年人能被用人单位招用吗？ ……………………… 149
 13. 跨地区派遣劳动者，报酬该如何确定？ ……………… 150
 14. 拒绝加班被扣工资合法吗？ …………………………… 150
 15. 员工可以拒绝下班后的应酬吗？ ……………………… 150
 16. 公司擅自为员工调岗降薪，员工必须服从吗？ ……… 151
 17. 采取"末位淘汰制"辞退业绩不达标的员工，
   合法吗？ ………………………………………………… 151
 18. 在停产期间，工人工资照付吗？ ……………………… 152
 19. 用人单位可以安排怀孕女职工上夜班吗？ …………… 152
 20. 职工在上下班途中遭遇车祸，属于工伤吗？ ………… 152
 21. 上班时突发疾病猝死，属于工伤吗？ ………………… 153
 22. 喝酒后在工地摔伤能算工伤吗？ ……………………… 153

23. 员工因见义勇为而受伤，能算工伤吗？ ……………… 153
第五节 消费者权益保护法律知识 …………………………… 154
1. 最终解释权能成为商家拒绝优惠的理由吗？ ………… 154
2. 经营者以翻新商品冒充新品出售，应该承担什么
   法律责任？ ……………………………………………… 154
3. 住宿时随身携带的财物丢失，酒店要赔偿吗？ ……… 155
4. 以网站积分购买的商品能进行退换货吗？ …………… 155
5. 促销、打折的商品出现质量问题就可以不予退
   货吗？ …………………………………………………… 156
6. 消费者在展销会上购买到劣质商品，有权要求举
   办者赔偿吗？ …………………………………………… 156
7. 消费者有权拒绝购买试穿过的衣服吗？ ……………… 157
8. 商家赠送的试用装、赠品、奖品有问题怎么办？ …… 157
9. 对于自动续费服务，商家应尽到怎样的义务？ ……… 157
10. 直播间卖货商家必须展示真实信息吗？ ……………… 158
11. 购买需要商家安装的商品，退换货时间该如何
    计算？ …………………………………………………… 158
12. 商品不能退换，商家应如何告知消费者？ …………… 159
13. 预先向消费者收费的服务项目中途提价，要承
    担怎样的后果？ ………………………………………… 159

第六节 道路交通安全法律知识 ………………………………… 160
1. 交通肇事逃逸案件未破时，受害人可以要求出具
   道路交通事故认定书吗？ ……………………………… 160
2. 道路交通事故中当事人的责任是如何确定的？ ……… 161
3. 当事人不认可道路交通事故认定书，应向谁申请
   复核？ …………………………………………………… 161

4. 发生交通事故后逃逸，会承担什么样的不利后果？ …… 162
5. 在 4S 店买车试乘时发生事故，该怎样赔偿？ …… 162
6. 学员在学车过程中发生交通事故，责任由谁承担？ …… 163
7. 因违章停车引发交通事故，应承担法律责任吗？ …… 163
8. 汽车撞了宠物狗算不算交通事故？ …………………… 163
9. 骑自行车撞人也属于交通事故吗？ …………………… 164
10. 行人在交通事故中负全责，还能再要求机动车赔偿吗？ ………………………………………………… 164
11. 可以私自解除电动自行车速度限制吗？ ……………… 164
12. 无人驾驶车辆发生交通事故致人受伤，该由谁来承担责任？ ……………………………………………… 165
13. 机动车撞到横穿高速公路的行人，需要承担责任吗？ ……………………………………………………… 165
14. 占用公路晒粮引发交通事故由谁负责？ ……………… 166
15. 因抢越铁路道口发生的事故，铁路部门需要赔偿吗？ ……………………………………………………… 166
16. 一方不履行交通事故赔偿协议，另一方如何维权？ ………………………………………………………… 167
17. 发生伤亡的交通事故可以私了吗？ …………………… 167

第七节　食品安全法律知识 ……………………………… 168
1. 从事哪些活动应当遵守食品安全法？ ………………… 168
2. 食品生产经营除应当符合食品安全标准外，还需要符合什么要求？ ……………………………………… 168
3. 食品安全法禁止生产经营哪些产品？ ………………… 170
4. 供货商对食品原料无法提供合格证明，该如何处理？ ……………………………………………………… 171

5. 预包装食品包装上的标签需要标明哪些事项？………… 171
6. 食品经营者销售散装食品时，应当在食品的外包装上标明哪些内容？……………………………… 171
7. 食品添加剂应当标明什么内容？……………………… 172
8. 保健食品的标签、说明书不得涉及哪些内容？……… 172
9. 进口的预包装食品、食品添加剂中需要标明中文标签吗？………………………………………………… 172
10. 购买的食品存在安全问题，除要求商家赔偿损失，还能要求额外赔偿吗？………………………… 173
11. 飞机上提供的免费食物存在食品安全问题，能要求赔偿吗？…………………………………………… 174

第八节 合同法律知识 …………………………………… 175
1. 孩子订立的合同有效吗？……………………………… 175
2. 因上了"托儿"的当而达成的买卖合同，有效吗？…………………………………………………… 175
3. 合同无效或被撤销后，因合同取得的财产应如何处理？………………………………………………… 175
4. 对于履行期限不明确的合同，是否可以随时履行？…… 176
5. 违背诚信原则导致合同不成立时，损失应由谁承担？………………………………………………… 177
6. 合同终止后，当事人还需要履行保密义务吗？………… 177
7. 在同一个合同中，能否同时适用定金和违约金？……… 177
8. 当事人在迟延履行合同以后遭遇不可抗力，需要承担违约责任吗？……………………………… 178
9. 若合同未能履行是由第三人造成的，违约责任由谁承担？………………………………………… 178

10. 附期限的合同是否有效？ ……………………………… 178
11. 如何认定网络服务提供者在提供格式条款时尽
    到了提示与说明义务？ ……………………………… 179
12. 在合同中随意约定免责条款，合同还有效吗？ ……… 180
13. 受到欺骗、胁迫签订的合同，可以撤销吗？ ………… 180
14. 因误解、缺乏判断能力签订的合同，能撤销吗？ …… 180
15. 撤销权的行使有无期限限制？ ……………………… 181
16. 已经备案的合同，当事人还能请求撤销吗？ ………… 181
17. 债务人与相对人订立了仲裁协议，债权人还能
    提起代位权诉讼吗？ ………………………………… 182
18. 第三人加入债务时未与债务人约定追偿权，事
    后还能要求债务人偿还其代为履行的债务吗？ ……… 182
19. 合同当事人可以事先约定排除"重大变化"对
    合同效力的影响吗？ ………………………………… 183
20. 价格产生变化时，按照怎样的标准执行？ …………… 184
21. 交易货物需要运输的，货损风险该由卖方还是
    买方承担？ …………………………………………… 184
22. 买方因货物存在质量问题而拒收，货损风险该
    由谁来承担？ ………………………………………… 185
23. 卖方分批发货，其中一批货物有问题时该怎样
    处理？ ………………………………………………… 185
24. 公益赠与可以撤销吗？ ……………………………… 185
25. 自然人之间借款必须采用书面形式吗？ ……………… 186
26. 保管人可以使用保管物吗？ ………………………… 186
27. 租赁房子的维修义务应该由谁履行？ ………………… 186

28. 受托销售货物，超出委托人指定的价格卖出时怎么办？ ……………………………………………… 187
29. 对于未介绍成功的中介，需要给其支付报酬吗？ …… 187
30. 绕开中介订立租房、买房合同，还需要支付中介费吗？ ……………………………………………… 188

第九节　物权法律知识 ……………………………… 188

1. 因共有财产产生的债权债务应由谁承担？ ………… 188
2. 对无处分权人处分的财产，所有权人能追回吗？ …… 188
3. 因共有人去世发生继承，其他共有人对发生继承的部分份额有优先购买权吗？ ……………………… 189
4. 被征用的财产发生毁损，应该由谁承担责任？ ……… 189
5. 拾得遗失物可以要求得到报酬吗？ ………………… 190
6. 什么是相邻关系？ …………………………………… 190
7. 不动产权利人在行使相邻权时应注意什么？ ………… 191
8. 动产物权有哪些交付方式？ ………………………… 191
9. 一梯一户的业主可以将楼道划为私人区域使用吗？ … 192
10. 对于小区车位的归属问题，法律是如何规定的？ …… 192
11. 业主可以随意将住宅改成经营性房屋吗？ ………… 193
12. 签订了居住权合同就能认定居住权成立吗？ ……… 193
13. 占有人使用占有物并损坏怎么办？ ………………… 194
14. 占有人可以要求权利人返还必要费用吗？ ………… 194
15. 哪些财产可以进行抵押？ …………………………… 194
16. 哪些财产不得抵押？ ………………………………… 195
17. 抵押已经出租的房屋，原租赁关系受影响吗？ …… 195
18. 到期不支付保管费，保管人能直接扣留留置财产吗？ ……………………………………………… 195

19. 留置财产多久后可以变卖? ………………………… 196
20. 在保证人未同意的情况下转让债务,保证人是否还需负保证责任? ……………………………… 196

第十节　侵权责任法律知识 …………………………… 196

1. 受害人故意造成损害时该如何处理? ……………… 196
2. 踢球时被对手撞倒受伤,能要求对方赔偿医疗费吗? ……………………………………………… 197
3. 遭受人身伤害,除了医疗费以外,还能要求侵权人赔偿什么费用? ………………………………… 197
4. 在工作中对他人造成损害,用人单位应该承担责任吗? ………………………………………………… 198
5. 对于网络上的侵权行为,网站是否应承担连带责任? ………………………………………………… 198
6. 在商场与他人发生冲突受伤,商场要担责吗? …… 199
7. 学生在学校遭受伤害,学校应承担哪些责任? …… 200
8. 好意搭载他人导致乘车人受伤,驾驶人需要赔偿吗? ……………………………………………… 201
9. 放烟花时致人损害,责任由谁承担? ……………… 202
10. 因产品缺陷对他人造成损害,谁应该承担责任? … 202
11. 投喂流浪动物咬伤他人,投喂者是否需要担责? … 203
12. 被高空抛物砸伤,该由谁赔偿? …………………… 203
13. 因地面施工致人损害,由谁承担责任? …………… 205
14. 行人被折断的树枝砸伤,谁来赔偿? ……………… 205
15. 危险物在被非法占有的状态下造成他人损害,谁担责? ………………………………………… 205

16. 未经许可进入高度危险区并受到损害，责任自负吗？ ………………………………………………… 206
17. 自家煤气罐爆炸对他人造成损害，应该由谁赔偿？ ………………………………………………… 206
18. 遗失、抛弃高度危险物造成他人损害，谁负责赔偿？ … 206
19. 帮工遭受人身损害，由谁承担责任？ …………… 207
20. 自身在无意识或失控下造成他人损害，需要承担责任吗？ ……………………………………………… 207
21. 未成年人伤害他人，不直接抚养孩子的一方父母需要承担责任吗？ …………………………………… 207
22. 未成年人打伤同学，继父母是否需要承担责任？ …… 208

第十一节 刑法知识 …………………………………… 209
1. 过失犯罪要负刑事责任吗？ ……………………… 209
2. 由于意外事件造成损害后果，构成犯罪吗？ ……… 209
3. 为实施犯罪准备作案工具，需要负刑事责任吗？ … 210
4. "无限防卫"是怎么回事？ ………………………… 210
5. 明知他人犯罪还为其提供藏身处所是否构成犯罪？ …… 211
6. 为了索要债务限制他人自由构成何罪？ ………… 211
7. 捡到他人物品拒不交还，构成犯罪吗？ ………… 212
8. 父母丢弃婴儿并导致婴儿死亡的行为可能构成犯罪吗？ ……………………………………………… 212
9. 放火烧自己家的房屋，也构成放火罪吗？ ……… 213
10. 故意伤害他人，可能需要承担什么刑事责任？ …… 213
11. 在公共场所起哄闹事，涉嫌什么犯罪？ ………… 214
12. 在网上给他人造谣，捏造事实污蔑他人，会构成犯罪吗？ ……………………………………………… 215

13. 仅仅给犯罪分子提供了银行卡，也属于犯罪吗？ …… 216
14. 以兼职、刷单返佣金的方式骗取他人财物，可能构成什么罪？ …… 217
15. 继父母殴打共同生活的继子女，可能构成什么罪？ …… 218
16. 存在事实婚姻又与他人结婚，构成什么罪？ …… 218
17. 护工殴打不能自理的病患，构成什么罪？ …… 219

第十二节 医疗纠纷处理法律知识 …… 220
1. 邀请的外院医生造成了医疗事故，该由谁承担责任？ …… 220
2. 病人急需抢救，但家属却无法达成一致意见，医生可以直接对病人进行手术吗？ …… 220
3. 非法行医造成患者人身损害，能否认定为医疗事故？ …… 221
4. 手术后遗症能否认定为医疗事故？ …… 221
5. 租用医院的诊室行医发生医疗事故，由谁承担赔偿责任？ …… 222
6. 护士未按照规定巡视造成患者病情加重，医院要赔偿吗？ …… 222
7. 哪些项目属于医疗事故损害赔偿的范围？分别按什么标准计算？ …… 222
8. 对医疗事故的赔偿能自行协商解决吗？ …… 224

第十三节 物业管理法律知识 …… 224
1. 法律对物业服务费定价有何规定？ …… 224
2. 物业服务收费明码标价的内容包括什么？ …… 225

3. 物业服务收费标准发生变化时，需要提前多久告知业主？ ·· 225
4. 物业服务费的构成都包括哪些？ ···················· 226
5. 房子 8 年无人居住，还需要交纳物业费吗？ ········ 226
6. 承租人与物业公司发生纠纷如何处理？ ············· 227
7. 哪些事项应该由业主共同决定？ ···················· 227
8. 擅自将物业管理用房出租会承担怎样的后果？ ······ 227
9. 业主交纳专项维修资金是法律所规定的吗？ ········ 228
10. 专项维修资金应该归谁所有？ ····················· 228
11. 使用专项维修资金要经过业主同意吗？ ············ 228
12. 将房子转卖给他人后，没用完的专项维修资金怎么办？ ··· 229
13. 前期物业服务合同尚未到期，业主能选聘新的物业公司吗？ ··· 229
14. 物业公司代收水电费能要求业主支付手续费吗？ ··· 230
15. 物业公司对委托给他人的服务，还需要对业主负责吗？ ··· 230
16. 选聘了新的物业后，原物业能要求业主支付交接期间的物业费吗？ ································· 230

第十四节 城市房屋征收与补偿法律知识 ············· 231

1. 房屋承租人属于被征收人吗？ ······················ 231
2. "回迁"是怎么回事？ ······························· 232
3. 因征收造成的停产停业损失在补偿范围内吗？ ······ 232
4. 扩建部分能得到房屋征收补偿吗？ ·················· 232
5. 征收个人住宅，是否应该优先给予住房保障呢？ ···· 233
6. 临时建筑需要给予征收补偿吗？ ···················· 233

7. 受到胁迫而签订的补偿协议能撤销吗？ ………… 234
8. 因重大误解签订的补偿协议能否撤销？ ………… 234
9. 不履行补偿协议要承担怎样的法律责任？ ………… 234
10. 被人民法院查封的房屋，影响征收的评估价吗？ …… 235

第十五节 农村土地承包法律知识 ………… 235

1. 土地承包合同会因负责人的变动而变更吗？ ………… 235
2. 发包方可以在承包期内调整承包地吗？ ………… 236
3. 将土地承包给"外人"可以吗？ ………… 236
4. 通过拍卖方式承包的土地可以入股吗？ ………… 237
5. 已经流转过一次的土地能否二次流转？ ………… 237
6. 签订流转合同后，承包关系会受到影响吗？ ………… 237
7. 土地承包经营权会因妇女结婚、离婚而变动吗？ ………… 238
8. 农民外出务工，其土地承包经营权可以被收回吗？ ………… 238
9. 自愿交回承包地后，还能再承包新的土地吗？ ………… 238
10. 农户进城落户就要放弃土地承包经营权吗？ ………… 239
11. 村民进城落户后，其承包的土地怎么办？ ………… 239
12. 将承包地交回能要求补偿吗？ ………… 240

第十六节 宅基地法律知识 ………… 240

1. 家里人口多，一处宅基地不够住，可以申请新的
   宅基地吗？ ………… 240
2. 村民将房屋出卖、出租或赠与他人后还能再申请
   宅基地吗？ ………… 240
3. 农村宅基地可以继承吗？ ………… 241
4. 宅基地被征收后，还能申请新的宅基地吗？ ………… 241
5. 农民进城落户后宅基地会被强制收回吗？ ………… 242

第四章 人民调解类法律法规及规范性文件

中华人民共和国人民调解法 …………………………………… 243
人民调解委员会组织条例 ……………………………………… 248
人民调解工作若干规定 ………………………………………… 251
人民调解委员会及调解员奖励办法 …………………………… 260
最高人民法院关于人民调解协议司法确认程序的若干规定 …… 262
最高人民法院关于建立健全诉讼与非诉讼相衔接的矛盾
　纠纷解决机制的若干意见 …………………………………… 265
司法部关于贯彻实施《中华人民共和国人民调解法》的意见 …… 272
司法部、中央综治办、最高人民法院、民政部关于推进
　行业性专业性人民调解工作的指导意见 …………………… 278
司法部、卫生部、保监会关于加强医疗纠纷人民调解工
　作的意见 ……………………………………………………… 284
司法部关于加强行业性、专业性人民调解委员会建设的
　意见 …………………………………………………………… 289
司法部关于进一步加强行业性、专业性人民调解工作的
　意见 …………………………………………………………… 293
财政部、司法部关于进一步加强人民调解工作经费保障
　的意见 ………………………………………………………… 298
中央政法委、最高人民法院、司法部、民政部、财政
　部、人力资源和社会保障部关于加强人民调解员队伍
　建设的意见 …………………………………………………… 300

第一章

调解方法案例实操

第一节　法治与德治相结合的方法及运用

　　法治,是指人民调解员在调解民间纠纷时应当遵照合法性的原则,严格以法律为准绳;德治,是指在以法律的规定为基础时,应灵活运用道德的要求进行调解。法治与德治相结合的方法,是指在调解民间纠纷时应当坚持法治教育与道德教育相结合的原则,即一方面应当对当事人宣传讲解国家现行法律的要求,进行普法教育,提高民众的法律意识;另一方面应在调解中提倡道德规范和善良风俗,进行伦理道德的教育,提高民众的道德情操。

　　第一,法治要求人民调解工作从内容到形式、从过程到结果要坚持合乎法律的要求,以保证调解工作的公正合法和调解的社会公信力。调解工作只有依法进行,才能使纠纷得到正确的解决,维护当事人的合法权益。要调解纠纷,必须分清谁是谁非。判断是非的标准不是当事人的意愿,也不是调解员的主观想象,更不是旧风俗和落后的道德规范,而是国家的法律。因为法律体现了人民的意志,代表了广大群众的根本利益,所以应使它们作为纠纷当事人双方统一认识的基础和评判是非的标准。否则,将会出现当事人各执一词,互不相让的情况,无法分清是非曲直。只有依照法律,调解才具有说服力。

由于法律意识和法治观念不强,大部分当事人对所发生的纠纷应适用的法律规范不了解,甚至可能对法律存在着错误的认识和理解。因此,调解员应在调解过程中向当事人正确地讲解有关法律,对当事人正确的思想、合理的意见与合法的行为和要求予以支持;对错误的思想、无理的意见和非法的行为和要求,则要进行教育疏导,并给予适当的批评,使当事人双方的思想认识统一到法律上来。对于那些没有依法解决纠纷意识的当事人或任性固执的当事人,调解员应当严肃地晓以利害,明确告知当事人,依法解决纠纷可能不像依照当事人意愿任意地直接解决纠纷那样,可以获得更大的满足感,但是依法解决纠纷既能使自己的正当权益获得保护,又公平合理,避免新的冲突;同时还应当讲明,当事人如果胆敢以身试法,将会受到相应的处罚,这种处罚,轻者将承担民事责任,重者将承担刑事责任。人总是趋利避害的,言明利害之后,当事人一般都会选择依法解决纠纷。

第二,依法调解过程中,也不能忽视道德与社会善良风俗的作用。在法律有明文规定时,调解应严格适用法律的规定,法律没有规定时,应依照社会主义道德伦理和善良风俗调解当事人之间的纠纷。如当事人的行为仅仅违反道德的要求,而并不违法时,或由于处理问题的方法不恰当或因误解引起纠纷,往往不需要法律调整,而应进行道德教化,使不道德者受到批评和谴责,遵守道德者得到鼓励和支持。

人民调解工作在调解民间纠纷时既要坚持依法调解,又要贯穿以德感化,真正做到晓之以法、明之以理、动之以情。法律只是起码的道德,道德才是高尚的法律,因此,不仅在适用道德规范调解纠纷时要注重道德教育的作用,而且在法律对纠纷解决有明确规定时，道德教育也是不可省略的一步。很多情况下道德伦理教育更容易使当事人心悦诚服地接受调解意见，可以减少其抵触的心理，主动履行义务。这种情况在婚姻家庭与遗产纠纷中表现得尤为明显。婚姻家庭纠纷与生产经营、债权债务、土地承包、宅基地等纠纷不同，感情因素和道德因素在这类纠纷中起着相对重要的作用，因此，对于婚姻家庭纠纷既要依靠法治宣传和依法调解，更要重视依靠道德规范、依靠社会舆论、依靠人的良知，用基本的道德观念去规劝、疏导、教育、挽救。中华民族优良的传统道德提倡"齐家"，包括父慈子孝、夫妻敬爱、兄友弟恭、尊老爱幼、谦恭礼貌等——以维持家庭关系的和睦稳定，这对于调解维护当今社会的婚姻家庭关系仍然具有不可忽视的现实意义。

第三，在适用法治与德治相结合的方法时，还应注意具体情况具体分析，原则性与灵活性相结合，以求合法、合理、合情地达成协议。根据法治与德治相结合的方法调解而达成的协议，必须符合法律和道德要求，不能无原则地迁就任何一方。否则，表面上虽然达成了调解协议，但是以一方利益损害为代价，这将会为矛盾的再次爆发埋下后患，可能造成矛盾反复，甚至可能激化矛盾，酿成恶果。当然也不排除有一方当事人主动放弃部分利益，以达到与对方维护良好的关系，或尽快解决矛盾的目的。这是当事人对自己的合法利益的自主处分，自然应当允许。

下面是调解员如何运用这一调解方法成功进行调解的案例分析。

案例1：因男方强迫女方结婚引发的纠纷

曹某从小漂亮，心气高，学习努力，但成绩平平。由于家里条件差，她初中毕业后便去县城打工了。家里人眼看曹某24岁了，怕她年龄大不好找对象，劝她回家结婚。经媒人介绍，曹某认识了隔壁村的王某，双方都比较满意，开始恋爱。三个月后，曹某与王某按照当地的风俗见了家长。又过了一个月，王家催着订婚。曹家父母按照当地的习俗跟王家要了16万元的彩礼，选定了两个月后的初九作为结婚的日子。

正当两家为二人的婚礼开始准备的时候，嫁到隔壁村的曹家远亲却告诉曹某，王某结过婚！据亲戚说，王某与前妻结婚不到一年就离婚了，村里都传王某经常打骂老婆，前妻才因此与他离了婚。曹家得知后，去王家坚决要退婚。王家则不答应，认为彩礼都给了，婚不能退，退了会让全村人看笑话。但曹家坚决不容忍这门婚事，便将16万元彩礼如数退回。王某恼羞成怒，带着一帮人闹到曹家，威胁曹某说："不嫁给我，就让你家天天不安生！"曹某在城市打工多年，有依法维权的意识，便找到了司法所寻求帮助。

接待她的是司法所的林主任，村里都称她林大姐。林主任耐心倾听并详细地记录了事件经过，确认了曹某不愿嫁给王某的意愿。随后便走访了部分乡亲，了解到曹某讲述的情况基本属实，而王某也确实结过婚，十个月后便协议离婚，没有孩子。婚姻关系存续期间，乡邻经常听到二人争吵，但具体离婚原因只是人们的猜测。进行了足够详细的调查后，林大姐便来到王家，面对只读过几年书，法律意识淡薄的王某，她决定要首先用法律震慑对方，严肃地对王某说："你威胁、强迫曹某结婚是违法的！根据法律的规定，结婚必须是双方完全自愿的，这一点任何人都不能干涉。就算小曹迫于你的威胁嫁给你，这种婚姻也是可以撤销的！也就是说，她可以向法院请求撤销你们的婚姻，法院支持之后，你们的婚姻就是没有法律效力的，不受法律保护，到时女方还有权要求你进行赔偿。"

看王某有所触动，林主任话锋一转，继续道："退一步讲，咱们不说法律，这个姑娘不愿意嫁给你，你强迫她，你俩能幸福吗？她能安心跟你过日子吗？咱们娶媳妇不是为了好好过日子嘛。小曹年纪还小,不愿意嫁给二婚的,也是可以理解的,是不是?这要是你妹子,你估计也不愿意吧。"

王某听了微微点头,但话里话外还是担心被人说三道四,林大姐便继续劝道:我知道你有面子上的顾虑,村里也可能会议论一阵,但咱们重要的是不做违法的事。如果你错上加错,那岂不是给街坊邻居制造了更多话题,更没面子吗?

见王某默不作声,林主任对王某打老婆的传言也就没有再求证,只是最后嘱咐他:咱们虽然年纪大点,但论长相、论家庭、论工作都没得说,不至于找不着媳妇。所以下回找对象咱再真诚一点,把情况跟对方说明白。结了婚就好好过日子,有什么问题商量着来,别动手,日子一定会越过越好!

听完这些话,王某说,我知道了,我一定听您的话,等我结婚的时候一定请您来喝喜酒!林主任也乐得合不拢嘴,临走前还不忘确认两家是否还有其他经济纠纷,确定没有后才安心离去。

评析

本案中,调解员主要运用了法治与德治相结合的方法解决了这起婚姻家庭纠纷。

首先,调解员听取了双方的叙述,做了详细的记录,并走访了村委会和部分村民,对双方的情况有了具体的了解,使调解建立在事实清楚的基础上。在此基础上,调解员开始展开调解工作,先从法律角度向男方灌输"婚姻自由"的思想,解释其具体的含义,通过《民法典》第1052条告诉男方即使强迫对方结婚,女方也有权向法院请求撤销婚姻,男方因此了解了法律的具体规定,知道自己即使强迫女方结了婚也是无效婚姻。

其次,调解员再从德治的角度,用通俗的语言巧妙引导男方换位思考:"小曹年纪还小,不愿意嫁给二婚的,也是可以理解的,是不是？这要是你妹子，你估计也不愿意吧。"让男方对女方要求退婚减少了怨恨，让事情的隐患从根本上得以消除。同时，让男方更加明白"强扭的瓜不甜"，也燃起他对爱情和新生活的向往。更重要的是，调解员耐心的劝说打消了男方最大的担心，能够理性地看待农村的风俗及大家对婚事的议论，决心以更真诚的态度对待下一次恋爱。

最后，调解员的暖心嘱托不仅让这次调解温馨收场，让群众真正感觉到了调解员的尽职尽责，更提高了群众对人民调解员的信任以及对调解工作的信赖。

法条链接

《中华人民共和国民法典》

第一千零四十六条　结婚应当男女双方完全自愿，禁止任何一方对另一方加以强迫，禁止任何组织或者个人加以干涉。

第一千零五十二条　因胁迫结婚的，受胁迫的一方可以向人民法院请求撤销婚姻。

请求撤销婚姻的，应当自胁迫行为终止之日起一年内提出。

被非法限制人身自由的当事人请求撤销婚姻的，应当自恢复人身自由之日起一年内提出。

第一千零五十四条　无效的或者被撤销的婚姻自始没有法律约束力，当事人不具有夫妻的权利和义务。同居期间所得的财产，由当事人协议处理；协议不成的，由人民法院根据照顾无过错方的原则判决。对重婚导致的无效婚姻的财产处理，不得侵害合法婚姻当事人的财产权益。当事人所生的子女，适用本法关于父母子女的规定。

婚姻无效或者被撤销的，无过错方有权请求损害赔偿。

案例2：因对遗产继承份额有异议引发的纠纷

赵大爷的妻子因身体不好婚后一直没有孩子，于是赵大爷夫妇领养了大儿子，两年后，夫妻俩又先后生了一个女儿和一个儿子。夫妻二人对三个孩子都非常疼爱，一家人其乐融融。可惜妻子在50多岁时因病去世。几年后，不幸再次降临了这个家庭，小儿子因出车祸身亡，留下年仅3岁的女儿。赵大爷因无法承受"白发人送黑发人"的痛苦，继而患病去世，留下一套房产和少量存款。由于没有遗嘱，兄妹两人在分割老人遗产的过程中发生了纠纷。

妹妹认为大哥不是父母亲生的，没有继承权，但看在多年感情的份上可以适当分些；大哥认为自己对父母照顾得更多，应当多分，而弟弟已经去世，便不再有继承权；弟弟的妻子认为虽然丈夫已经去世，但孙女是赵家的骨肉，年纪尚小，有权分些遗产。三方僵持不下，眼看就要翻脸，有人便劝他们去居委会请人民调解委员会调解。

调解员老王在听取他们的陈述后，专门去赵大爷居住的社区以及三个子女生活的地方进行走访，了解赵大爷和三个孩子之间的关系。摸清情况后，调解员叫来了赵大爷的大儿子、女儿、小儿媳以及两个见证人，先跟他们说明因为老人没有留下遗嘱，所以应按法定继承来分割财产。然后，调解员告诉三人，按照《民法典》的规定，养子，即大儿子与亲生儿子无异，具有继承权，这是法律明确规定的，因此妹妹说大哥没有继承权是不对的。至于已故弟弟的情况，法律也是有明确规定，因为弟弟去世于父亲之前，因此当赵大爷去世后，弟弟的女儿有权代其父亲继承爷爷的遗产，这在法律上叫代位继承。看三人大概听明白了，调解员进一步解释说，法律这样规定主要也是考虑到下一代的抚养问题，本来父亲去世，孩子就失去了一部分生活来源，代父亲继承爷爷的财产也在情理之中，法律不过是将其以条文的形式加以明确了。三方在调解员的耐心讲解下，都表示服从法律的规定。

在涉及具体分割份额时，调解员告诉他们，一般情况下，有继承权的人平均分割遗产这一点是没有疑问的，但法律也规定了应当多分或者少分的情况，对此，调解员给出了中肯的分析和建议："据我了解，大哥因为早年间患过小儿麻痹，身体一直不太好，这几年又因为心脏病无法干重活，偶尔打个零工，收入微薄，大嫂做家政工作，每月收入三四千，还有一儿一女要抚养。妹妹在银行工作，丈夫也是公司职员，有个女儿，一家三口可谓小康之家。弟弟呢，已经去世，留下一个女儿，弟媳有稳定工作但收入也不高，一个人养孩子还是很辛苦的。"三人频频点头。调解员继续说："按照《民法典》相关规定，对生活有特殊困难的缺乏劳动能力的继承人，在分配遗产时，应当予以照顾。综合咱们的情况，我建议咱们适当照顾，按1.2∶0.6∶1.2的比例，大家看怎么样？"

调解员看三人若有所思，继续说道："你们三兄妹是我调解过的纠纷里面感情最好的，对老人也都是非常孝顺，其实不应该出现这个问题，可能当时就是因为几句话不顺，非钻牛角尖，是吧？"三人听了，都很惭愧。"想想老人肯定不愿意大家为了争房产伤了兄妹感情，你们也都不是那种眼里只看钱的人，有什么事多想想对方的好，想想小时候的情谊，心平气和地商量就解决了。"听到这儿，妹妹眼眶湿润了，说："我其实特别心疼我大哥，也很可怜我的小侄女，我接受您提出的分配比例，并且属于我的现金部分也都给大哥吧！"在场的其他人包括调解员都很受触动。最后，调解员帮赵家兄妹拟了一份分割遗产协议，在大家的见证下三方都签了字。

评析

本案是一起非常成功的调解案例,调解员运用法治与德治相结合的方法,成功地化解了赵家兄妹的矛盾,合理地解决了遗产分割纠纷。

本案案情虽较为简单,调解员仍采取了实地走访的方式,深入了解案情,体现了人民调解员为民着想、认真负责的工作态度。调解时,调解员先表明此案应按法定继承办理,一切应以法律规定为准。调解员将《民法典》的具体规定告知三人,首先解决的是三人的继承权问题,明确了养子同样具有继承权以及孙女具有代位继承权的法律依据,并具体分析了"代位继承"背后的深层原因,使大家更好地理解该规定。确定了继承权,本案的调解就进行了一半,剩下的便是具体分割份额的问题。在深入了解赵家三兄妹的生活情况后,调解员便拟好了分割建议,现场再具体分析。《民法典》明确规定"对生活有特殊困难又缺乏劳动能力的继承人,分配遗产时,应当予以照顾"。鉴于大哥生活的困窘,调解员建议适当多分;小弟早逝,孩子需抚养,因此也可以适当多分。当然这一切都是建立在妹妹的工作稳定、家庭条件宽裕,且抚养孩子的任务并不重的前提下。调解员给出了 1.2∶0.6∶1.2 的建议分割比例,合情合理,因此得到了妹妹的认可。

讲完了法,调解员又从手足之情的角度劝说大家。调解员在走访中了解到,赵家兄妹感情一向很好,也都很孝顺父母,多年来也没有什么大的矛盾,就是几个人脾气都比较倔,这次纠纷也是由于几句言语不合才发生口角,并非计较父亲的遗产。调解员抓住此点,动之以情、晓之以理,勾起了他们对往昔的回忆,妹妹更是主动提出让出现金遗产中自己的份额分给大哥和侄女。调解员灵活运用法治与德治相结合的方法,将法律与人情融合在一起,使得当事人的纠纷顺利解决,化干戈为玉帛;最后将调解结果落到纸面,保证了调解的效果,不得不说这是一次非常成功的调解。

法条链接

《中华人民共和国民法典》

第一千一百二十七条 遗产按照下列顺序继承:

(一)第一顺序:配偶、子女、父母;

(二)第二顺序:兄弟姐妹、祖父母、外祖父母。

继承开始后,由第一顺序继承人继承,第二顺序继承人不继承;没有第一顺序继承人继承的,由第二顺序继承人继承。

本编所称子女,包括婚生子女、非婚生子女、养子女和有扶养关系的继子女。

本编所称父母,包括生父母、养父母和有扶养关系的继父母。

本编所称兄弟姐妹,包括同父母的兄弟姐妹、同父异母或者同母异父的兄弟姐妹、养兄弟姐妹、有扶养关系的继兄弟姐妹。

第一千一百二十八条 被继承人的子女先于被继承人死亡的,由被继承人的子女的直系晚辈血亲代位继承。

被继承人的兄弟姐妹先于被继承人死亡的,由被继承人的兄弟姐妹的子女代位继承。

代位继承人一般只能继承被代位继承人有权继承的遗产份额。

第一千一百三十条 同一顺序继承人继承遗产的份额,一般应当均等。

对生活有特殊困难又缺乏劳动能力的继承人,分配遗产时,应当予以照顾。

对被继承人尽了主要扶养义务或者与被继承人共同生活的继承人,分配遗产时,可以多分。

有扶养能力和有扶养条件的继承人,不尽扶养义务的,分配遗产时，应当不分或者少分。

继承人协商同意的，也可以不均等。

案例3：因不满代位继承财产引发的纠纷

高某一家住在牛头村，夫妻二人起早贪黑做点小本生意，辛苦养育了三个儿女。不幸的是，多年前的一天，高某夫妻在去市场进货的途中出了车祸双双去世，留下三个子女相依为命。由于弟弟妹妹年纪尚小，高某成作为大哥就担起了照顾弟弟妹妹的责任。为了供弟弟妹妹上学，高某成早早辍学去镇上的工厂做了搬运工，整天忙于照顾一家子的生活，由于很多人嫌弃他家庭负担重，工作不体面，他便一直没有娶妻。而弟弟高某龙早早地成了家，还生了一个很可爱的女儿小晴。高某龙成家之后一直没有离开牛头村，他时常感念哥哥从小到大为自己所付出的一切。后来，兄弟二人相互扶持，开办了一家砖厂。妹妹高某芳则考上了一所技术学校，去了外地上学。

可是天有不测风云，老二高某龙不幸患上重病离开了人世，留下了妻女相依为命。更不幸的是，两年后，哥哥高某成也因为长期操劳身体虚亏，突发急症不治身亡。

高某成去世后，妹妹高某芳一手操持了大哥的身后事，并开始处理大哥的遗产问题。由于这几年开办砖厂，生意还算不错，高某成留下了近80万元存款和一套200平方米左右的住宅。高某芳认为，兄妹三人从小相依为命长大，父母早亡，大哥一生没有成家，也没有别的亲属，而二哥高某龙也已去世了，大哥留下的遗产理所应当归自己所有。

令她意想不到的是，侄女小晴突然跳出来说要代替父亲继承大伯的遗产。高某芳听完之后心中不满，她说："自古以来就没有过侄女继承伯伯财产的道理,你们娘俩这是见钱眼开,图谋不轨。"而小晴则说:"我爸爸生前一直照顾大伯的生活,我和妈妈也经常帮衬他。反倒是姑姑您常年不在家,对大伯的生活不管不问,有什么权利继承他的全部财产?"双方的争执大有愈演愈烈的趋势。最后小晴找到了当地人民调解委员会请求调解。

老邱是一位调解经验非常丰富的老调解员,他耐心听完了小晴对整个事件的描述,将她所说的话详细记录下来,对其中的一些细节也进行了细致的询问。之后,他又走访了牛头村十几名村民,经过了解,他发现,高某成生前是一个非常忠厚老实的热心人,他的二弟高某龙一家为人也不错。高某龙一家平时与哥哥来往很密切,有时候家里包了饺子、炖了肉,侄女小晴都会按照父母的意思给大伯送一碗过去。此外,调解员还了解到,妹妹高某芳虽然常年不在家,但并不是如小晴所说的置大哥高某成于不顾,而是也经常给大哥邮寄一些生活用品,兄妹之间的电话、微信往来更是非常频繁。在了解到这些情况之后,调解员将姑姑和侄女叫到了一起进行调解,同时还邀请了牛头村村委会李主任到场。

调解员一开始并没有直奔主题,而是先与高某芳聊起了他们三兄妹一起长大的事,高某芳说了很多与大哥、二哥一起生活的往事,这为调解现场营造了一种较为温馨的气氛,很好地避免了双方再产生冲突。之后,调解员对高某芳说:"对于你大哥的遗产继承问题,按照《民法典》的规定,被继承人的兄弟姐妹先于被继承人死亡的,由被继承人的兄弟姐妹的子女代位继承。也就是说,你的侄女在法律上是有代位继承权的,这是她的法定权利,如果任何人强行剥夺她的这一法定继承权,她都可以通过起诉的方式拿回属于自己的份额。"

紧接着,调解员又说:"你们兄妹三人相依为命长大,小晴是你二哥的女儿,你二哥一家对你大哥比你照顾得更多,平时好菜好饭都要端一碗过去，正好弥补了你不能在跟前照顾的遗憾。何况，你大哥一生没有娶妻生子，待自己的侄女肯定也视如己出。你再想想，你大哥待你们如父如兄，他肯定不希望看到在他身故之后妹妹与侄女因为遗产闹成这样吧？况且，你侄女只是代替你二哥继承了本该属于他的那一份，并不是你所想的图谋不轨。逝者为大，还是多记着你大哥二哥的好吧！"

听完这番话，高某芳声泪俱下，她为自己对法律的无知和对亲情的疏忽而感到深深的自责和遗憾，连连说道："我这是办的什么事啊，不懂法不知法，不念我们的手足情，因为这点事跟二哥一家弄成现在的样子，我大哥二哥泉下有知，一定会怪我的。"调解员一边安慰她一边又跟小晴讲道："虽然你有权代位继承，但是万万不应该因为这件事跟自己的姑姑争吵，她也很念旧，很顾及你们一家跟你大伯的感情。"在调解员的劝解下，侄女主动上前握住了姑姑的手，高某芳也抱住侄女，反省自己不理智的行为。调解员说道："法律守护着每个人的生活，但亲情才是无价之宝啊。"

评析

本案中，调解员主要运用了法治与德治相结合的方法解决了纠纷。本案是一个典型的继承纠纷，调解员首先通过走访、考察的方式了解了基本的案情和事实，在把握基本事实的前提下将双方当事人聚到一起进行调解。

首先，调解员给当事人高某芳讲述了法律规定，让她明确知道侄女是有法定继承权的。这使得高某芳豁然开朗，让她在不知法的状态下基本厘清了双方的权利义务关系，摒弃了之前的错误想法。

其次，调解员又从道德的角度入手，勾起她对两位兄长的美好回忆，从而引起她的恻隐之心，使她从心底深深地明白了自己之前的做法是非常不符合道德标准的。调解员耐心地劝说和分析，使得当事人真正明白了亲情的可贵，重新燃起她对亲情的渴望，从而彻底打消了心中的隔阂。

再次，调解员又转向侄女，从处理人际关系方面对其进行教育，最终使双方握手言和，真正消除了矛盾，也根除了隐患。

最后，调解员发自肺腑的感慨让本次调解在温馨的氛围中结束，使得当事人对法律与亲情的关系有了一个新的认识，也提高了人民群众对调解工作和调解员的信任。

法条链接

《中华人民共和国民法典》

第一千一百二十八条　被继承人的子女先于被继承人死亡的，由被继承人的子女的直系晚辈血亲代位继承。

被继承人的兄弟姐妹先于被继承人死亡的，由被继承人的兄弟姐妹的子女代位继承。

代位继承人一般只能继承被代位继承人有权继承的遗产份额。

第一千一百三十条第一款　同一顺序继承人继承遗产的份额，一般应当均等。

第一千一百三十二条　继承人应当本着互谅互让、和睦团结的精神，协商处理继承问题。遗产分割的时间、办法和份额，由继承人协商确定；协商不成的，可以由人民调解委员会调解或者向人民法院提起诉讼。

第二节　动员多种力量协助调解的方法及运用

民间纠纷种类繁多，有的非常复杂，而且有着各种各样的背景原因，要想调解成功并非一件容易的事。调解工作的目的是通过调解员的劝说、教育，使当事人达成和解、解决纠纷。但是，在某些情况下，如果调解员无法在调解过程中准确抓住解决纠纷的关键、当事人的性格特征与存在的问题，其调解很可能无法被当事人所信服，也就无法达成调解的目的。为了能够使调解顺利进行，调解员不应局限于一种方式，而是在团结多方力量，共同对当事人进行劝说，来解决纠纷。

调解员要从群众中来到群众中去，可以适当地将群众的问题交给群众去解决。也就是说，调解员在调解工作难以进行的时候，可以团结当事人的亲朋好友以及相关的社会力量，一起来帮助当事人解决纠纷。亲朋好友与当事人的关系比较密切，对当事人更为了解，在解决纠纷的问题上也很可能有自己独到的见解，对推动纠纷的解决往往能起到意想不到的作用。此外，当事人的工作单位、居住地的基层组织（村委会、居委会、妇联等）以及相关社会团体、街坊邻居等，也可以成为展开调解工作的助力，促成纠纷解决。

除了在调解过程中起到推动作用以外，亲朋好友与社会组织的力量同样对调解协议的正常履行有着一定的作用。亲朋好友与社会组织参与到调解工作中，这代表他们必然对纠纷的解决结果有着一定的了解，从而能够监督当事人履行生效的调解协议。这对于那些法律意识淡薄、误认为调解协议没有法律效力的当事人来说，是一种相对来说较为有效的监督手段。

运用这种方法的关键之处，在于应依照各个纠纷的具体情况灵活地选择亲友和不同种类的社会力量，采取适当方法利用其帮助进行调解。

第一，对于现实生活中因一些生活琐事引起的纠纷，当事人的对错有时甚至会让步于感情因素，在这些纠纷中，只有解开思想疙瘩才标志着纠纷的最终解决。在这种情况下，如果调解员并非当事人信任的人或者并不明白当事人之间纠纷的细节，则调解员的劝说可能无法说服当事人。但是，人是有感情的，如果有知根知底的家人、知心信任的朋友参与调解，则往往能够切中要害，顺利解决纠纷。因为这些人了解当事人的心理动态，可以与当事人相谈投机，他们的意见听起来顺耳，往往能得到当事人的重视，也易于被接受。当有受人尊敬的长者参与调解时，他们的威信和对当事人平时的影响力决定了他们的意见更有说服力，往往有利于调解的顺利进行。尤其对于婚姻家庭和遗产继承的纠纷，家人、朋友和长者参与调解，从关心爱护的角度出发，及时进行疏导、劝说，一般能够促使双方相互谅解，消除隔阂。

第二，邻居街坊协助调解纠纷的作用也是不容忽视的。一家发生矛盾争吵，旁边居住的邻居几家来劝的现象在我国的许多地方还是屡见不鲜的。这种劝解虽往往不能从根本上解决问题，但若劝说得当，至少可以暂时平息纷争，避免事态扩大。

第三，还有些纠纷的当事人依赖他信任的第三人，或者他的心理或意志有受第三人控制的倾向，此时调解员应当侧重注意将对纠纷的正确意见灌输给第三人，间接地作用于纠纷当事人。在我国农村发生纠纷相持不下时，如能动员当地辈分大、声望高的人协助进行劝说，疏导当事人的情绪，适时提出调解意见，往往能使调解取得意想不到的好效果。

第四，在纠纷有外部引起人时，调解员不仅要关注纠纷的当事人，而且应找到这个引起纠纷的关键人物，尽量减少或排除他对纠纷的影响。如处理因第三者而引发的家庭纠纷时，人民调解员应找到第三者，向他（她）讲明利害，劝说他（她）停止自己的不道德行为。对于作为中间协调人的法律意识淡薄的干部或家族中有"威望"的人，调解员应向中间人和当事人讲明处理纠纷时应当依照法律的规定处理。这样才能防止中间人以"一个家族的人""远亲不如近邻""家丑不可外扬"等理由压制当事人，同时也能防止当事人在他们的影响下受传统思想束缚，以怕伤和气、怕丢面子、怕结冤仇、不想闹僵为由，选择息事宁人，放弃自己的合法权益或者以"和稀泥"的方式了结纠纷。盲目支持当事人一方的人往往是出于对当事人爱护和关心，对他们，调解员不应简单地批评或禁止他们与当事人的接触，而应从他们的心理出发帮助他们客观地分析，寻求他们对合理调解方案的支持。

第五，对于一些涉及面广、难度较大、情况复杂的纠纷，如仅仅依靠少数人和少数部门调解，往往力不从心，效果不佳。此时，动员相关部门到场，分别工作，相互配合，联合起来调解就尤为重要。根据当前的实践经验，普遍的做法是：有干部参与的纠纷应主动与组织部门联系，动员其参与调解；对于矛盾复杂的纠纷，应主动取得牵涉的当事人的单位、行业协会和当事人居住地的基层组织的支持；对于一些比较难解决、有现实危险的纠纷，应主动与公安机关等部门联系请求协助。调解受到职能的限制、缺少必要的威慑力、面对一些蛮横无理的当事人时，调解员可以采取刚柔相济的方法，邀请有权威的干部等参与，使调解现场的气氛更加严肃，通过压力和感召的双重作用，提高调解的工作效率。

第六，对那些不违反法律规定，但有违社会主义核心价值观和社会善良风俗的纠纷，可以尽量扩大参与调解的范围，甚至可以让新闻媒体参与，借助社会舆论特有的作用使当事人知耻知错，自行更正错误行为，履行义务。但调解员在运用这种方法的时候要慎重，注意保护当事人隐私，并应当注意对事不对人，以免侵犯当事人的合法权益。

第七，在动员当事人的亲友以及相关的社会力量帮助调解的时候，还应当注意要尊重当事人的意志，不能盲目地动员当事人身边所有的社会力量，以免泄露当事人的隐私，不必要地扩大纠纷的社会影响，引起当事人的反感。

案例4：因离婚后探望子女引发的纠纷

唐某与妻子王某都是都市大龄青年，恋爱不到半年便结婚了。一年后，王某产下一子。孩子三岁时，王某发现了丈夫与其同事金某的私情。唐某承认与妻子没有感情，提出离婚，王某同意。协商之后，双方协议离婚，儿子由王某抚养，唐某每月给儿子抚养费1000元，周末可以探望儿子，但没有就探望儿子的具体时间和方式作约定。

离婚后，唐某每周五晚上便将儿子接走，直到周日晚上才送回。一开始王某和家人并没有什么意见，觉得父亲疼爱儿子也是应该的。随着时间的推移，王某听说唐某已经有了新女友，王某心里不是滋味，于是提出唐某周末可以探望儿子，但不能将孩子带走。唐某则认为协议并没有说探望就不能带走儿子。王某于是不让唐某见孩子，理由是男方已经有了新的恋爱对象，不适宜探望儿子。

调委会张主任了解情况后，到王某家劝说，告诉她孩子的父亲有探望孩子的权利，这是法律规定的，建议他们另写一份协议作为补充，具体约定父亲探望儿子的时间和方式，如周六可以带出去一整天，最晚周日早上10点钟送回等。但王某道理都明白，却怎么也不肯松口。

张主任见自己难以解开她的心结，于是先叫来了平日跟王某关系紧密的邻居大姐，后又联系了与她仍来往走动的前大姑子，也就是唐某的姐姐。前大姑姐劝道："你和我弟虽然有缘无分，但也没结下什么大的冤仇，现在因为看孩子这点事再闹，对孩子也不好。我知道你担心他新处的对象，这点你可以放心，我保证他周末的时候就一心陪孩子，绝不让孩子受影响！你自己也应该敞开心扉接受新的感情。"大姑姐这样一说，能看出王某内心的感动。而邻居大姐是王某无话不说的闺蜜，很有正义感，此时也批评她不让爸爸见儿子有点过分，说她见过唐某带孩子，确实非常负责用心，对于新伴侣与孩子的接触他也一定能处理好，希望她也不要再计较往事，一切从孩子的健康成长出发，以乐观的心态去追求自己的幸福。

见王某有了笑容，张主任也连忙说："小王真是个豁达的人，难怪有这样的好朋友，你跟孩子爸再签订个补充协议吧。"此时，王某心平气和地说："行，他周末想多陪陪孩子也没事，要是有什么特殊情况我们再商量就行。你们放心，谢谢大家了。"

评析

本案中，表面看王某是因前夫唐某探望儿子时间过长而不满，进而想出各种理由阻挠，但其根源在于王某见前夫有了新感情，而自己尚未走出失败婚姻的阴影，心结过深所致。张主任分析，王某对于唐某探望儿子的法定权利是心知肚明的，对于自己的行为不当也是知晓的，只是借孩子之事发泄对前夫的不满。因此，当张主任讲道理时，并不能真正解开她的心结，也就无法快速调解成功。

张主任敏锐地捕捉到了这一点，通过前期的了解，请来与其关系较好的前大姑姐及邻居闺蜜。前大姑姐引导王某为孩子着想，劝慰她向着积极的方面思考，也开始新生活。对于唐某的新伴侣对孩子的影响，邻居大姐以所见所闻向王某作担保，从根本上消除了她的顾虑，使得唐某能够顺利地行使探望权。另外，邻居大姐虽与王某交好，但她能客观地看待整个事情，不偏不倚，首先，批评了王某过激的处理方式；其次，肯定了唐某对孩子的态度以及带孩子的能力，让王某更加放心地把孩子交给父亲；最后，不忘鼓励好朋友重拾生活的信心，去追求自己的幸福。

两个同性朋友的关心使经过一番思想斗争的王某解开了心结，

坦然乐观地接受了张主任的调解建议，并主动表示探望时间可以灵活变化。

这是动员多方力量协助调解的成功案例。现实中很多案件是非对错并不是最主要的，更多的是当事人的思想疙瘩没有解开。遇到这样的案件，动员最了解当事人心理或当事人最信任的人来协助调解，往往会收到事半功倍的效果。

法条链接

《中华人民共和国民法典》

第一千零八十六条　离婚后，不直接抚养子女的父或者母，有探望子女的权利，另一方有协助的义务。

行使探望权利的方式、时间由当事人协议；协议不成的，由人民法院判决。

父或者母探望子女，不利于子女身心健康的，由人民法院依法中止探望；中止的事由消失后，应当恢复探望。

案例5：因父母一方不同意送养子女引发的纠纷

赵某和钱某是一对年轻的小夫妻，家住某县的一个小山村，主要靠赵某外出打工维持家用。两人先有了一个可爱的儿子，一年后钱某又意外怀孕，这次生的是一对龙凤胎。然而，两年后，钱某干农活时突然昏倒，被查出患有急性白血病。好在乡亲们给钱某捐款，帮助她做了骨髓移植手术，保住了性命，但需要一直吃药。望着虚弱的妻子、嗷嗷待哺的孩子，想想今后的生活，赵某经过激烈的思想斗争，做出了一个艰难的决定：想要送养一个儿子。

他将此想法告诉妻子，但是遭到了妻子的坚决反对，说就算自己不要这条命了，也不能把孩子送给别人！赵某虽然安抚了妻子，但妻子自此总怀疑丈夫会偷偷送走孩子,威胁说如果孩子不见了她就不活了。赵某眼看妻子的药又要吃完了,他还要照顾三个孩子,可谓不堪重负,他决定叫来亲戚和村委会于主任来劝说妻子。

于主任听完他的讲述,劝他先不要通知亲戚,毕竟大家都不愿声张送养的事,她让赵某先回去,容她想好对策后到他家去。于主任作为一位有经验的调解员,认为最主要的问题是帮他们解决经济上的困难和照顾孩子的重担。

为此,她一一拜访了孩子的姑姑、舅舅和大伯,发现他们的生活也都不富裕,但都表示可以暂时帮着带带孩子,但不愿收养孩子。于是她又马不停蹄地到县政府民政局,了解这种情况能否得到帮助,民政局工作人员表示可以同她一起去当事人家,根据实际情况发放一定的补助。于主任又找到媒体,询问是否可以报道此事,寻求社会援助,特别强调使用化名,该媒体表示将对此事进行连续报道。

就这样,于主任一个人做完了所有的前期调解工作,目的是尽量从根本上解决问题,避免母子分离的情况。经过事先沟通,于主任带着民政局的工作人员和媒体记者上门进行调解。一进门先安慰孩子的妈妈说:"咱们国家的法律规定送养孩子需要夫妻双方共同送养,所以你就把心放在肚子里,不用担心小赵会私自送走孩子。"见钱某点头,便又对赵某说:"家里的情况我都了解,我知道你也是不得已才想出这个办法,哪个爸妈愿把孩子送人呢?你也别太担心,这不,咱们民政局的同志也过来了,你们再补充说说,看国家能给多少补助。"民政局的工作人员听后初步估算,各项补助合计大概能达每月1000元,并且孩子上学他们不用担心,义务教育阶段可以按规定申请课本费等费用减免;如果孩子能考上大学,国家现在有绿色通道,孩子可以申请助学贷款,毕业工作后自己还。夫妻两个听了,眼睛里全是感激的泪水。旁边的媒体朋友也很受触动,表示如果他们愿意报道自己的事,媒体会做好相关的保护措施,捐款的数量虽然不能确定,但依照以前的报道来看,应该不会少于20万元,这样钱某的药费可以解决一大半。听到这,钱某激动得说不出话,不停点头表示感激。

于主任觉得有了经济保障,夫妻的矛盾就解决了一大半,她又叫来了孩子的姑姑、舅舅和大伯,他们也都表示每个月可以帮忙带几天孩子,给赵某腾出更多的时间去赚钱。这时,小赵握着于主任的手,已经感动得说不出话了。

评析

本案中,调解员主要运用了动员多方力量协助调解的方法。

本案表面上看是因夫妻双方一方不同意送养孩子造成的矛盾和纠纷,实质上是当事人在拮据的生活与骨肉亲情之间的进退两难。接到当事人的求助后,调解员没有简单地劝说妻子同意送养或者劝赵某放弃送养,因为这两种选择对他们来说都是残酷的,最好的解决方法就是解除他们经济上的困窘,而这一点,凭调解员一己之力无法做到,于是她动员了多种力量,包括民政局工作人员、媒体记者、当事人的近亲属等。调解员先走访了孩子的姑姑、舅舅和大伯,了解他们的生活现状,确定他们无法从经济上提供实质的帮助。随后又去民政局落实补贴事宜,继而又邀请相关媒体进行采访报道,寻求更广泛的社会帮助。调解员从夫妻俩纠纷的源头出发抓主要矛盾,就是先要让这家的生活困境得到解决。经过这样的调解方案,当事人一家的经济负担一下子被分散了。解决了经济问题,调解员还不忘解决一家的生活问题。她叫来孩子的舅舅、姑姑和大伯分别帮赵某夫妇带孩子,减轻赵某照顾妻子和孩子的负担。本案中,调解员在运用这种多方力量协助调解时很慎重。例如,特意要求媒体注意保护当事人隐私,还有在动员当事人的亲属帮助时,提醒当事人对于送养孩子的想法也应注意保密。

法条链接

《中华人民共和国民法典》

第一千零九十七条 生父母送养子女，应当双方共同送养。生父母一方不明或者查找不到的，可以单方送养。

第一千一百零一条 有配偶者收养子女，应当夫妻共同收养。

第一千一百零七条 孤儿或生父母无力抚养的子女，可以由生父母的亲属、朋友抚养；抚养人与被抚养人的关系不适用本章规定。

第三节　抓住主要矛盾进行调解的方法及运用

一般而言，要顺利解决纠纷，特别是复杂的纠纷，就必须学会抓主要矛盾、突出调解工作重点的方法。这就要求调解员在调解纠纷时，全面了解纠纷的情况，掌握纠纷发展变化的规律，厘清其中的主要矛盾和次要矛盾，集中精力解决主要矛盾，从而牢固把握调解工作的重点。

抓住主要矛盾进行调解，不仅是事物发展的客观要求，而且是突出调解工作的重点、提高工作效率的重要环节。

唯物辩证法告诉我们，在事物发展过程中，存在着许多矛盾，这些矛盾又互相联系、互相制约。在复杂的事物发展过程中起决定作用的矛盾叫主要矛盾。它的存在和发展规定或影响着其他矛盾的存在和发展。抓住了主要矛盾，牵住了"牛鼻子"，就能把握纠纷的本质和发展趋势，可以带动和促进其他矛盾的解决。在调解民间纠纷中，经常会出现个别调解员工作上劲没少使，心没少费，从早到晚忙忙碌碌，但结果却是事与愿违、效率不高的情况。究其原因，很多时候是因为没有采用有效的工作方法，调解时没有抓住主要矛盾，"胡子眉毛一把抓"。这样使他们在调解中无法分出问题的轻重缓急，处于穷于应付的被动状态，最后使他们的工作没有发挥出应有的水平。

运用抓住主要矛盾进行调解的方法，必须注意以下几点：

第一，调解员应当在调解过程中保持中立的立场与冷静的头脑，不能被当事人的情绪所左右。俗话说："当局者迷，旁观者清。"当事人作为当局者，很容易在纠纷中因情绪激动而作出冲动、不理智的决定。在这种情况下，如果调解员被当事人的情绪所感染，被当事人的行为左右，很容易出现使矛盾激化、调解工作难以进行的情况。调解员要在调解过程中时刻保持冷静的头脑，从当事人的叙述中还原事情的来龙去脉。明确当事人的责任，对当事人进行引导，排除障碍与干扰，从而顺利解决纠纷。

第二，调解员要抓住主要矛盾，发现解决纠纷的关键与焦点，找到突破口，从突破口入手帮助当事人达成和解。这要求调解员要拥有掌控全局的能力，准确地从复杂或简单的纠纷中提取关键信息，找准调解工作的重点所在。在具体的调解工作中，调解员不能只听信当事人的一面之言，而是要亲自进行调查研究，尽可能全面地收集纠纷的相关情况，对相关情况进行全面的了解和分析，同时，还要有科学的方法和敏锐的洞察能力，要善于通过认真的观察和深入的分析，得出相应的结论。

第三，在找到纠纷的主要矛盾后，调解员应集中精力紧紧抓住主要矛盾进行调解。在思想上，要坚持自己所确立的调解工作的重心，毫不动摇，自觉排除来自各方面的干扰。在措施上，要精心设计，周密部署，力求取得其他有关积极力量的支持。同时调解员要注重随着自己对纠纷认识的深化与纠纷的发展，及时纠正和调整对主要矛盾的认识，抓住调解工作的重点。人对客观事物认识的深度和广度都是有限的，一个调解员即使在调解前准备工作做得十分充分，也不能保证自己能够准确无误地把握纠纷的关键。当调解员对主要矛盾的认识经实践证明是错误的时，要及时纠正，重新确定新的调解工作的重点。而且事物都是发展变化的，随着事物的发展，主要矛盾和次要矛盾在不同的条件下是可以相互转化的。因此调解员在给当事人做工作时，不能用老眼光看问题，而要树立动态观念，根据变化了的情况，及时修正自己对主要矛盾的认识，有效掌握调解工作的主动权。对于多个矛盾共同作用于一个纠纷时，在成功解决了其中的主要矛盾而纠纷还没有解决时，要及时确定调解工作新的重点。

第四，抓主要矛盾进行调解，并不意味着对次要矛盾放任自流，或者回避次要矛盾，而是在进行调解工作时有一个侧重。次要矛盾处理的好与坏，会影响主要矛盾的解决。因此调解员在处理纠纷时，要统筹兼顾，主次配合，在围绕主要矛盾进行调解时，应当注意根据主要矛盾与次要矛盾的内在联系，带动和促使解决次要矛盾工作的进展，为解决主要矛盾的工作创造有利条件。

案例6：因胎儿继承权问题引发的纠纷

张某和李某是大学同学，上学时确定了恋爱关系。但是李某的父母不想让自己的儿子找个外地的媳妇，而且李某的母亲还觉得张某的属相和自己儿子不和，因此坚决不同意他俩交往。大学毕业后，李某和张某不顾父母的反对，在某城市找到了工作，开始过上了同居的生活。之后，张某发现自己怀孕了，两人约定尽快结婚，可还未来得及办理登记，李某却在单位组织的工作考察中不幸遇难。

李某的父母得知此事后，认为是张某克死了自己的儿子，悲痛之余更对张某恨之入骨了，甚至都没有让她参加葬礼。

由于李某是工伤死亡，单位给了一大笔赔偿款，同时，李某生前有20万元的存款，这些钱都被其母亲转到了自己的名下。过了一个月后，张某找到了李母，说希望让她肚子里的孩子继承一些他爸爸的遗产。李母把张某拦在门外，冲她喊道："你把我唯一的儿子都害死了，现在，你竟然还有脸跟我们要遗产，你们都没有领证，你凭什么跟我要遗产？"

邻居见这情况赶紧联系了居委会，居委会的调解员马上赶过来，问清情况以后，将双方请到了居委会调解室。调解员先让二人冷静下来，然后询问了张某胎儿的状态，得知孩子已经7个多月了，发育状况良好。此时，调解员认为，要想让李母接纳张某，关键是要先化解她对张某的恨意。于是便对李母说："您孩子的离开让我们都非常难过，但他是在单位组织的考察中发生的意外，这怎么能说是小张的错呢。您再看看小张，她才27岁，她完全可以把孩子打掉重新开始，但是她没有，正是因为她爱您的儿子，想留住您家的血脉，所以她宁愿牺牲自己的幸福，甘愿做一个单亲妈妈。您也是做母亲的，知道当一个母亲的不容易。而且您就一个儿子吧，小张肚子里的孩子可是您家唯一的血脉啊。"

李母听到这番话后，看到大着肚子的张某，眼泪掉了下来，对调解员说："你说得对，这是我们老李家唯一的根儿了。只要孩子能平安生下来，我们的钱啊都是孩子的，这个儿媳妇和孩子我认了。"调解员见李母这样说，知道她已经从内心接纳了张某和她肚子里的孩子，便对李母进行了普法教育，说："虽然他俩没有登记，但是她肚子里的孩子是您儿子的，法律规定，分割财产时，应当保留胎儿的预留份额。这个胎儿现在发育得很好，等他出生以后，按照法律规定他也是有继承权的。"李母说:"您放心,我和老李都这把年纪了,我们的钱和孩子他爸留下的钱都是孩子的。"

评析

　　许多纠纷复杂难以调解,其实归根结底只是卡在某个关键的问题上,关键问题调解好,其他的也就迎刃而解了。在这起遗产继承纠纷中,调解员就是找到了纠纷的关键问题,即抓住主要矛盾进行了调解。

　　首先,调解员问清楚了事情的来龙去脉,知道事情的经过后,判断出要想让张某肚子里的胎儿得到遗产预留份额,必须消除李母对张某的排斥心理。于是,调解员分析了李某的死因,李某因工伤遇难身亡,跟张某没有任何关系,并结合张某的处境,分析了她对李某的爱和愿意牺牲自己的幸福做单亲妈妈的伟大之处。如此一来,使李母消除了"是张某克死儿子"的想法,不再排斥张某,而是接受她和肚子里的孩子,这为胎儿继承遗产奠定了基础。

　　其次,调解员对李母动之以情,让她了解张某的不容易,从而产生同情心,同时又通过胎儿发育状态良好,向李母传递胎儿能顺利出生的信号,让李母在儿子死后又看到新的希望。张某肚子里的孩子是李某唯一的骨肉,李母也不忍心再将娘俩拒之门外。这里,调解员巧妙地运用了人类的情感属性,将李母对张某的恨转为爱,抓住了事情的关键。

　　最后,在李母愿意承认张某和胎儿以后,调解员开始运用法律的规定说服她。《民法典》规定,遗产分割时,应当保留胎儿的继承份额,胎儿出生时是死体的,保留的份额按照法定继承办理。在为胎儿保留遗产时,并不意味着该胎儿此时已继承了这份遗产,因为人的民事权利能力是从出生时开始的,胎儿只有从母体中分娩出来,才具有了民事权利能力,才能取得继承权。但本案中,胎儿发育良好，不出意外的话即可以顺利出生进而获得继承权。所以李母给胎儿分遗产也是法律所规定的。最终，本案在调解员动之以情、晓之以理的调解下取得了圆满的结果。

法条链接

《中华人民共和国民法典》

第一千一百五十五条 遗产分割时，应当保留胎儿的继承份额。胎儿娩出时是死体的，保留的份额按照法定继承办理。

案例7：因不尽赡养义务引发的家庭纠纷

老马在老伴去世以后身体大不如前，自己又患有心脏病，于是想到该写一份遗嘱。

他有一个儿子和一个女儿，儿子刚刚结婚，在村里的工厂里打工，儿媳工作也不稳定。女儿五年前嫁到了县城，女婿是做建材生意的，生活很富裕。老马想来想去，最放心不下的还是自己的儿子，所以，老马立下了遗嘱，把自己名下存款和一套自建房全部交由儿子继承。女儿虽然心里不太舒服，但也表示没有意见。

后来，老马身体状况越来越差，衣食起居都需要人照顾，于是弟弟找到姐姐一起商量照顾父亲的事，想让姐姐把父亲接到县城里住一段时间。姐姐认为父亲把所有积蓄和唯一的房子都给了弟弟，弟弟就该赡养父亲，因此发生争吵。

村里的调解委员会何主任闻讯赶来。经过分析后他发现，纠纷的原因实质上是姐姐对于没有分给自己遗产而感到不满，如果姐姐心结打开了，赡养问题也就随之解决了。

于是，何主任对姐姐说："据我了解，你家里也有一儿一女，你平时是对儿子关心多一点还是对女儿关心多一点呢？"姐姐说：

"当然是儿子了,女儿听话不用管,儿子太调皮,总让我操心。"何主任说:"这就对了,其实你父亲也是和你一样的心理,你是女儿,你嫁得好,工作也好,他不担心你,但是你弟弟工厂效益不好,随时可能丢掉工作,你的父亲放心不下他。所以老人才把自己的财产都给了弟弟啊,这可不是偏向谁的问题,是老人想让自己的孩子都过得好。父母把你养大不容易,他们老了,需要你了,你却要把他拒之门外吗?"几句话说得让姐姐掉了眼泪,当着调解员的面对弟弟说,自己在家跟他们轮流照顾父亲。这时,何主任鼓励并表扬了姐姐的做法,普及了法律关于子女对父母有赡养扶助义务的规定。姐姐点点头说:"您放心,我爸我会尽心照顾的。"

评析

许多事情的争执点并不是问题的解决点,调解员要善于分析并找到问题的成因和解决点,将这个所谓的"点"处理好,问题才算是真正解决,否则,就算做了大量的工作和努力,仍然"治标不治本",也是徒劳的。

调解员在调解纠纷的时候,首先要了解事情的经过,找到纠纷形成的根源,并根据成因分析解决问题的关键之处。在这个案子中,何主任没有急于回答和解决"不继承财产的女儿有无赡养义务"的问题,而是找到了事情的关键点,即问题在于姐姐对于父亲遗嘱的心结。姐姐拒绝赡养父亲,是因为她觉得父亲一直以来对弟弟都是偏向的,心中有怨气。分析出这一点后,何主任首先要打消姐姐的怨气,于是将父亲的遗嘱分析给姐姐听,让她明白了父亲的用心,并且让其回想父母将她辛苦养大成人的不易,心里也就不再抱怨父亲。她不再抱怨父亲,自然愿意照顾父亲,赡养问题也就随之而解。

试想,若何主任只是告知姐弟二人就算没继承财产也要赡养老人,那么姐姐没有分到任何财产,心结一直打不开,总会觉得父亲太偏心,这样对自己是不公平的,即便勉强同意赡养老人,也不会尽心尽力,依然会存在纠纷隐患。

这起纠纷中,何主任还用到了"换位思考"的方法。姐姐也是一儿一女的母亲,让其明白做父母的对孩子多关爱一些并不是偏向谁,站在父亲的立场上其也许会做出同样的行为,如此一来,姐姐也会更加理解父亲。最后,何主任运用法律的规定来坚定姐姐赡养父亲的立场,《民法典》规定,子女对父母有赡养、扶助和保护的义务。所以,不管是否能继承到财产,姐姐对父亲都是有赡养义务的。在姐姐理解父亲并决定赡养后,何主任再告知其法律规定,使姐姐不至于处于被动状态,终使问题得以解决。

法条链接

《中华人民共和国民法典》

第一千零六十七条 父母不履行抚养义务的,未成年子女或者不能独立生活的成年子女,有要求父母给付抚养费的权利。

成年子女不履行赡养义务的,缺乏劳动能力或者生活困难的父母,有要求成年子女给付赡养费的权利。

第四节 解决思想问题与解决实际问题相结合的方法及运用

思想道德的宣传教育有时固然能化解思想疙瘩、减轻思想包袱、解决思想问题,但一旦当事人之间的物质利益再起冲突,所做的思想工作可能就会前功尽弃。思想问题的解决需要实际问题的解决来巩固和加强。例如，有些当事人之间发生纠纷，是因为确实存在一些实际困难或侵权问题。那么，解决这类纠纷时，调解员应当注重解决当事人所面对的实际问题，讲明其中的权利义务关系，而不是一味地解决思想问题。如果不注意解决当事人所面临的实际问题，调解员对当事人的思想开导就会脱离当事人的实际状况，难以收到实效。可见，在调解民间纠纷时，调解员不仅要说服教育当事人消除思想上的隔阂，而且要切实帮助解决纠纷当事人的实际困难和问题，才能最终彻底地化解纠纷。

第一，纠纷发生后，调解员要做到重视当事人的意见和要求，重视纠纷所涉及的实际问题，竭尽所能地为当事人排忧解难，切实解决具体实际问题。

调解员在解决当事人之间的纠纷时，应当注意从利益动因上去分析当事人的想法。这要求调解员具有敏锐的观察力，关注现实生活，倾听当事人的要求，了解当事人的需要。这样才能做到即使当事人不直接向调解员提出物质利益的要求，调解员也能准确地把握纠纷的实质，从帮助当事人解决实际困难的角度调解纠纷。

对那些确实属于合理要求又有条件解决的实际问题，应当积极工作，抓紧办实办好。而对那些属于正当要求又一时难以解决的实际问题，调解员应当诚恳地向当事人说明情况，做好他们的思想工作，最好能明确解决落实的时间表，对无法明确时间表的，也要让当事人明白调解员正在努力工作，以得到当事人的理解和体谅。对疑难和历史遗留问题，要注重动员群众的力量，群策群力，突破工作上的瓶颈。同时还应当注意动员相关部门参与调解，在他们的协助下顺利解决实际问题。

第二，在调解过程中，调解员不仅需要关注解决纠纷所需要面对的现实问题，还需要纠正当事人在思想以及认知上的错误。一方面要关注当事人身处的困境，帮助当事人解决其遇到的困难，为当事人排忧解难，从客观方面排除解决纠纷的障碍；另一方面要认识到纠纷发生的根源在于当事人对法律、对事实的认知可能存在一定的偏差。此时，调解员应当结合法律与事实，对当事人进行思想教育，将当事人的思想导向正轨。

人们的思维方式、价值观念有所不同。有些人甚至还存有陈腐的观念，导致其无法接受新生事物，吸收先进的、科学的知识。调解员需要在与当事人的交流过程中，敏锐地捕捉当事人思想上可能存在的问题，并对错误的问题加以引导和消灭，避免错误认知影响纠纷的解决，甚至导致相似的纠纷再次发生。尤其是对于那些非经济原因而引起的纠纷，如离婚纠纷、抚养关系变更纠纷等，调解员更应当将调解工作的重点放在做当事人的思想工作上来，让当事人明白其错误所在，将问题说清楚、说明白。这也体现出人民调解工作不仅能够帮助当事人解决当下的纠纷，还能够在一定程度上预防纠纷的再次发生，防止事态扩大。此外，对于因经济矛盾而引发的纠纷，如合同纠纷、损害赔偿纠纷等，调解员同样需要对当事人进行思想教育与道德教育，在达成当事人合理诉求、维护当事人合法利益的同时，尽量避免当事人之间发生过大的冲突。

案例8：因不让孩子上学引发的纠纷

小亮的爸爸在小亮3岁的时候得病去世，他的妈妈没过多久也改嫁了，多年来一直没有联系。小亮虽然还有个姑姑，但是姑姑过得也不富裕，只有爷爷和奶奶两人靠种地省吃俭用地将小亮拉扯大。到小亮初三的时候，奶奶患上了糖尿病，需要每天吃药，爷爷身体也已经不能再干地里的农活，爷爷就不再让小亮去上学了。小亮平时很听话，但不让他上学他却坚决不同意，他从求爷爷到开始跟爷爷哭着吵着要上学。村里的调解员小李听说此事后来到了小亮家,他问爷爷孩子成绩这么好,为什么不让他继续上学呢?老人说供不起了,坚决让他回来打工挣钱。

小李开始开导爷爷:"大爷,您要知道,咱们村子里的孩子只有靠上学、靠知识才能改变命运啊,您也不想让您的孙子干一辈子农活吧。"爷爷说:"我又不是老糊涂,我当然知道上学的重要性,可是拿什么上啊?我和他奶奶都得花钱吃药,我们连饭都快吃不起了。"不管小李怎么苦口婆心地劝说,爷爷还是不同意让小亮继续上学。

小李分析了与爷爷的对话后认为,爷爷心里其实并不想让小亮辍学,问题的关键是解决爷爷的经济困难。

于是,他几经周折,联系到了小亮的母亲,告知她小亮现在的状况,母亲对于小亮也深有愧疚,表示愿意出钱供小亮读高中和大学。接着调解员又帮小亮家申请了困难补助,每个月可以领到几百元的补助款,为彻底解决问题,调解员又不辞辛苦找到了小亮的姑姑,经过劝说,他们也愿意照顾小亮和爷爷奶奶。

这些实际困难解决之后,小李又找到了小亮的爷爷,说已经帮他解决了困难,爷爷激动地流下了眼泪,对小李说:"谢谢你,但凡有一点办法我都会让小亮继续上学,现在我们的困难你都帮忙解决了,听你说了法律,也知道咱家长不能不让孩子上学,小亮的学一定得继续上,上学才有出路啊。"

评析

在本案例中,小亮的爷爷阻挠孩子上学,看上去是爷爷觉得学习没用,实质上是由于家里生活困难。调解员先是劝说大爷,但是发现怎样劝说都无济于事,遂开始动起脑筋思考解决的办法。

经过分析,调解员意识到,小亮爷爷还是很明事理的,如果帮助大爷解决了生活困难,那么小亮就可以再重新回到学校了。于是，调解员首先找到小亮的母亲，她虽然已经改嫁多年，但是知道自己的孩子学习优秀却面临辍学，作为亲生母亲，必然愿意去帮助自己的孩子，同意解决小亮现在和以后上学的费用问题。其次，他找到了小亮的姑姑、姑父，虽然姑姑家的生活也不富裕，但是毕竟也是大爷唯一的女儿，为让小亮安心上学，调解员劝姑姑尽力去帮忙照顾两位老人。最后，调解员又帮当事人一家申请了困难补助。如此一来，这些生活困难都得到了解决。之后，调解员又为小亮的爷爷讲解法律规定并对其进行思想上的开导，使其认识到，为了孩子的前程，应该让其继续上学。可见，调解员如果不注意分析当事人所面临的实际问题，只进行思想开导的话就难以收到实效。因此调解中要关注当事人身处的困境，帮助其解决实际困难，从客观上排除解决纠纷的障碍。

法条链接

《中华人民共和国义务教育法》

第五条 各级人民政府及其有关部门应当履行本法规定的各项职责，保障适龄儿童、少年接受义务教育的权利。

适龄儿童、少年的父母或者其他法定监护人应当依法保证其按时入学接受并完成义务教育。

依法实施义务教育的学校应当按照规定标准完成教育教学任务，保证教育教学质量。

社会组织和个人应当为适龄儿童、少年接受义务教育创造良好的环境。

案例9：因宅基地界线引发的纠纷

村民赵某因结婚后分户而得到一处新的宅基地。新的宅基地与李某家相邻。后来，赵某在盖新房时将李家当年盖房时留出来的一个过道占用了，引起了李某的不满，李某称，这条过道是自己家盖房时特意留下用来堆放杂物的，尽管自己没有在这上边建造房屋，但这个地方还应是为自己家所有，赵某不应在属于自己家宅基地的范围内建房，于是要求赵某将其拆除。赵某因不愿引起不必要的冲突，向李某道歉，称自己确实不知道该过道为李某家所有，现在由于那面墙已基本成形，这时候拆除，耗时耗力，于是两人协商赵某给李某5000元的补偿。李某接受了占地补偿，这件事也就告一段落了。

几年后，该村开始新农村建设，进行重新规划，每家按照宅基地面积进行补偿。这时，李某又要求赵某将多拿的补偿款赔给自己或者让赵某将墙拆除，把那片本属于自己家宅基地的过道讨要回来。听到李某这样的请求，赵某顿时火冒三丈，他认为自己当初在盖房子的时候就给过李某补偿了，那条过道就应该归自己家所有，李某不能因为现在国家要给补偿款了，就翻脸不认账了。

后双方争执不下，到本村的人民调解委员会进行调解。调解员在得知两人争执的来龙去脉后，便请有关人员对两家的宅基地进行测量。测量后发现，赵某家的宅基地面积确实比应有的面积大。在调解过程中，调解员首先对这个问题进行了分析，认为赵某虽然占用了李某家的部分宅基地，但这个问题双方早在几年前就达成了和解，且赵某对李某进行了补偿，现在李某面对利益的诱惑，又开始心有不甘，觉得自己吃了亏，向赵某再次索要赔偿。分析后调解员认为，归根结底还是国家给补偿款产生的利益冲突，把利益的纠纷解决了，双方对这块地的归属也就无所谓了。

于是他分别同李某和赵某进行谈话，对于补偿款的数额和如何公平分配做了分析，提议让赵某给李某3000元作为补偿，这样一来，对于双方来说还是比较公平的，谁也没有吃亏。赵某和李某均表示同意后,调解员又对两人进行了教育,首先让二人顾及邻里关系,为了一笔数目不算大的补偿款将关系闹僵,会让人家看笑话。其次,当初赵某给李某5000元的时候他们之间其实已经形成了有效的合同,这个合同是受法律保护的,所以李某没有法律依据再去要补偿款了,听后李某也觉得很是惭愧,称对于宅基地的问题,自己再也不提了。

评析

实际生活中,有些纠纷的产生,是双方在思想上的认识或者观念不一致所导致,而有些可能是利益冲突所导致,所以在调解纠纷时,调解员首先应该弄清楚纠纷究竟是为何产生的。如果是因为思想认识上的原因,就注意调解当事人的心理和状况;如果是利益冲突,就首先要解决当事人的实际利益问题。本案中,调解员对两家因宅基地界线问题产生的纠纷进行仔细分析以后,认为两人对占地补偿之前的争议已经解决,且都比较顾及邻里关系,这次产生纠纷是李某对国家按照宅基地面积给付补偿款,认为自己吃亏了,从而产生的实际利益冲突,如果他从利益方面找齐,让二者都感觉到公平,问题自然也就解决了。

首先,调解员对该问题的真实情况进行还原,对双方宅基地面积进行实际勘查,实际测量出地的面积之后,了解谁是谁非,才能便于调解工作的下一步开展。其次,调解员经过仔细的分析,提出了"让赵某给李某3000元作为补偿"这一建议,如此一来,对双方都比较公平,使他们在利益上感到互不吃亏以后,问题也就解决了一大半。最后,调解员从"远亲不如近邻"的思想层面,从思想上做工作,对矛盾双方进行分析,让两人顾及自己往日的情分,毕竟这么多年的邻居,因为为数不多的补偿款,实在没有撕破脸的必要。二者作为邻居都是通情达理之人,只是面对利益冲突才翻了脸，如果让双方感到彼此得到的利益是公平的，纠纷自然就会停止。因此，经过调解员的劝说，两家立即重归于好了。

调解员在调解中既注重对当事人实际问题的解决，也不忘在思想上进行开导，并告知法律规定。最后，双方都获得了令自己满意的结果。本案中，调解员正是成功地运用解决思想问题与解决实际问题相结合的方法解决了当事人的纠纷。

法条链接

《中华人民共和国民法典》

第一百一十九条　依法成立的合同，对当事人具有法律约束力。

第五节　换位思考法及运用

换位思考，是指设身处地为他人着想，即想人所想、理解至上的一种处理人际关系的方法。换位思考是人对人的一种心理体验过程，将心比心，设身处地，是达成相互理解不可或缺的心理机制。人民调解工作中运用的换位思考法，是指在解决纠纷时，调解人员要全面了解案情，厘清矛盾，分清当事方的位置，多站在当事人的角度提出可接受的调解方案，调解人员还要积极引导当事人双方站在对方的角度想问题。换位思考法在人民调解工作中的具体应用过程，可以分为以下两个方面：

一方面，调解员要从自身出发，与双方当事人进行换位思考。共情力与理解力是调解员必须具备的素养，只有能够充分共情当事人的立场和感受，才能设身处地地思考如何为当事人解决纠纷。调解工作并不是机械地做题套公式，而是需要调解员利用自身的专业能力，有感情、有温度地帮助当事人解决困难、化解纠纷。在与当事人进行交流时，调解员不能仅仅站在自己的角度，想当然地假设当事人在纠纷中的立场，而是要注意倾听、理解，真诚地为当事人着想、与当事人换位思考、站在当事人的角度思考事情的全貌，这样才能提出真正有利于当事人的建议，帮助当事人有效解决纠纷。调解员切忌"上帝视角"，不能在调解中居高临下，这样不仅不尊重当事人，也不能真正解决问题。无论是与当事人进行初步沟通交流时，还是在提出具体的解决方案、调解协议时，调解员都要贯彻换位思考的原则，站在当事人双方的角度，从当事人双方的利益出发，达成最有利于双方当事人的调解结果。换位思考不仅是调解员所必须具备的技能，同时还对纠纷的顺利解决有着一定的推动作用。调解员换位思考，能够让当事人感受到更多的理解与尊重，从而使当事人打开心防，更加配合调解员的工作，避免出现当事人因对调解员缺乏信任而隐瞒部分真相、导致调解工作陷入困境的情况。

另一方面，调解员要善于引导当事人，使当事人之间换位思考。这是指双方当事人应先各自站在自己的立场上，客观公正合理合法地拿出解决问题的意见，然后当事人应站在对方立场上，经过调解员的引导，换位思考，再拿出解决问题的方案。来回两次，或更多次，这样可以给当事人营造相互融通的心理氛围，便于纠纷的调解。发生纠纷时，每个人都容易站在自己的立场上，认为自己有理，对方不对，对方应该让步。如果不能及时改变这种状况，他们可能会不断地给自己找理由支持自己的想法，并会产生不满、怨恨等消极情绪，这样会使矛盾继续加深甚至激化。面对这种情况，调解员应当一方面要求当事人从公正客观的角度思考纠纷的解决方法；另一方面要引导当事人从对方的角度看待问题。调解员要给当事人描述对方的处境，讲述当事人所不了解的对方的苦衷，并通过类似"如果你是对方，会怎么办"或"如果你是对方，会怎么样"的假设性问题引导当事人思索对方的立场、感受及想法。调解员在运用换位思考方法的时候，最好不要直接告诉当事人对方的想法及感受，而应当通过告知对方的处境等背景资料和不断提出适当的问题的方式引导，使他自己体会对方的感受，得出正确的结论。这种主动的思考，可以减少因对调解员的抗拒或不信任可能对调解造成的消极影响。调解员应给当事人灌输凡事都应全面地看问题的观点，告诉当事人面对纠纷既要考虑自己的理由和利益，又要考虑对方的想法和感受。只有双方设身处地想一想对方的利益，才会明白对方的想法也是情理之中的事情，进行有效的沟通，这是共同解决纠纷的前提。当事人通过换位思考，在对方的角度上设身处地地想问题，有利于当事人相互尊重，消除感情上的对立，在理解的基础上最终解开思想上的疙瘩。调解员还应适时地教育当事人"己所不欲，勿施于人"的道理，说服当事人转变观念，放弃不当的要求。在这个基础上，调解员进一步进行调解，可以使纠纷的解决获得转机。

案例 10：夫妻因家庭琐事引发的纠纷

张某与妻子李某经常争吵，邻居们对此都习以为常了。由于两人收入都不高，为钱的事有时甚至引发肢体暴力，妻子还因此不止一次拨打 110 报警，民警调解过他们的家庭矛盾，并告知他们可以向人民调解委员会申请调解。街道办事处的调解员老王也多次调解这两口子的矛盾，可是效果总是不好。每次他们都表示愿意接受意见，但不久又故态复萌，这到底是怎么回事？这天，两口子又大吵起来，再次闹得四邻不安。

老王又一次来到现场。见了调解员，张某抱怨道："她总是克扣我的钱，抽根烟也说没钱！"妻子则说："他就知道花钱，家里用钱的地方多着呢！"老王一边倾听，一边回忆两人多次的争吵情形。这样一联想，意识到双方的争议焦点总是围绕着钱的问题，就说："小张，你是不是认为如果自己管钱，一定能当好这个家呀？"张某忽然明白，自己其实这么多次与妻子争吵不就是不满她不公平地分配家里的收入嘛，于是大声地说："那当然！"老王转身对李某说："那你就让小张管一个月的家吧！"李某本来不愿意，但经不住老王的劝说还是同意了。

半个月过去了，这天老王正在忙碌，看到张某来到他的办公室，对着他说："你出的好主意！我家现在没钱了，还有半个月可怎么过呀？"老王说："管家可是你极力争取才得来的权利。"老王带着耷拉着头的张某回到家。李某一见他俩，一边对张某说："今天的菜钱还没给我呢！"一边对老王会意地笑了一下。老王说："你就别为难他了，咱们还是一起来算算经济账吧。"老王和他们夫妻俩坐在一起，问他俩全家每月收入多少，固定支出多少，剩余的钱如何安排，让他们双方各谈自己的打算。张某虽然当了半个月的家，但仍然吞吞吐吐，连每月烧多少煤气都不知道，光知道买烟抽。而李某把煤、米、盐、醋、衣服、用具各花多少钱，剩余的钱怎么安排，说得合情合理，没有浪费和开支不当的地方。张某听了也不得不信服，当即表示："我这半个月可真正知道家难当了，真是不当家不知柴米贵。她管家还是比我强！"他还深情地对妻子说："辛苦你了，我以前不知道你为这个家付出了这么多。"李某也说："我也知道了伸手要钱的感觉的确不怎么好啊。"从此以后，夫妻俩的关系更和美了。

评析

本案中的调解员运用了换位思考的方法顺利解决了夫妻之间的

纠纷。夫妻之间如何管理每月的家庭收入是一个实践性很强的问题，很难通过简单做思想工作解决这个问题。调解员运用了换位思考的方法，要求双方互换角色，亲自让丈夫体会管钱的感受。在这里调解员不仅仅是让他们想象换位会出现什么情况，而是真正让张某持家一个月。

在调解实践中很少运用这种真正的身份换位，只有在如本案的特定环境中才能适用，但这种换位非常有效，因为此时当事人不仅仅是在想象可能出现的情况，而是真正面对现实中出现的各种问题，他们无疑将更深切地感受到对方的想法和立场。所以在换位结束时，他们都能更加客观公正地看待对方。张某能体会到妻子的辛苦，妻子能感受到丈夫伸手要钱的感觉的确不舒服。而且，调解员还通过算经济账，让双方各自提出自己的持家计划，通过客观的比较和体验，张某心甘情愿地让妻子继续管家了，彻底解决了张某以前因为不满妻子的"分配不公"而闹矛盾的状况。

法条链接

《中华人民共和国人民调解法》

第十八条　基层人民法院、公安机关对适宜通过人民调解方式解决的纠纷，可以在受理前告知当事人向人民调解委员会申请调解。

案例11：因丈夫好赌引发的纠纷

张某在一家汽车修理厂工作，婚后他辞去了修理厂的工作，用和妻子李某共同的积蓄在老家开了一个小的汽车修理门面，小两口精心运作，修理店的生意做得红红火火，经过几年的奋斗，小的修理门面变成了一家颇具规模的修理厂，在此期间他们也拥有了自己的爱情结晶。

可随着钱越挣越多,张某经常聚餐喝酒,并且酒后赌博。后来他的酒肉朋友把他带到了赌场,张某的赌瘾也越来越大。因为赌博,妻子和他争吵过无数次,可张某已经嗜赌成瘾,对于妻子的劝解完全不走心。有一天,李某发现两人多年的积蓄已经被张某输得精光,于是向张某提出了离婚。

张某急忙找来了调解员老钟,老钟向夫妻俩详细了解了事件的经过,对张某说:"你沉迷赌博,不顾家庭也不顾生意,把家里的积蓄都拿走了,你说换作是你,你可能和一个嗜赌成性的人一起生活吗?"又对李某说:"你们还有孩子,他也不是无可救药,希望你能帮他戒赌,不要在他最无助的时候离开他。"随后,老钟让张某立下绝不赌博的保证,并建议让他看管修理厂并且照顾孩子,远离那些所谓的朋友,这段时间让妻子接管对外联络业务。

经过一个月,张某对老钟说:"以前我没有觉得她为这个家庭做出过什么贡献,通过这一个月,我知道操持家务也是件劳心费力的活,为守护我们的家庭她确实付出了很多,而我却差点将这一切都断送,我真的错了,我立誓绝对不再赌博。"李某则对老钟说:"通过这一个多月的应酬,我知道了人在外身不由己,很多时候都是需要委曲求全,我理解他的一时糊涂,我愿意和他重新来支撑起一个幸福的家。"

老钟听后欣慰地笑了,他对两个人说:"两口子过日子就是要互相理解、互相支撑,不能因为某一方的一时糊涂,就将对方一棒子打死,放弃整个家庭,两人要在换位思考中生活。"自此以后,张某再也没有赌博,还在妻子的建议下,共同把汽修厂办到了网上,做起了视频号,生意来源多了,生活也越来越好。

评析

随着经济的发展,人们生活水平提高,物质的充足会让一些人的欲望开始膨胀以至于不能抵抗一些诱惑。赌博常常是从"小赌怡情"开始的，有些人会慢慢变得嗜赌成性，因为赌博发生的离婚纠纷并不罕见，如何对此类纠纷进行调解是一个现实性很强的问题。调解员老钟运用换位思考的方法，要求夫妻互换家庭角色，让张某持家，从而体会作为妻子的劳苦；让李某应酬，进而体会作为家庭经济支柱的纷繁压力。这不是简单地对双方进行思想工作，而是让双方切实感知对方角色的难处。

在现实生活中，巧妙地运用换位思考的方法是需要特定条件来达成的，只有在具备一定条件的环境中运用才能有效发挥这种方法的功效。在这种换位思考中，双方不是在想象对方所面临的一切，而是切实进行位置互换，让他们真实地了解彼此的环境，充分理解对方的处境、立场。因此，在此种换位思考结束后，双方会更加深刻而理性地看待彼此。张某了解了妻子的持家之苦，妻子也充分理解了丈夫在一些情况下的无可奈何。通过这些，让两口子更加了解彼此，让一个濒临破碎的家庭重归于好，彻底消除了夫妻双方的芥蒂。两个人齐心协力把汽修生意做到了网上，通过运营视频号扩大了生意，生活有了全新的开始。

法条链接

《中华人民共和国人民调解法》

第二十二条　人民调解员根据纠纷的不同情况，可以采取多种方式调解民间纠纷，充分听取当事人的陈述，讲解有关法律、法规和国家政策，耐心疏导，在当事人平等协商、互谅互让的基础上提出纠纷解决方案，帮助当事人自愿达成调解协议。

第六节　苗头预测和遏制法及运用

苗头预测和遏制法就是要求调解员针对纠纷当事人的思想状态和行为不断变化的特点，抓住带有苗头性、倾向性的问题，及时分析变化的现状、原因，提出解决纠纷的对策，把纠纷遏制在萌芽状态，防止矛盾的扩大和深化。

苗头预测和遏制法作为人民调解员解决纠纷的一个有效的方法在当前具有重要的意义。首先，随着社会的发展，民事关系主体的利益与要求日趋多元化，各种利益与矛盾的冲突加剧，易激化的纠纷增多。其次，对于合同纠纷、生产经营纠纷、劳动争议纠纷、拆迁征地纠纷、环境污染纠纷等直接涉及群众的切身利益的纠纷，当事人易于行为激烈，解决不好极易激化，甚至会引发群体性上访事件的增多和规模的扩大。再次，由于部分人的文化素质、道德水平及法律意识不适应时代要求，特别是受不良文化的影响，发生了纠纷不寻求法律途径解决，而是以牙还牙，不计后果、不择手段实施报复，往往导致"民转刑"案件的发生。最后，由于一部分人的人生观、价值观发生偏移，诚信水准下降，继承、赡养和婚姻家庭类纠纷增多。这类纠纷很难调解，且极易反复，调处不当，有可能导致当事人自杀身亡等严重后果。

要想成功地运用苗头预测和遏制法，调解员需要注意以下几点：

第一，要求调解员应当在思想上认识到纠纷具有突发性，预防工作有艰巨性和长期性，意识到遏制纠纷继续发展和扩大的重要性。要采取切实可行的果断措施，加强对突发纠纷的预防。纠纷发生时，调解员不能消极地"就事论事"，出现一个矛盾解决一个矛盾；而是应当有主动性，有意识地观察和分析苗头性问题，采取果断有效的措施处理可能出现的各种问题。

第二，要求调解员必须具备敏感的信息意识，具有敏锐的观察力，主动去发现各种信息，经过认真分析和深入研究，捕捉其中的倾向性、苗头性信息。民间纠纷的发生和发展是具有一定规律性的，其发展变化也是有征兆可寻、有端倪可察、有前因后果可供思索的。因此，调解员无论是在收集调查纠纷各种情况时还是在调解中，都要注意收集苗头性的信息。当事人的思想和行动变化，不管是顺向的进步还是逆向的落后，预先总会有迹象。虽然这些苗头性信息的价值大部分是潜在的或间接的，而且它往往会被许多小事情遮盖而不受重视，但却可以从不同角度反映倾向性问题。

第三，调解员对当事人思想行为或矛盾发展的预测，不能是凭空的胡思乱想，而是要建立在调查研究和实事求是的分析之上的。这种分析是以客观事实、规律和逻辑为依据，提前预测、预见纠纷未来发展变化的方向、状态和结局。即使出现相同的苗头信息，在进行预测时，也必须关注具体纠纷的不同特点，因人而异。相同类型的纠纷有相似的发展规律，但具体的纠纷有不同的引发原因，作用于其的外部因素也变化多端，导致每起纠纷的变化趋势也各有不同。每个纠纷当事人的性别、年龄、文化程度、道德、法治观念、周围环境不尽相同，对纠纷苗头的预测的影响也是多样的。

第四，预测苗头的最终目的，即调解员对通过分析得出的纠纷苗头一定要重视，积极行动，负责任地妥善处理，将不好的苗头扼杀在萌芽状态。

案例12：因妻子出轨引发的纠纷

张某看到同村人南下广州打工都挣到了大钱回来，也动了心。在与妻子李某商量后，便跟着村里常年在外打工的亲戚一起外出挣钱，而李某则在家中种田、伺候公婆、照看孩子。为了争取更多的工资，张某在第一个春节便留在工地当看管员。后来由于工程进度的问题，此后两个春节，张某都没能回家。当张某终于有些积蓄，过年兴冲冲地赶回家时，却听到邻居谈论自己的妻子，说她与同村的刘某之间有些不清不楚。

张某听后十分恼怒，但是转念一想，毕竟这是传闻，自己没有真凭实据，不想冤枉了妻子。过完正月十五，张某又起程回到工地了。两个月后，张某以家中有事为由请假，悄悄回到家中查看，当夜把两人捉奸在床。遭到痛打的刘某匆忙逃跑，张某颓然地坐在地上，妻子在床上掩面失声痛哭。

第二天一早，调解员小林在路上遇到了失魂落魄的张某。两人关系一向不错，小林主动上前与张某打招呼，询问其突然回来的原因。但是张某却表现得十分冷淡，站在路边，只顾抽烟。小林见状，也点了一根烟，这时，张某对小林说："我到今天才算看透了，人活在这世上什么都是靠不住的，一切努力都是白费，有时候想想活着到底是为什么？"听到张某说出这样的话，小林觉得他一定是遇到什么事了，便尝试着开导他，但是张某掐灭烟，摆摆手，便黯然地独自离开了。

回想张某今日的反常行为，以及说出的那番话，小林便越发断定张某家里一定是发生了什么重大变故，想到此，小林便匆匆赶到张某邻居家了解情况。在得知是张某的妻子出轨被张某当场抓住的情况后，小林觉得自己无论是作为一名调解员，还是出于跟张某同村的情谊，都应当对这起纠纷进行调解，否则说不定一个家庭就这样毁了。

小林决定将这对夫妻和刘某召集到一起。张某走进调解室看到刘某，控制不住地又想上前打他，幸亏被小林及时制止了。张某坐在椅子上呜咽了起来，一边骂一边诉说："兄弟，你说我在外面拼死拼活地打工，连过年都舍不得回家，我这是为了什么？还不是为了这个家能够过上好日子，可是我在外面受累，家里却发生了这样的事，我真想跟他们两个同归于尽。"又转身对妻子声嘶力竭地喊道："你这么做对得起我吗？对得起孩子吗？对得起良心吗？"听到丈夫的吼叫，妻子也在一边大哭不止。小林劝慰着张某："大哥，说不定嫂子也是有什么苦衷，我们不妨听一听，如果确实没什么感情了，那么就好聚好散，可千万不能有什么冲动的想法，这是犯法的。而且孩子还小，你要是有个三长两短，孩子可怎么办呀？"

听到小林说完这番话，李某便跪倒在张某面前，说起事情的起因。原来，由于李某生的是女儿，公婆便一直十分嫌弃她，在张某外出打工的这几年，家里家外都是她一个人操持，公婆不但不帮忙，而且总是对她进行谩骂。但是这些李某都不敢告诉张某，害怕张某分心，在工地发生事故。看到李某如此的劳累和委屈，刘某开始出于好意主动帮她收拾庄稼，后来二人在一起久了，渐渐地越走越近。刘某此时也恳求张某的原谅。

听完整个经过，小林劝道："家家有本难念的经，嫂子这样也是事出有因。大哥，虽然嫂子做了对不起你的事，但是现在已经真诚悔过了，如果你确实对嫂子有感情，那么就原谅嫂子这一回，况且孩子还小，也离不开妈妈。如果大哥你觉得没法再跟嫂子过了，那么就和平离婚。至于你那种同归于尽的想法可万万使不得，那样做不仅是触犯法律，你自己也要接受法律制裁，还有可能毁了整个家庭，让你的父母和孩子以后咋活？你可要想清楚。"

同时小林也教育了李某与刘某："虽然嫂子你受了很多委屈，但是大哥心里记挂着你呢，既然已经结婚了，根据咱们国家《民法典》的规定，您就应当遵守夫妻间互负的忠实义务。这么做实在太不应该了。邻里之间互相帮扶是好事，但是现在这种情况实在是不应该发生。"

听完小林的话，最终张某感到了自己在整件事中也负有不可推卸的责任，如果自己能够早点察觉妻子的处境，多一点关心，也就不会是现在的情况，同时考虑到年幼的孩子，最终选择了原谅妻子，夫妻二人抱在一起失声痛哭。刘某也表示了真诚的歉意，并愿意作出相应的经济补偿。

评析

本案中，调解员运用了苗头预测和遏制的方法成功地调解了这起家庭纠纷。在听到张某发出的感慨后，联想到张某的表现，小林依据观察大胆推测，积极了解情况，成功避免了一起家庭悲剧的发生。在觉察到问题发生的苗头时，小林不是置身事外，等着当事人主动寻求调解帮助，而是充分发挥自己的职能，根据自己的观察力与判断力，从问题的苗头出发，追根究底，主动为老百姓解决纠纷与困难。

苗头预测和遏制的方法要求调解员在平时的工作与生活中，要悉心培养自己的观察能力与判断能力，遇到各种各样的纠纷时要注意积累经验，积极探究各类纠纷的特征以及先期预兆。同时也要求调解员具有高度负责任的态度，真心实意为老百姓考虑，主动去帮助群众解决问题，而不是简单地等着人民群众上门"讨教"。即调解员应兼具敏锐的观察能力与负责任的态度，才能及时有效地捕捉到细微存在的纠纷苗头，在事件进一步恶化之前成功进行遏制，避免不必要的悲剧或者事故发生。通过运用科学的方法保障调解工作的顺利进行，才能充分保障人民群众的利益。

法条链接

《中华人民共和国民法典》

第一千零四十三条 家庭应当树立优良家风，弘扬家庭美德，重视家庭文明建设。

夫妻应当互相忠实，互相尊重，互相关爱；家庭成员应当敬老爱幼，互相帮助，维护平等、和睦、文明的婚姻家庭关系。

案例13：因遗弃老人引发的纠纷

调解员小王从村民口中了解到，家住村子西边的赵大妈今年已经70多岁了，家中两个儿子都已成家立业，但这两个儿子一直对老两口不好。此前赵大妈一直和老伴生活在一起，但是几个月前老伴去世了，赵大妈便很少出门了，也不知道现在怎么样了。

听说此事后，小王便打算主动去看望赵大妈。在得知小王的来意之后，赵大妈表示虽然儿子不赡养自己，但是现在一个人也能够生活，不需要政府的帮助，在简单地聊了几句话之后，便催促小王离开。在回来的路上，小王越想越觉得不对劲，听村里人说，平时赵大妈对人十分和善，但是今天对自己却十分冷淡。而且在谈到生活的时候，小王能够明显感觉到赵大妈抑制不住的悲伤。她一边走一边觉得事情不对劲，便不由自主又匆匆返回赵大妈家，果然发现，赵大妈正颤颤巍巍地想要用一瓶农药来结束自己的生命，小王赶紧夺下赵大妈手中的农药。

看到赶回来的小王，赵大妈便扑到小王怀中，痛哭流涕。赵大妈告诉小王："闺女呀，我也不知道是造了什么孽呀，和老伴含辛茹苦地将两个儿子养大，本指望他们成家之后能够一家人快快乐乐地生活在一起,但是狠心的两个儿子却将我和老伴遗弃,我和老伴只得相依为命。几个月前连老伴也走了,现在只剩下我一个人孤苦无依,生活来源也没有,今天吃完家里的最后一顿米,便想着去找我的老伴,省得我一个人在这世上受苦。姑娘呀,你为什么要救我呀?"小王听得泪流满面,对赵大妈说:"大妈,您放心,我一定会劝您的两个儿子回头。即使他们不养您,您也不能这么轻易地放弃自己的生命呀!从今天起,您就是我的妈妈,我来养活您。"

在经过多次登门劝说之后,赵大妈的两个儿子仍然拒绝赡养自己的母亲。小王觉得应当换一种思路,不应当只向他们讲授法律的硬规定,逼着他们不情愿地接受自己的母亲,而是应当将法理与亲情相融合,通过教育,让他们真心实意地悔改。于是小王通过村委会的干部将赵大妈及其两个儿子召集到一起,开始耐心地说服、劝导。她给赵大妈的两个儿子讲解了《民法典》《老年人权益保障法》《刑法》等相关法律的规定,告诉他们法律规定子女有赡养父母的义务,而他们现在的遗弃行为已经触犯了法律的规定,如果赵大妈提起诉讼,他们是要承担法律责任的。随后,小王拿出了她早已准备好的赵大妈两个儿子从小到大的照片,苦口婆心地劝说道:"你们的母亲一直将这些照片保存在身边,看作她最珍贵的财产。她辛辛苦苦抚养你们长大,看着你们成家,她多么希望能够和其他人一样与自己的家人生活在一起,享受儿孙绕膝的幸福,这些你们了解吗?"说到此处,小王的声音也有些哽咽:"在你们的父亲去世后,你们知道自己的母亲生活得有多艰辛与悲伤吗?为了不拖累你们,她甚至都已经准备结束自己的生命了。"听完调解员的话,赵大妈的两个儿子终于忍不住和母亲抱在一起,流着眼泪表达自己的忏悔之情,并且争相主动要求赡养母亲。最终经过协商,赵大妈在两个儿子家轮流生活,一年一换。

评析

　　调解员小王在了解到赵大妈的实际情况后,她并没有消极等待赵大妈上门求助,而是积极主动地去帮助赵大妈。在与赵大妈的谈话过程中,小王通过自己的观察结合思考,预测判断出赵大妈的生活并不如自己描述的那般如意,本着高度负责的态度,重回赵大妈家了解情况却意外地救下了想要自杀的赵大妈。正是因为小王重视采用苗头预测的方法,通过村民的讲述,意识到赵大妈与儿子之间可能存在纠纷,生活上存在困难,主动登门帮助,并在与赵大妈进行对话的过程中,能够结合自己的观察,判断出赵大妈的反常行为,通过自己的预测,成功避免了一起悲剧的发生。这主要依靠平时积累的相关经验,以及对于苗头预测和遏制方法的成功学习与运用。作为一名调解员,应当时刻心系人民的切身利益,在工作中要保持主动性和警觉性,注意分析苗头性问题,通过正确的方法引导当事人解决问题,切实避免麻烦。

　　考虑到现实的民间纠纷具有的复杂性等特点,又考虑到部分当事人对于法律与政府帮助存在一定的困惑性,苗头预测与遏制的方法在调解过程中便显得尤为重要。这要求我们的人民调解员应当充分发挥自己的观察力、判断力,不等不靠,主动上前为存在困难与纠纷的群众排忧解难。只有掌握科学的调解方法与技巧,才能事半功倍地将调解工作切实做好。

法条链接

《中华人民共和国民法典》

第一千零四十二条第三款　禁止家庭暴力。禁止家庭成员间的虐待和遗弃。

第一千零六十七条　父母不履行抚养义务的,未成年子女或者不能独立生活的成年子女，有要求父母给付抚养费的权利。

成年子女不履行赡养义务的，缺乏劳动能力或者生活困难的父母，有要求成年子女给付赡养费的权利。

《中华人民共和国老年人权益保障法》

第十四条　赡养人应当履行对老年人经济上供养、生活上照料和精神上慰藉的义务，照顾老年人的特殊需要。

赡养人是指老年人的子女以及其他依法负有赡养义务的人。

赡养人的配偶应当协助赡养人履行赡养义务。

《中华人民共和国刑法》

第二百六十一条　对于年老、年幼、患病或者其他没有独立生活能力的人，负有扶养义务而拒绝扶养，情节恶劣的，处五年以下有期徒刑、拘役或者管制。

第七节　模糊处理法及运用

模糊是介于无序和有序之间的状态，模糊其实是我们生活中的感受，我们经常可以知道事物的大致发展方向、事情的大致处理方法，但我们无法也认为没有必要用规则对其进行精确计算或预测。如果在处理任何问题，尤其是人们之间涉及感情因素的纠纷也要求必须明明白白、明确清楚，来不得半点模糊，这本身就不符合事情常理。因此，对于人们之间的一些非原则性问题，常采用这种方法。在实际调解工作中，调解员应根据要解决的矛盾的类型以及具体面对的问题不同，采用不同的模糊处理方法。以下具体说明：

第一，人民调解员要善于运用模糊表述。在某些情况下，调解员的语言表述不必过于清晰，而是要适当地进行"模糊化"处理。

调解员在展开调解工作时,虽然要明确当事人各方的责任,但调解员与审判人员所承担的职责不同,如果过于直接清晰地给当事人下判断,反而会引起当事人的抵触心理,导致调解工作难以继续进行。因此,调解员要掌握"说话的艺术",根据具体情况作出判断,在确保自己的语言表述不存在违反法律规定等原则性错误的前提下,使用模糊的方式与当事人进行沟通可能会得到更好的结果。举例来说,调解员在与当事人初步接触的阶段,可以先听取当事人的陈述,而不是急于输出自己的观点和态度。调解员可以以不涉及具体案情的方式对当事人的情绪进行安抚,等到对事情的全局有了进一步的了解、将事实真相调查清楚后,再结合纠纷的具体情况以及当事人的性格特征,选择合适的方式发表自己对于纠纷的看法。需要注意的是,模糊处理法并不代表调解员要在纠纷中"和稀泥",而是应当在处理问题时更加谨慎小心,避免因自己的主观态度影响调解工作的进行,同时使调解工作更容易为当事人所接受,从而缓解当事人的情绪。

第二,人民调解员要善于进行模糊调查。在调查事实时,调解员需要适当进行模糊处理。在某些情况下,当事人之间的纠纷很可能会涉及当事人甚至是第三人的隐私,如果过分追究调查,很可能会侵犯到他人权利,引起当事人的反抗情绪。因此,调解员在调查事实时,只要确保与当事人纠纷相关的基本事实清楚、当事人之间的权利义务关系明确即可,若过分追根究底,反而影响调解工作的顺利进行。

第三,人民调解员要善于进行模糊调解。在调解过程中,人民调解员也要根据纠纷的不同情况进行模糊调解。在很多情况下,发生纠纷的当事人往往是熟人,而纠纷的发生则导致当事人之间人际关系破裂。在进行调解时,调解员要注意调解的"度",对一些非原则性的问题可以采取模糊处理的方式,在一定程度上帮助当事人修复人际关系，避免因一时的矛盾影响当事人后续的相处。还应注意，调解员运用模糊调解的方法解决矛盾时，工作的关键并不是澄清谁是谁非，而是要对当事人两面摆平，不偏不倚，采用灵活的方式处理，使双方满意。因为很多矛盾本身就不是什么原则问题，因此最好能采取一种弥合矛盾、小事化了的态度。这种模糊调解的方法，既易于做成工作，又不使人尴尬。看似"模糊"，实则"明了"。如果小题大做，上纲上线，不仅使人不服，而且容易加深矛盾，使问题更加复杂。例如，在公民侵权案件中，受害人要求侵权人赔礼道歉时，如果让侵权人直截了当地赔礼道歉，往往难以做到，但可改变赔礼道歉的方式。调解员可以让纠纷双方在原来造成损害的范围内共同把话说开，说明事实真相，在此过程中逐步引导侵权人说出自己行为的不当之处，从而得到对方的谅解。

第四，调解员应当善于运用模糊批评法。模糊批评法即"点到为止"，就是把在调解中发现的当事人的错误行为、表现出的错误思想，寻找合适的时机、在适当的场合用严厉而带中肯的方式提出。批评用模糊的语言包装起来，既可以解决调解工作中存在的问题，纠正当事人的错误，又能保护当事人的自尊心，消除他们的对抗心理。调解员在对当事人进行批评时，如果能运用模糊批评法，就能较好地消除批评带来的负面影响，既易于做成工作，又不使人尴尬。

当然，采用模糊调解的方法解决矛盾，并不意味着调解员在调解中放弃原则。对大是大非的原则性问题，支持什么、反对什么，要当场表明，要态度鲜明。对这样的问题，调解员要以法律和政策为依据，分清是非责任，保护受害一方的合法权益，让有过错的一方承担相应的义务，决不能不分是非对错，先"各打五十大板"。

案例14：因不当得利数额分歧引发的纠纷

方某所在的村子位于福建省某县，那里的人们靠海吃海，世代以养鱼为生。某一年刮台风时，方某的鱼塘围栏被台风刮断了，一部分鱼直接落到地上死掉了，一部分鱼随台风刮到了邻近的万某家的鱼塘里。万某的鱼塘因去年刚刚做了加固，因此在这次台风中没有受到什么大的损失。

台风过后，方某找到万某，称自己家鱼塘里有大约18000多条鱼被台风刮到了他家鱼塘，并说由于自己家的鱼和万家的是一个品种，就不计较大小了，只要求如数返还。万某则说自己家鱼塘原有30000多条鱼，台风过后估算了一下顶多40000条，因此方家损失的18000多条鱼肯定没有全被刮到自己的鱼塘里。方某于是拉万某到自家鱼塘查看，周围死鱼为数不多，万某一时也不好说什么，但怎么也不甘心给方某18000条鱼。

两家原本就有矛盾相互不往来，因此事又翻旧账，几次冲突都闹得很大，但都没有解决问题。万某的儿子担心事情发展到不可收拾的地步，就请来了调解员老罗帮两家人解决问题。

老罗事前走访了部分村民，了解到方某为人比较自私，心眼多，村里跟他亲近的人不多；万某则比较实诚，是村里公认的厚道人。在走访过程中，老罗从一个村民处了解到，台风过后好像见方某跟妻子匆忙地收拾地上的死鱼，而且死鱼数量看似不少。了解了这些情况后，老罗把两家人叫到一起，同时在场的还有村委会张主任。

老罗首先说："经过咱们村委会的调查，方家的鱼确实有一部分刮到了万家的鱼塘中，这个老万是认可的，这在法律上叫不当得利，老万应当返还给方家，但咱们现在是对具体数量有争议是吧？"

随后老罗让张主任报一下村委会事后查看的万家鱼塘里鱼的数量，约 40000 条。老罗接着说："万家鱼塘多了不到一万条，那么也就是说方家还有 8000 条不知在哪，咱们看见有死在地上的，不多，所以我们推测被台风刮到远处死掉的可能性很大，这个可能性你不否认吧，老方？"老方点点头。张主任接着对方某说："虽然平日你跟老万处得不好，但他还不至于把刮到鱼塘里的鱼弄死吧，而且你看这几天他把你的鱼也喂得挺好的，没什么死的，不然一般台风过后也要死一批的。咱们就事论事，不牵涉其他，失踪的鱼也没有老万的责任，你们各让一步，让老万还你 9000 条，你看怎么样？"方某本就有些心虚，想了一下，也就答应了。另外，张主任还嘱咐他把这几天的鱼饲料还给老万。

调解员走后，方某心里挺不是滋味，发觉万某人确实挺好，反倒自己做得有些不光彩。虽没有承认自己处理死鱼的事，但之后见了万某都笑脸相迎，两家的关系因祸得福，有了缓和。

评析

本案中的调解员主要运用了模糊处理法成功化解了双方矛盾。本案是一个典型的不当得利纠纷，双方对得利的数额即鱼的数量产生分歧。虽然很多证据表明方某在台风过后匆忙处理了很多死鱼，有企图嫁祸邻居万某，使其为自己全部损失买单的嫌疑，但调解员并没有对此深究，而是采取了模糊处理的方式。

本案中万某与方某两家人本就存在矛盾，这次的鱼塘事件，如果调解员一心查清失踪的鱼的去处，不仅会使得方某面子上过不去，令万某更加生气，更会让两家的关系恶化，这样，即使清楚地解决了鱼的问题，也会留下更多的隐患，不符合调解的目的，因此，调解员采取模糊处理的方式非常适合本案。看似"模糊"，实则"清楚"，省去对无关紧要的细节的追究，仅凭其他事实，也较好地维护了双方的利益,且保护了邻里关系。

调解员还请来了说话比较有权威的村委会主任,运用了动员多方力量协助调解的方法。方某为人较自私,调解员的建议他不一定心甘情愿地采纳,而村委会主任入情入理的分析与调解员的劝说紧密联系,给方某以一定的压力,不仅让他想到自己处理死鱼的不光彩,更想到邻居万某照顾鱼的用心,内心有所触动,最终接受了建议。也正是通过这次调解,方某与万某的关系得到了修复,两家自此消除隔阂,和睦共处。

法条链接

《中华人民共和国民法典》

第一百二十二条 因他人没有法律根据,取得不当利益,受损失的人有权请求其返还不当利益。

案例 15:因孩子打架引发的邻里纠纷

周末,小宝的妈妈张某正在家准备午饭,突然听到儿子在门外哭着喊妈妈。开门一看,只见儿子一只手捂着眼睛,说是小刚打伤了自己,她赶忙查看孩子的伤势,见儿子左眼上方还在往外渗血,她又气又急,来不及说什么,赶紧把儿子送到医院。经医生诊断,小宝左眼上方为划伤,幸好没有伤及眼睛。医生认真地对伤口进行了处理,给孩子打了破伤风的针,开了些防止伤口感染的药。

回家安顿好儿子,张某便直接到小刚家讨要说法,要求小刚父母赔偿医疗费和孩子的精神损失费一万元,并当面向小宝道歉。小刚妈妈称两个孩子打架,双方都有错,小刚身上也有瘀伤,不能只让他们承担责任。因小宝伤得较重,他们愿意出 2000 元作为补偿,但拒绝赔礼道歉。张某自然不愿意接受,事情闹到了居委会,调委会程主任为他们调解。

了解了相关情况后,程主任电话联系了双方孩子的父母,并加了他们的微信,询问他们的想法。双方还是坚持原来的观点,不肯让步,但表示愿意接受调解。于是程主任为双方安排了面对面的调解。

调解当天,程主任先开口说:"我跟两个孩子都聊过了,孩子们讲的事情过程有点出入,但大体是一致的,就是俩孩子因抢玩具推搡,最后不知怎么打在一起,然后小刚衣服上的铆钉划伤了小宝,小宝就哭着回家了。咱们对这个过程没什么大的异议吧?"见双方都摇头,便继续说:"我看小刚身上确实有几处瘀伤,小宝的眼伤也算是得到了及时有效的救治。小宝妈把票据拿出来,咱们算算花销。"小宝妈拿出了准备好的票据,程主任当着双方的面算了一下,各项费用总共大概有4800元,便继续说:"咱们这样好不好,因为孩子打架闹到法院对你们来说费时费力,你们觉得值得吗?不如双方各让一步,以4000元为准,你们看怎么样?"见双方仍不太情愿,气氛也没有太大缓和,便叫来了两个孩子。

程主任先抱着小刚问:"弟弟眼睛上的伤是不是你弄的?"小刚愧疚地点点头。"那你是不是故意的?"小刚使劲地摇头,眼睛里噙着泪。就在大家都沉默的时候,小刚一声低语"对不起"让在场的大人有所动容。程主任走到小宝面前,蹲下去问他:"你可以原谅哥哥吗?""嗯,没关系。""哥哥身上也有伤,你是不是也有错?""嗯,嗯,嗯。""以后还要不要跟哥哥一起玩?""要,嘿嘿。"小宝破涕为笑。两个孩子相视一笑,程主任便让他们先出去玩,并安排两个人去照看他们。

程主任对双方父母说:"你们看,孩子心里其实已经没什么了。我知道你们都非常疼爱孩子,这我能理解,我也是妈妈。在这件事情上,咱们做妈妈的没有及时照看他们,也有一定责任是不是?现在因为一点钱的事情,如果闹得不愉快,孩子就失去了一个朋友,咱们作为父母,也就没有给他们上好宽容这一课。你们看,赔偿的事情是不是可以再考虑考虑?"听到这儿,两个妈妈都想发言,小宝妈抢先说:"孩子受伤我挺心疼的,态度蛮横也是因为在气头上,不过现在想想小男孩打架很正常,好在孩子没事。程大姐说得对,孩子受伤我也有责任。孩子们不计前嫌,能好好玩也挺好的。我知道小刚爸妈挣钱不容易,小宝本身也有错,所以我同意程大姐的建议,给3500就行了。咱们以后还是好邻居。"小刚妈妈也非常感激,她不善表达,只能说:"我代儿子给你们道个歉,对不起了。我们出4000元,不能让你们太亏了。咱们就互谅互让吧。"就这样,双方达成了调解协议。

评析

本案中的调解员主要运用了模糊处理法。孩子间打架是经常发生的事,至于具体的原因、谁先动的手,经常是无法说清的。在面对两方爱子心切的家长时,调解员没有去具体追究谁的责任,也没有把精力放在小宝父母的费用支出计算上,而是在明确基本事实的基础上,建议双方各让一步,给出了一个比较合理的赔偿数额供双方参考,将事情简单解决,同时真正化解了矛盾,让邻里情谊得以继续。但这个建议在一开始显然没有真正打动双方。

这时,调解员又运用了动员多方力量协助调解的方法,请出了本案中至关重要的人物——小刚和小宝。通过对孩子的询问,大人们看到,在孩子的世界,没有那么多计较与仇恨,更多的是发自内心的善良和对友情的渴望。调解员没有直接让家长或孩子道歉,而是通过一句句的引导,让孩子讲出事情发展的经过,对自己行为的评价,最终自然地表达了对对方的歉意。这样的道歉既不勉强又打动人心,两个孩子的父母由此很受触动。想到孩子的身体并无大碍，意识到自己照看孩子的失误与责任，考虑到孩子有玩伴的快乐童年，家长们最终同意了调解员的建议，主动做出让步。

责任的明确并不能带来内心的满足，生活中的很多纠纷是情理胜于事实的，这时模糊处理法便表现出了其独特的魅力。它不仅能化解矛盾，还能修复受损的人际关系，让大家从积极的角度去看待和处理问题。人民调解员要善于运用模糊处理法，在生活中细细体味"模糊"的真谛。

法条链接

《中华人民共和国民法典》

第一千一百七十九条 侵害他人造成人身损害的，应当赔偿医疗费、护理费、交通费、营养费、住院伙食补助费等为治疗和康复支出的合理费用，以及因误工减少的收入。造成残疾的，还应当赔偿辅助器具费和残疾赔偿金；造成死亡的，还应当赔偿丧葬费和死亡赔偿金。

第一千一百八十八条 无民事行为能力人、限制民事行为能力人造成他人损害的，由监护人承担侵权责任。监护人尽到监护职责的，可以减轻其侵权责任。

有财产的无民事行为能力人、限制民事行为能力人造成他人损害的，从本人财产中支付赔偿费用；不足部分，由监护人赔偿。

案例16：因失业压力引发的离婚纠纷

赵某在一家房产中介公司工作，婚后一年，由于行业的竞争压力逐渐增大，导致赵某工资收入不断下降，甚至接连几个月入不敷出，赵某干脆选择了辞职。在家待业的日子里，他每天靠打游戏打发时间，因此引发了妻子林某的不满，二人为此经常吵架。某天晚饭后，妻子一边打扫卫生一边数落他，二人又因为赵某失业却不积极找工作爆发争吵，赵某本想夺下妻子手中的扫把，不承想却失手打到林某，林某更加愤怒，当即要求离婚。赵某也觉得妻子不理解自己，总是嫌弃自己，便同意立刻离婚。

二人签好离婚协议后，就向民政部门提出了离婚申请。看到儿媳收拾东西离开，赵母才得知他们要离婚的事情，立刻数落了儿子一顿，极力劝他承认错误并接儿媳回来。见赵某不听劝告，于是赵母向当地的调解委员会申请帮助。

调解员小耿首先分别向夫妻俩询问了事情的经过，得知是由于丈夫失业压力过大引发的纠纷之后，小耿并没有继续追问事情的细节，而是深入了解了他们的感情状况，发现双方只是赌气，由于妻子看到丈夫在家待业，不积极找工作还整日打游戏，更不帮自己干家务，再加上二人生活的开销都靠妻子每天辛劳工作，因此妻子将心中的怨气发泄出来也是在所难免。小耿多次劝解后，决定与二人分别交谈，将自己调解工作的重点放在二人的感情方面，希望在冷静期内化解二人的矛盾。

之后，小耿与赵某多次交谈后赵某才说出了实情，他其实早就后悔离婚了，但又不知道该如何挽回。小耿明白了自己模糊掉夫妻双方争吵的细节转而关注彼此对家庭和感情的责任的调解策略是对的，他对赵某说："失业是本次吵架的诱因，有外界因素但也有自己的因素，想让妻子包容你，你也要换位思考包容对方，当双方矛盾陷入不可开交的时候，男人应当表现出大度的胸怀，要首先弯下腰来主动解决矛盾。你们的纠纷和你们的感情比起来不值一提，不要让一时的冲动毁掉这段姻缘。"

紧接着，小耿又到女方家劝说林某，同样使用模糊表述的方法，他知道涉及两人感情因素的纠纷是没必要把两人对错分得清清楚楚的，所以他也对林某跟他抱怨赵某的话表示认同，并对她进行安慰，但并不评判争执的细节。在听完林某的倾诉后，小耿说道："婚姻中会遇到很多的问题，但是处理问题的方式可以体现夫妻二人对于爱情和婚姻的态度。男人有时候自尊心很强，赵某失业后不找工作无所事事是有错在先，但男人向前努力的动力就在于他背后的妻子、他背后的家庭。家庭生活中的事对也好错也好，感情最重要，要让生活的小事成为爱情的增温剂而不是降温剂；生气也好赌气也罢，不要被冲动冲晕了头脑。法律都为你们小两口设置了这个30天的冷静期，你们更要冷静下来，彼此都要作出适当的让步，给彼此一个缓冲的地带，你就再给他一次机会。"

在小耿的调解和陪同下，赵某主动登门道歉，向妻子保证努力找工作，并分担家务事，一定好好生活和工作。之后，二人撤销了离婚申请。

评析

本案中的调解员小耿主要运用了模糊处理法成功化解了双方矛盾。在处理本案时，小耿没有将重点放在谁对谁错上，因为通过调查他认为小两口之间是非原则性问题的纠纷，于是他把调解重点放在了感情调解上。本案的双方当事人只是因为生活琐事而引发的矛盾。在婚姻关系中，生活琐事本来就是应当大事化小、小事化了的，夫妻中的一方对琐事抓住不放，是非常不理智的，也是对婚姻和家庭不负责的表现。

小耿巧妙地将模糊处理法运用在调解过程中，在与当事人双方的交谈中，始终没有将本案的错误完全归咎于赵某的行为或者林某的行为。一方面，这有利于缓解当事人的情绪，避免因为案情的起因再度引起矛盾；另一方面，也是为了让当事人将更多的关注点放在珍惜这段感情上。我们相信，在夫妻二人和好如初后，这些矛盾是会逐渐被遗忘的，如果在调解中过多地将重心放在案件起因上，不仅会对双方造成二次伤害，更重要的是，即使二人短暂复合，这个问题仍旧会成为双方心中的芥蒂，不利于日后感情的稳定。

法条链接

《中华人民共和国民法典》

第一千零七十七条　自婚姻登记机关收到离婚登记申请之日起三十日内，任何一方不愿意离婚的，可以向婚姻登记机关撤回离婚登记申请。

前款规定期限届满后三十日内，双方应当亲自到婚姻登记机关申请发给离婚证；未申请的，视为撤回离婚登记申请。

第一千零七十九条第一款　夫妻一方要求离婚的，可以由有关组织进行调解或者直接向人民法院提起离婚诉讼。

第八节　褒扬激励法及运用

在实际人民调解工作中，针对纠纷当事人的优点、长处及时予以表彰、鼓励是一种有效的工作方法。通过表扬、鼓励，可以缩短与当事人之间的距离，充分调动当事人的积极性，激活当事人的情绪，堵住其可能反复的退路，从而使调解达到预期目的，这种调解方法就是褒扬激励法。

一般而言，纠纷中的当事人因为与对方利益对立或思想方法的不同，往往会与对方发生争执、吵架甚至斗殴。此时，当事人均处于情绪激动中，口不择言、出口伤人的情况屡有发生。听到这些不中听的话，多数当事人的情绪都会发生波动，在这种情况下，当事人非常需要第三者来赞同自己的观点，支持自己的主张，这是通过他人来认同自己、肯定自己、恢复自信的最佳途径。而调解员作为一个独立与中立的第三方，会被当事人认为他们对自己的赞扬是公正而且弥足珍贵的，调解员应该抓住当事人的这个心理，尽量发掘当事人的闪光点，适当地赞扬他们。

实践证明，赞扬的话有稳定情绪、平息愤怒的功效。因为赞扬的话能使当事人感到他获得了调解员的理解，他无须通过积极的辩解或激烈的言辞表明自己的正确，而可以较为平静地向调解员讲述自己的观点。在调解纠纷中，如果调解员基于各种原因无法得到当事人的信任，即使说话头头是道、有条有理，当事人也不愿听从他们的建议。这时如果能恰如其分地夸奖当事人，就可以减轻他们之间的生疏感，让当事人觉得调解员很了解自己。而调解员对当事人的赞扬，表明了他们对当事人某个方面的认同与支持，此时很有可能会得到当事人对自己工作的认同与支持。得到调解员的赞扬，听到顺心的话，当事人的积极性容易被调动，因为当事人想要在调解员面前维持自己的好形象，愿意向他们指定的方向努力。例如，调解员称赞当事人胸怀宽广，他有可能不待调解员提出就主动表示愿意向对方让步。

褒扬激励作为一种工作方法，不是随便说几句好话就能奏效的。赞扬他人看起来是一种省时省力的方法，但许多调解员在运用这种方法时并没有引起太大重视，其实越是看起来简单的方法，其中越有着深奥的学问和道理，褒扬激励同其他工作方法一样，也需要高超的艺术与技巧。

第一，调解员在运用褒扬激励法进行调解时，要注意保持态度的真诚，避免夸大事实、无中生有、虚伪奉承。运用褒扬激励法的目的是去除当事人的防备，与当事人拉近距离，如果调解员没能抓住当事人的性格特征，提前对当事人的行为有一定的了解和理解，很可能会适得其反，反而使当事人竖起心防，导致调解工作陷入困境。因此，调解员需要在日常生活中培养观察和分析的习惯。与当事人接触后，调解员要根据当事人的言行举止，准确把握当事人的性格特征，抓住当事人身上的闪光点，并寻找可以作为突破口的时机，将褒扬激励法运用到实处。

第二，调解员在运用褒扬激励的调解方法时，要注意对当事人的赞扬也要有分寸。对当事人表扬时不能抓住其身上一个闪光点就任意拔高，随意夸大，言过其实，而要实事求是，恰如其分。否则，即使选择对了赞扬点，也会使当事人怀疑你的真诚。另外，在激励当事人时不能提出过高的要求，这样会使当事人产生逆反心理。

第三，调解员在运用褒扬激励的调解方法时，也要注意对当事人的赞扬应选择适当的方法。首先，调解员可以基于自己对当事人平时的认识，直接肯定当事人的优点，使当事人感到自己得到了调解员的认同。其次，调解员也可以采取间接表扬的方式，即调解员可以通过引用其他人对他的评价赞扬当事人。例如，调解员可以引用当事人尊重信任的其他人对他的评价，使他感到他的优点的确突出可信。再次，调解员可以引用大家对他一致的看法，使他感到自己的优点是有目共睹的。最后，调解员可以引用与他产生纠纷的对方当事人对他的客观积极评价，这样还可以有效地消除当事人之间的隔阂。

案例17：因见义勇为受伤请求补偿引发的纠纷

某天，家住某市某小区的赵某，在睡梦中被呼救声惊醒。他起身后发现是对门王某家发生了火灾，听到王某及其小女儿的呼救，来不及多想就冲了进去。先后将小姑娘和王某救出。其间，赵某两只手臂及右腿被烧伤，左侧脸颊被掉落的金属烫伤。事发后，王某非常感激，第一时间拿出1万元送到医院表示感谢。

经诊断，赵某伤势为中度烧伤，面部的烧伤最为严重，也最难治疗，费用也最高，初步预计费用在3万元左右。赵某是一名普通的装修工，每月收入只有7000元左右，妻子则全职在家照顾儿子，他们每月还要还2千多元的房贷，3万元对这个家庭来说不是个小数目，而且因赵某负伤在家无法工作，生活可谓陷入了困境。赵某夫妻两个左思右想之下，决定找王某商议再要一些补偿，缓解家里的压力。得知对方的来意，王某先是对赵某再次表示感谢，但同时表示自家经济状况也不好，大火烧坏了不少东西，而且又面临装修，拿不出钱。见王某如此态度，赵某便不好再说什么。

赵某后来才得知，王某虽然本职工作待遇一般，但自家另开着一家装修公司，生意红火，收入非常不错。赵某夫妇因此再次找到王某要求补偿，但被回绝。王某称："见义勇为我很感激，但他是自愿的，我已经给了1万元，没责任再给钱。"之后，事情闹得沸沸扬扬，居委会的调解员老梁主动请缨，帮两家调解此事。

老梁事前了解了两家的情况，特意将调解地点安排在受伤的赵某家里。老梁首先表示："其实这件事你们两家一开始都做得非常好。小赵见你家着火，二话没说就去救人，先把闺女救出来了，毫发无损。你的房间火势最大，最危险，他这个时候完全可以不去救你，但还是去了，还受了不小的伤，现在也不能上班。小王第一时间主动去医院看望，主动表达了感谢，这足以表明你也是个心地善良、知恩图报的人。可事情为什么发展成现在这样呢？小王你仔细看看小赵的家。"老梁接着向王某说："小赵一家跟我说过，他们从来没有后悔过救你和你闺女，因为他们觉得没有什么比生命更重要。但现在事实是，你赵大哥确实因为救火受了伤，暂时不能工作挣钱，家里还得拿出一大笔治疗费，生活确实困难，不然不会跟你开口要钱的。你赵大哥家的情况我不说相信你也清楚，看看他家，生活能像你一样宽裕吗？"王某听到这儿，惭愧地低下头。

老梁又说："我听5号楼的小张跟我说，你跟他说要不是你赵大哥，你跟闺女还不知道会咋样。知道感恩，这人就准没错。可能就是一时没想清楚，才较这个劲吧。你也不缺这点钱，咱们于情于理于法，是不是都应该再表示些？法律确实有受益人适当补偿的规定，但咱们不上法庭，简单解决这个事不是更好？也给孩子们做个榜样。"话还没说完，王某便表示自己后面确实做得不妥，愿意再拿出2万元作为感谢和补偿，希望赵大哥能不计前嫌。赵某夫妇表示同意。

老梁见状，决定趁热打铁，谈到王某私下里有个装修队的事，问他生意好不好，还夸他有经济头脑，看看能不能帮忙给小赵妻子找个工作。王某知道自己是装修公司股东的事瞒不住了，于是主动承认了以前隐瞒家庭经济情况的错误，还主动追加了5000元补偿款，并现场答应给赵某的妻子安排个岗位。最后，双方在调解员的见证下签订了一份协议，这场因见义勇为引起的纠纷终于有了一个令人满意的结局。

评析

本案中，调解员主要运用了褒扬激励法顺利解决了这场纷争。正如调解员老梁所说，事情的开始，两家人都做得不错，他具体讲了赵某见义勇为的英勇和王某的感恩，让双方都想到对方的好，心情比较平静，也使调解在一个良好的氛围中开始。后来，赵某的高额治疗费让赵家难堪重负，向王某索要补偿无果，矛盾产生。鉴于两家的经济情况，调解员并没有批评王某对钱财的计较，而是从侧面再次肯定了王某的初衷和人品，本着相信他的态度引导他换位思考，体会赵家的困境。这一下就拉近了自己与王某的距离，让他脸上有光，同时对调解员也充满信任，自然更愿意听从调解员的建议，配合他的工作。

另外，调解员还运用了法治与德治相结合的方法。在王某是否有义务补偿的问题上，明确指出法律确实设定了受益人适当补偿的规定条款，表明赵某要求补偿有法律上的依据。同时，更多地从情理角度对当事人予以劝说，建议其采纳，避免走法律程序，引导其从向善的角度考虑此事、从对下一代的教育和影响角度做选择，顺利解决了这场纠纷。

最后，调解员通过正面"曝光"王某私下为装修公司股东一事，变相将之前王某"哭穷"隐瞒家庭经济状况的问题摆到桌面上来，并通过建议帮赵某妻子找工作给了他一个台阶下。王某答应并借机主动追加了补偿款，弥补了自己的"良心"，也给见义勇为的赵家带来了些许宽慰。

法条链接

《中华人民共和国民法典》

第一百八十三条　因保护他人民事权益使自己受到损害的，由侵权人承担民事责任，受益人可以给予适当补偿。没有侵权人、侵权人逃逸或者无力承担民事责任，受害人请求补偿的，受益人应当给予适当补偿。

案例18：因无因管理产生费用争议引发的纠纷

邓某的朋友说要送他一只纯种泰迪犬，托人送到邓某公司时，刚好赶上他休年假到澳大利亚旅行。前台工作人员陈某赶紧联系邓某，但因其在国外，一直没有回复。陈某又联系了与邓某关系较好的几位同事，而他们不是在休年假，就是在外地出差，不方便代管。无奈之下，陈某决定自己先照顾小狗，等邓某休假回来再归还给他。

等邓某从国外回来，陈某于当天晚上将狗还给了邓某。邓某后悔自己的大意，同时送上300元现金表示感谢。但陈某表示，狗狗因水土不服导致肠胃不适，曾住院治疗过一次，邓某拿到收费单一看，治疗费竟有4000多元！陈某解释说，因为邓某的泰迪犬比较名贵，自己不敢去小诊所诊治，只好送它去当地最好的一家宠物医院治疗，因此费用比较高。邓某表示理解，但自己现在没那么多钱，两人约定过几日支付。可过了约定日期，即便是陈某主动提起时，邓某也总以各种理由拖延。陈某于是找到工会进行调解。

在调解室里，调解员小周先耐心听二人讲述。邓某称，自己不是不愿意出钱，而是近5000元的治疗费太高，自己无法接受。而陈某也说，自己完全是出于好心代为照顾狗狗，它生病又不敢带它去一般的诊所，怕出问题，去最好的宠物医院给它最好的治疗也是情理之中的事，现在邓某这样的态度，她也无法接受。

说到矛盾点，小周见二人有些激动，劝他们平复一下心情。然后说："小陈作为前台，你完全没有义务给同事代管宠物，可你在无其他更合适人选的情况下自己承担下来，没有弃之不管，是善举，也是义举。我们知道，宠物是活物，不是简单的物品，它需要人的关怀和照顾。你无私地照顾宠物半个月，不仅投入了精力、花费了金钱，还付出了爱。相信任何一个旁观者看了，都会给你竖起大拇指。"接着他又转向邓某说："按照我国法律的相关规定，小陈的行为在法律上叫无因管理，通俗地理解为没有任何义务的帮忙。法律对这种善意的行为是持肯定态度的，因此小邓你应当偿付给小陈因此而支出的必要费用。具体到本案中，小陈为狗狗购买的狗粮、狗链、狗窝以及为小狗治疗所支出的费用都包括在内。"见邓某点头，小周接着对他说："通过跟你们同事聊天，他们都说你是个通情达理的人，对朋友也很大方，出去聚餐时经常是抢着买单的那个。所以我相信你肯定不是不想还钱,可能只是因为这个费用有点超出你的预期,一时有些想不通吧。"邓某露出一丝愧意。

小周见气氛有所缓和,便提出了解决问题的建议:邓某将照顾狗狗的必要费用支付给陈某,包括狗窝、狗链和半个月的狗粮,以及医疗费及有关路费。因为陈某为狗狗看病,本可以乘坐公交,但都是打车去的,产生了不少费用,这部分算不上必要费用,建议陈某自行负担多出来的路费。

双方感受到小周认真负责的工作态度,对他的合理建议都很认同。邓某当场便将有关费用转账给陈某,并表示陈某若喜欢狗狗,欢迎随时去玩,陈某欣然答应。双方握手言和。

评析

本案中,调解员成功运用褒扬激励法调解了一场由无因管理引起的纠纷。本案中的无因管理人陈某出于对狗狗的喜爱和帮助他人的初衷,自行帮邓某照看狗狗半个月,事后双方对管理费用的数额产生分歧,主要聚焦在给狗狗看病的高额费用上面。很明显,本案中陈某并无大的过错,而受益人邓某处理问题的消极态度则有很大的可责性。因此在二人分别讲述事情原委时,陈某自然有很多委屈。为了平复陈某的情绪,调解员充分运用了褒扬激励法,不仅迅速拉近了与陈某的距离,更保证了调解的高效率。调解员对陈某的表扬不是简单笼统的,也不是表面敷衍的,而是发自内心的认可,将其善良的心理和助人的品德具体地描述了出来。这种方法在一定程度上也对对方当事人即受益人邓某形成某种压力,令其反思自己行为的不妥之处。接着,调解员又从邓某的角度,分析其心理活动,在陈某面前对其可取的一面给予肯定,力求缓解双方的矛盾,促使邓某愿意接受调解员的建议。

调解员还在本案中运用了法治与德治相结合的方法,首先表明法律的规定，强调邓某偿付陈某照顾狗狗的费用不仅是道德上的义务，更有法律的保障。这使得本案的调解建立在事实和法律的基础上，而非无原则地偏向某一方，消除了当事人的顾虑。而后调解员主要从情理角度分析案情，建议陈某额外支出的搭乘出租车费用自行承担，得到了双方的认可。邓某当场偿付费用，调解顺利完成，协议内容当场实现。

法条链接

《中华人民共和国民法典》

第一百二十一条　没有法定的或者约定的义务，为避免他人利益受损失而进行管理的人，有权请求受益人偿还由此支出的必要费用。

第二章
调解技巧案例应用

调解工作的顺利完成取决于多种因素,其中一个重要的因素就是调解人员的调解技巧。在调解各类民间纠纷时,除了要运用不同的调解方法,还要根据纠纷的具体情况、当事人的性格特点等不同因素采用不同的调解技巧,把调解方法和调解技巧有机结合起来,有助于达到预期的调解目标。

人民调解工作中常用的技巧包括:纠纷要素运用技巧、言语语言运用技巧、体态语言运用技巧和心理疏导运用技巧四大类。

纠纷要素运用技巧包含时间、地点、人物、情节及原因五个要素运用技巧。

言语语言运用技巧包含谈话内容运用技巧和语音运用技巧。

体态语言运用技巧包含面部表情运用技巧和姿势运用技巧。

第一节 纠纷要素运用技巧

时间、地点、人物、情节以及原因是任何纠纷必备的五大要素。及时了解和掌握这五大要素信息是做好各类民间纠纷调解工作的基础和前提。掌握好这五大要素也是调解好民间纠纷的最基本、最关键的技巧。

一、时间要素运用技巧

纠纷发生的时间、纠纷持续的时间、调解纠纷的时机是民间纠纷涉及时间要素的三个方面。对于纠纷发生的时间，虽然当事人之间的纠纷随时都有可能发生，但仍然存在一定的规律。调解员可以通过研究之前的调解案例、总结调解经验等方式，掌握这一规律，从而做好预防工作，为纠纷高发时期的调解工作做好准备。对于纠纷持续的时间，可以作为判断纠纷的复杂程度与调解工作展开的难易程度的参考。在一般情况下，纠纷持续时间越长，往往代表其情节更为复杂、与当事人进行沟通的难度更高。调解员可以根据纠纷持续的时间长短，来对纠纷解决的难易程度进行基本的判断，从而做好准备工作。对于调解纠纷的时机问题，调解员则需要注意，如果是经过多次调解，但始终没能得到解决的纠纷，则需要进行观察，争取在最为合适的时机进行再一次的调解工作。

此外，在平时的调解工作中，调解员也要把握好发言的时机，避免引起当事人的反感和对立情绪。调解员在与当事人进行沟通时，最好不要直接切入主题，而是要经过全面了解、耐心倾听后再开始做当事人的工作，当发现当事人存在错误时，要分析错误出现的原因，结合具体情况为当事人普法、讲道理，注意说话的方式方法，循循善诱，不能心急。如果当事人情绪较为激动，当事人之间剑拔弩张的，调解员不能强行进行调解，而是要采取迂回的方式，等待当事人的情绪缓和后再进行调解。

民间纠纷发生的时间往往具有季节规律，它是调解人员做好预防工作所必须掌握的。民间纠纷持续的时间往往说明了民间纠纷的复杂程度和调解工作的难易程度，对于时间长、隔阂深、问题比较复杂的纠纷，调解人员要做好持续作战的准备。调解纠纷的时机包括两个方面的内容：一是指对于持续时间长、久调未决的纠纷，调解人员要选取最佳时机进行调解；二是指在调解纠纷的过程中，调解人员要把握好说话的时机。

要灵活把握调解纠纷的时机，首先，在调解时不要急于求成，而是要反复调查研究、耐心细致做工作，抓住有利时机稳妥解决。如果遇到当事人不懂法时应当先宣传有关法律，循循善诱，积极疏导，进行调解。如果遇到当事人冲动发火不冷静时，不能强行调解，这样是起不到调解的作用的，应等待时机再行调解。其次，要根据谈话的环境和当事人的心态决定谈话的内容。特别是批评教育的话、提出要求的话，更要注意说话方式和说话时间，以免引起当事人的反感和敌视。

案例 19：因长期拖欠欠款引发的纠纷

康某的一个表哥介绍他去县城的某个工厂工作，康某和许某从小在一个村子里长大，关系很好，于是叫许某同自己一起到城里打工。奋斗了多年以后，两人都攒了一部分钱，康某的父母把多年的积蓄拿出来帮助儿子在县城买了房子。而许某的父母年纪稍大，且体弱多病，没有能力给许某出钱买房，康某遂借了 10 万元给许某，许某也买到了房子，并且和康某成了邻居。

康某家有两个孩子要上学，花销很大，康某的妻子一直催促他把借给许某的钱要回来，康某也多次向许某提出过让其还钱，许某每次都敷衍了事。一晃事情过去四年了，许某仍然没有还钱的意思。康某觉得许某是故意不还钱，遂在小区里扬言许某人品不好，借钱不还，许某得知后去康某家与其理论。事后，康某到调委会找王主任要求调解。

王主任听康某讲述了事情的经过后，先找到许某问："小许，你欠小康钱不还这可是违法的啊。"许某说："我是欠他钱没错，可是我没说不还啊。"她又问："那你打算什么时候还呢？"许某说："我在银行存的6万元下个月才到期，再说了，这6万元也不够啊，我得攒够了10万元再还啊。"

王主任听后又对康某说："小康，你放心吧，这事包在我身上，一定会让他还你钱的，但是你别着急，再等等。"康某说："行，我听您的，反正都已经四年了，也不在乎这一时半会儿的。"

一个月以后，王主任找到了许某，说："你这个月的定期存款应该能取出来了吧，你这样，先把这6万元还给小康，剩下的4万元以后慢慢还。"许某说："这样能行吗？我原本想着攒够了10万一起还呢，还是再等等吧。"王主任说："小许，你在最需要帮助的时候，小康帮了你，咱得知恩啊，你说你有钱了也不还人家，人家会怎么想啊，你先还一部分，表示你的诚意，这样小康心里也踏实些。"于是，在王主任的陪同下，许某取出6万元还给了康某。后来，王主任听说许某老家的房子被征收，并给了许某一笔补偿款，她马上找到了许某说："你现在手上有钱，又没有什么急用，你赶紧把欠小康的4万元还上。"

在调解员的劝说下，许某把4万元还给了康某，并支付了相应的利息表示歉意。拖延多年的欠款纠纷终于画上了句号。

评析

本案例中，许某拖欠康某的欠款长达四年，纠纷持续时间越长，调解工作越复杂，不可能一下子就能调解成功。而调解员了解情况以后，并没有马上让许某把钱还给康某，因为她知道此时许某手里并没有钱，过度地逼迫许某只会适得其反。然后她向康某许诺这件事情一定帮其解决好，这样一来，康某心里也有了着落，不再急于向许某要钱。过了一个月，调解员估计许某的定期存款到期了，马上赶到了许某家，说服对方先将手上的6万元还给康某。许某本来是不愿意将这6万元还给康某的，但是在调解员跟许某提起当时康某主动将钱借给他帮助他买房时，许某心里开始觉得过意不去，遂主动与调解员一起将6万元先还给了康某。后来，在听说许某得到了一笔补偿款后，调解员又赶紧说服他马上把欠康某的钱全部还上，该纠纷最终得以解决。

在本案例中，调解员没有急于求成，而是根据许某的实际情况进行调解。她两次都找准了合理时机去说服许某还钱，并且每次都用善意温和的口吻说服许某，让许某真正接受建议，最后成功地调解了这个纠纷。

二、地点要素运用技巧

地点要素的不同对于解决纠纷的影响也是至关重要的。

我国幅员辽阔，东西南北的生活习惯、风俗习惯都不一样，甚至一个地区的不同地方就有不同的地理环境和风俗习惯，导致了同种类的纠纷发生在不同地方，会呈现出不同的特点。这就要求人民调解员在调解纠纷时，应"因地制宜"，采取有针对性符合当地一般习惯的调解方案。

例如，同样是建房，一方所建房屋高于邻居家的房屋而引起的房屋纠纷，在发达的农村地区，邻居往往会因为采光权受影响而与建房者发生纠纷；而在落后且封建迷信思想严重的农村地区，邻居往往会以自家的风水受影响而与建房者发生纠纷。

一方面，即使是同类型的纠纷，也有着不同的发生地点，而根据发生地点的不同，对纠纷所造成的影响也不同。例如，同样是交通事故纠纷，发生在农村小路与车来车往的公路上，严重性将会完全不一样，调解员要进行调解的切入点也会有所不同。调解员必须根据纠纷发生地点的不同,适时地对调解的方式、方法进行调整。

另一方面,选择调解纠纷的地点或场合,对于顺利解决纠纷也非常重要。比如,婚姻家庭内部的纠纷,可能涉及当事人的隐私,就不宜在公开场合调解。又如,对于特别好面子的人,在公开场合就不宜让他主动承认自己的错误,对于这种如果涉及赔礼道歉的内容,就应该选择私下场合进行。

调解人员应熟悉掌握纠纷发生的地点要素,以便采取行之有效的调解方法。

案例20:因误会引发的邻里纠纷

王某和张某家都养了两头牛。后来,两家的牛都先后生下了小牛。某日,王某的小牛不见了,王某马上就怀疑起了张某,于是赶到张某家问张某看没看到他家的小牛。张某说:"我昨天去你家的时候牛还在呢,走的时候没留意啊。"王某说:"昨天就你去我家了,那我的牛不见了,你是不是应该给我个说法。"张某一听,觉得王某是在怀疑自己,生气地说:"你什么意思啊?你是在怀疑我偷了你家的牛吗?"王某也很生气,说道:"难道我不该怀疑吗?你前脚走了,后脚我家的牛就丢了,我不问你问谁啊?"张某大怒,把王某推出了家门。

王某被赶出来后,更加认定自己家的牛就是张某偷的,于是开始在村子里到处散布"张某是偷牛贼",见谁就跟谁说张某去他家把他家的小牛偷了,弄得村子里的人都以为张某是"小偷"。张某觉得王某是在侮辱自己的名誉,气冲冲去找村里调解委员会的赵主任说理。

赵主任经过思考,判断张某并没有盗窃,但只有让全村人都知道王某的说法是无凭无据的,才能还张某一个清白。于是他把王某叫到了村民活动中心，这是村里村民比较集中的地方，并在众人的围观下问王某："你说小张偷了你的牛，你有什么证据吗？"

王某说："他前脚走了，我家的牛后脚就没了，不是他还能是谁？"

赵主任又问："那有谁看到他牵了你家的牛走吗？是你看到了还是你家人看到了？"

王某低头说："都没看到。"

赵主任又问："那你是看到小张家里有你家的小牛了吗？"

王某说："没有。"

赵主任继续说："你没有看到人家偷了你的牛，又没有在人家家里看到你的牛，你无凭无据的，凭什么就说你家的牛是小张偷的呢？"

村民们听到这里，纷纷说道："是啊，你是误会小张了吧，事情没弄清楚，你怎么就能说牛是他偷的呢？这也太不公平了。"

王某低头想了想，对赵主任说："赵主任，你说得在理，我是一时情急，误会是小张偷了牛。"

张某这时面对大家说："没事，当着大伙的面说开了就行了，我也不用背这偷牛的罪名了。"

村民们说："是啊，这误会说开了就好了嘛。"

这时有一个村民突然说："对了，我昨天回娘家，他们村子里昨天有个小牛跑过去了，不知道是谁家的，会不会是老王家的牛啊？"

王某一听，马上赶到了隔壁村子，没想到那头小牛真的是自己家的。

评析

本案例中，纠纷得以顺利解决，得益于调解员选择了正确的调解地点。

村民王某因为误会邻居张某偷了自己家的牛,而向村民们散布谣言。因此,村民们对张某产生了误会,其名誉权受到了侵害。调解员首先判断出不是张某偷了牛;其次,他开始分析,要想还张某一个清白,必须让全村人解除对他的误会。如果只是私自去王某家把误会解除,那么张某的名誉得不到根本性的恢复。

于是,赵主任选择了"村民活动中心"这个关键的地点,因为这里的村民较多,如果把问题放在这个地方解决,那么这件事情会很快在村里传开。于是,赵主任把王某和张某一起叫到这里,当着众多村民的面向王某要张某偷牛的证据,王某拿不出证据证明张某偷了自己家的牛,同时,张某家里又没有王某的牛,如此一来,村民们开始质疑王某之前所言的"张某是偷牛贼"。同时,村民们主动为张某鸣不平,这么一来,之前村民们对张某的误会自然也烟消云散,张某的名誉也就得到了恢复。

试想,如果调解员没有选择公众场合,而是选择只有王某和张某在场的某个地方,那么,就算王某否认了张某的偷盗行为,碍于面子,王某也不会再次逢人就解释自己错怪了张某,那么,其他村民对张某的误会仍在,问题将得不到根本性的解决。

三、人物要素运用技巧

由于家庭背景、社会阅历、文化素质和道德观念等各个方面的差异,每个人都有着不同的个性特征。不同个性特征的当事人对纠纷的认识和对调解人员的工作会有不同的看法。一般来说,性格外向的人更乐于表达自己的内心想法,而性格内向的人则比较内敛,需要经过调解员的引导后,才会发表自己的观点。在进行调解工作时,调解员要认真观察不同当事人之间的性格差异,找准每个人的特性,并结合具体特性选择调解的方式,使调解结果能够符合当事人的真实意愿。

第一，对于性格直爽、讲义气的当事人，可以先与其谈一些纠纷以外的事情，如生活、工作、学习、生意等，然后逐渐转入正题进行调解。用真情去打动他的内心，使他信服你，也就非常自然地拉近了与当事人的距离，使得调解达到预期目的。

第二，对于好面子、重荣誉的当事人，要多褒扬激励，先表扬他的长处，使他产生自豪感，然后趁机指出他的缺点与不足，见缝插针，鼓励他改正缺点，弥补过失，做一个受人尊重的人。

第三，对脾气躁、性子烈的当事人，要运用以柔克刚法，以平和的心态讲道理且慢慢深入，掌握当事人的心态，不要以硬碰硬，不要急于让当事人表态，否则即使当事人明知自己错了，也会"心服口不服"。

第四，对于优柔寡断、缺乏自我主张的当事人，可以运用激将法，这类人员往往情绪不稳定，对问题把握不准。在调解时，调解人员必须抓住他们的弱点，运用的语言要有针对性和原则性，攻势要猛，促使他们积极配合调解人员的工作，把问题妥善解决。

第五，对孤僻内向、孤单寂寞的当事人，要运用亲情触动法。这类当事人，有事情经常闷在心里，不善言谈和交往，遇到困难的时候非常盼望亲朋好友相助，调解人员在调解前要对其亲朋好友进行摸底调查，找到他们最信赖的人做好工作，然后依靠他们去说服劝导，这时，趁热打铁，告知他们如果不听亲朋好友的规劝和政府的调解，会使他们更加孤立无援，往往见效较快。

第六，对固执己见，多次做工作难以见效的当事人，要运用舆论监督法，要用措辞较为严谨的法律术语明确告诉他们该承担的法律后果和责任，或者有意识地组织开展民风评议活动，发动群众对其行为进行评议，使他们感到孤立无援，造成思想压力，陷入不承认错误就会成为"过街老鼠，人人喊打"的尴尬境地。为了摆脱这种尴尬局面,他们会很快承认错误,积极配合工作。

俗话说"对症下药""一把钥匙开一把锁""因人而异,因材施教",现实生活中发生的纠纷形形色色,当事人的性格特点也都大相径庭,有胆小怯懦者、有蛮横狂妄者、有自以为是者、有毫无主见者。当事人的不同性格直接影响了人民调解员的调解工作。这就要求人民调解员在人民调解工作中,要付出更多努力,只有找对了方法,"顺着当事人的脾气",矛盾才能迎刃而解。

案例21:因兄弟换房引发的家庭纠纷

小强和小涛是兄弟俩,父母靠种地供养兄弟两人,大哥小强学习成绩好,弟弟小涛不爱学习。小涛见父母供他俩上学太艰难,就提议自己外出打工,帮父母一起供哥哥上学,希望哥哥出人头地。后来,小强果然不负家里人的期望,考上大学,毕业后留在某城市工作。出身农村的小强不敢忘记父母及弟弟对自己的付出,对他们很是照顾。

几年后,小强把父母接过来跟自己住,同时出钱给弟弟一家也买了房子。小强知道,虽然弟弟文化程度低,性子有点急,但是为人热情、仗义,如果给他一个发展平台,应该是个不错的苗子。果然,小涛先在一个工地上工作,不久就变成了一个小包工头,工作干得有模有样。一家人住在同一个小区,其乐融融。

好景不长,小强在一次外出工作中意外摔伤了腿,造成了左腿永久性残疾,而且小强家住六楼,没有电梯,生活很不方便。小涛得知这一情况后,主动提出跟哥哥换房,让哥哥住到自己那一楼的房子里去。这样,小强跟小涛就将房子换了,并办理了相应的过户手续。

小涛搬进哥哥的房子后,跟小强素有矛盾的邻居就开始挑拨离间，对小涛说你哥这房子阴气重，对人不好，你哥倒是不傻，知道跟你换房。刚开始，对于邻居的这些话，小涛不予理会，但后来发生了一些事儿，他慢慢地开始相信那些话了。自从他搬过来之后，自己的小包工队找生意越来越难，生活很不如意。终于，在一次家庭聚会中，喝了点酒的小涛说哥哥坑了他，拿不好的房子跟他换，两人差点就动起手。这次冲突之后，兄弟两人关系逐渐疏远。

小强想要找弟弟谈谈，但小涛一直避而不见，小强于是找到了调解员老蒋，向他说了这件事的前因后果。老蒋知道小涛之所以容易受到别有用心人的影响，是因为文化程度低，且性格冲动，他也了解小涛从本质上来讲并不坏，是个性情中人。

根据小涛的个性，老蒋找到小涛后，先是将那位邻居与小强之间的矛盾告诉了他，说那套迷信说法只是想看他们兄弟反目，然后又苦口婆心劝小涛道："你的施工队接不到活儿，是目前房地产市场不景气的结果，跟房子"阴气重"没任何关系。"劝他多学习，多关注国家政策，同时看看同行业的其他人都在做什么，及时转产争取扭亏为盈才对。又说："你哥哥是有文化的人，你应该在这时候多跟哥哥取经，而不是借酒浇愁，坏了兄弟感情，别忘了家和万事兴。"

听了调解员的这一番话，小涛又想起哥哥对自己的好，很是惭愧，于是主动找到哥哥向他道歉，兄弟俩和好如初。

评析

调解员在调解过程中，不仅要掌握实情，了解纠纷的实质，还要抓住每个当事人的性格特征，针对不同人的不同性格作出不同的调解，把握不同的调解方向。在这个案例中，小强、小涛兄弟俩本来关系很好，换房也是弟弟为了哥哥的生活方便，但由于一些人及一些巧合的出现，使事情变得复杂。调解员从小强那儿得知，小涛辍学较早，所受的教育程度低，所以会比较轻易相信一些迷信的说法，而且个性冲动，容易受到他人的挑拨。调解员就是抓住小涛的这一性格特点，先对他普及一些科学文化知识，自己生意不顺是所属行业整体不景气的结果，自己应该多学习多关注国家政策，而不要去相信"阴气重"这样的说法，之后向他说明邻居之所以向他说那些话是因为其与小强有矛盾。以小涛的性格，肯定马上就会觉得后悔，为自己受别人利用感到生气，同时为自己对哥哥的所作所为感到愧疚，从根本上消除小涛对哥哥的芥蒂。

本案中，调解员就是通过在调解中抓住纠纷当事人的性格、学识及社会经历的不同，因人而异，对症下药，成功地解决了这一起纠纷。

四、情节要素运用技巧

情节要素是指纠纷是如何发生的、事态是如何发展变化的、最终的矛盾是怎样造成的等各个会对纠纷产生影响的因素以及全部的事实经过。其中，双方当事人在纠纷发生过程中有着什么样的动机、目的，以及具体发生过什么样的冲突等，都是情节要素的一部分。调解员在进行调解时，应当深入、细致、全面地进行调查，充分掌握纠纷事实、了解各项情节要素。如此，不仅可以使调解工作明朗有序，还会更具有说服力，使当事人心服口服。如果调解员调查事实不清楚，对情节的把握存在疏漏，则很可能会使当事人对调解员的专业性产生怀疑。

掌握充分的事实依据，做到有备无患，打有准备之战，对于蛮不讲理、死不认账、心存侥幸的当事人，调解员出示真实全面的事实证据，可以起到威慑当事人，促使其低头认错的作用。而对于心存疑虑、有所顾忌的当事人，一个充分掌握纠纷情节的调解员更能赢得他们的信任和配合。

案例 22：因偷看孩子手机引发的纠纷

娇娇 16 岁了，父母在 3 年前离婚，娇娇一直跟母亲刘某生活。作为一个单亲妈妈，刘某很关心女儿的学业和身心健康，平日里经常主动和女儿聊天谈心，娇娇也十分乐意和母亲分享心里的小秘密。但娇娇升入高中以后，虽然更多的时间是用在复习功课或者上补习班上，而成绩却一直在下降，也不太愿意和母亲交流了。

刘某觉得女儿很不对劲，一直逼问娇娇发生了什么事情，娇娇每次都不回答。刘某给娇娇的班主任打电话，问娇娇是不是在学校发生了什么事情。娇娇的班主任告诉刘某，娇娇在学校并没有什么太大的异常，只是没有以前那么开朗了，而且成绩不太稳定。

刘某开始着急了，于是趁女儿不在的时候偷偷看了她的日记本，可是她发现娇娇近期没有写日记，于是她又开始翻看女儿放在家里的手机，发现娇娇最近跟一个男同学走得很近，每天晚上都会互发微信。刘某马上认定女儿是在谈恋爱。

晚上娇娇放学回来以后，刘某上来就把娇娇的手机往桌子上一拍，呵斥道："你真是我的宝贝女儿啊，高中这么关键的时刻，你竟然谈恋爱！"娇娇惊讶地说："妈，你怎么能偷看我的手机？"刘某说："我是你妈，我看你手机怎么了？我还看你日记呢！"娇娇哭着说："你这是侵犯我的隐私权！"刘某更加生气了，说道："我不侵犯你的隐私权，能知道你天天在干什么吗？"娇娇说："我没有谈恋爱，你以后别碰我的东西。"随后，娇娇把自己关进了房间里。

母女二人十几天一直僵持着谁都不理谁，娇娇很是难过。居委会的调解员小陈了解到他们母女的矛盾，问娇娇："孩子，阿姨知道你是个懂事的孩子，在这么关键的时候你一定没有谈恋爱，阿姨相信是你的妈妈误会你了，但是，你妈妈为什么要偷看你的手机呢?"娇娇说:"谢谢阿姨信任我,我最近成绩不好,也不爱说话。"小陈说:"那你为什么不爱说话呢?"娇娇说:"妈妈总是让我学习,一定要上985,我觉得压力特别大,但是这种压力又不知道跟谁说,所以我才经常跟我的一个同学聊聊天。"

小陈于是和娇娇回到了家,小陈对刘某说:"娇娇的事情我都知道了,是你误会孩子了,你怎么也不好好问问她就发脾气呢?"刘某说:"她不好好学习,谈恋爱,我不该管她吗?"小陈说:"她没有谈恋爱,是你最近对孩子关心不够,她才和别的同学说说心里话。你随意翻看孩子的日记和手机,可是你的不对啊。"之后,娇娇在小陈的鼓励下,说出了自己的心声。刘某听到以后非常惭愧,主动向女儿道了歉,并称以后一定不给孩子这么大的压力,多和孩子沟通。娇娇也明白了母亲的不易,原谅了母亲,两人又重归于好。

评析

本案例中,调解员合理掌握情节要素,成功调解了母亲偷看女儿手机引发的纠纷。面对刘某这一侵犯孩子隐私权的行为,调解员没有果断地指出是对还是错,而是一步一步向娇娇询问事情的发生和发展的整个过程。

调解员先是分析刘某和娇娇的情绪,然后告诉娇娇她对娇娇是很信任的,这样一来,娇娇对调解员不再有戒备心理,如实向她陈述了事情的来龙去脉和自己的真实想法。了解事情的真实情况以后,调解员找到刘某,先是对她侵犯孩子隐私的行为进行批评,然后鼓励娇娇主动向母亲说出自己的想法,为母女制造了交流沟通的机会。当母亲得知孩子的想法以后,知道自己错怪了孩子,于是主动道歉,而娇娇作为一个懂事的女儿,也明白母亲的良苦用心,愿意原谅母亲。

调解员对事情的经过进行了细致的调查，并掌握了事实依据，同时，给予了当事人充分的信任，这样娇娇才愿意配合调解员的工作，调解才顺利完成。

五、原因要素运用技巧

纠纷的原因是指纠纷发生的起因，原因一般包括直接原因和间接原因、远因和近因。纠纷的原因是纠纷的症结所在。找到纠纷产生的原因，纠纷就迎刃而解了，如果找不到纠纷产生的原因，只能是"隔靴搔痒"。因此，查找纠纷产生的原因也就成为调解人员调解时的切入点。

对于一起看似简单的民间纠纷来说，可能直接原因和间接原因同在，远因与近因共存。一般来说，直接原因和近因是比较容易查明的。但往往引发纠纷的真正原因是隐藏在直接原因和近因后面的间接原因和远因，这就要求调解人员面对众多表象，善于"去粗取精、去伪存真"，拨开层层面纱，找到深藏其后的引发纠纷的真正原因。只有抓住真正原因，才能直奔主题，以免在枝节问题上浪费时间和精力。

案例 23：因遗嘱引发的赡养纠纷

近日，调解员小张接待了一位步履蹒跚的老人，老人面色沉重，满脸惆怅，见到调解员后更是失声痛哭。小张赶忙安慰大爷，见大爷止住了哭泣，小张开始询问老人遇到了什么事。原来，老大爷姓郑，家住红星小区，有一儿一女，本来生活很幸福，后来，却因为自己写了一份遗嘱，让自己有家不能回了。

听完郑大爷的一番话，小张首先意识到这是一场由遗嘱引发的关于赡养老人的纠纷，于是开始更进一步向郑大爷了解情况。郑大爷说，由于自己年岁已高，前几年又因为患脑血栓，导致双腿行动不便，就想立一份遗嘱，把自己的财产分配一下，可是，自己的儿子、女儿在得知这份遗嘱内容后，认为遗嘱不公平、不合理，不仅不承认这份遗嘱，甚至拒绝赡养自己，而郑大爷与儿子、女儿的关系也是日渐冷淡，这让他非常心寒，想要通过调解员缓和一下自己与子女的关系。

从表面上看，这是由于子女觉得父亲遗嘱不公平而拒绝赡养老人的纠纷，可是经验丰富的小张却觉得事情应该没有这么简单，原本孝顺的子女怎么会突然做出这样的举动，这份遗嘱里究竟包含了什么内容？经小张的继续追问，郑大爷说道，自己中年丧偶，一直未再娶，两个孩子虽然孝顺，但却因为工作忙，很少来看望他，尤其是自己得脑血栓的那年，行动不便，儿女为照顾自己，就雇了一个保姆。

保姆李大姐单身一人，是一个可怜的女人，那年，如果不是李大姐的悉心照顾，自己不会恢复得那么快，于是，为了感谢李大姐对自己的照料，在遗嘱中决定将自己所居住的房子赠与李大姐。谁知，当儿女得知他的这一决定后，认为是李大姐怂恿自己的父亲做出这样的决定，便将李大姐解雇了。同时，郑大爷的子女觉得父亲将他与自己母亲共同买下的房子赠与一个外人的行为不可理解，应该将房子留给他们姐弟俩，如果父亲不更改的话，就不再履行对父亲的赡养义务。如此，就有了小张刚开始见到郑大爷的那一幕。

得知老人与儿女矛盾的症结所在后，小张主动找到了郑大爷的一双儿女说："作为子女，有赡养父亲的义务，不能因认为遗嘱不公而拒绝赡养，否则要承担法律责任。其实你们本是和睦的家庭，相信郑大爷是为了感谢保姆对自己的悉心照顾，而你们是怕父亲受到欺骗，彼此都没有恶意。但老人岁数大了，需要更多陪伴，而不是更多的钱、更好的保姆。"听完小张的一番话后，郑大爷的儿女不仅为自己的行为感到愧疚，还为没能好好陪伴父亲而后悔。最后，郑大爷的儿女找到父亲，向父亲道歉，并表示尊重父亲的意见，将来无论房子给谁，他们都会好好陪伴父亲。郑大爷的脸上又有了微笑，一家人恢复了往日的温馨。

评析

　　本案是一场因遗嘱而引发的不赡养老人的纠纷，调解员小张本着认真负责的态度，找到这起纠纷的真正原因，并顺利地解决了这场纠纷。

　　通过和郑大爷的接触与了解，小张知道这本是一个幸福的家庭，而且儿女对老人也十分孝顺，这与眼前儿女不赡养老人、与老人关系变僵的现状形成反差。究竟是怎样的一份遗嘱，会使儿女做出这样的举动呢？在这样的疑问下，小张继续询问，并最终了解到，在这份遗嘱中郑大爷将房子赠给了保姆，也正是郑大爷这样的决定直接导致了自己与子女关系的恶化。而子女之所以觉得父亲的决定不公平，是因为父亲将房子留给一个外人；同时，儿女也怕保姆心有不轨，自己父亲受蒙蔽，所以，才会以不赡养父亲为条件让父亲变更遗嘱。

　　究其根本原因，郑大爷是为了感谢李大姐对自己的悉心照顾，而子女是怕父亲受到欺骗而将自己家房子送给外人，双方均无恶意，关系也并非没有缓和的余地。调解员小张也正是抓住这一原因，从根本上解决了郑大爷同子女的矛盾，而并非只是局限于遗嘱，单纯地想要让遗嘱变"公平"。

　　只有挖掘纠纷的根本原因，调解员才能抓住事情的本质，正确解决问题。

第二节　言语语言运用技巧

人民调解工作离不开做通当事人的思想工作，要想做通当事人的思想工作必须有一副好口才。语言作为表达和传播思想感情的工具，在民间纠纷调解过程中至关重要。

调解工作的实践证明：恰到好处的语言能使调解工作收到更好的效果。语言包括书面语言和口头语言两部分。与人民调解工作最为密切的是口头语言。口头语言又包括两部分：一是口头语言的本质内容，即谈话内容；二是口头语言的表达形式，即语音，它包括语调、语气、音量、音长。因此，本书要谈的言语语言运用技巧也包括两部分：谈话内容的运用技巧和语音的运用技巧。

一、谈话内容的运用技巧

（一）谈话内容运用技巧的总原则

1. 谈话内容要通俗易懂

人民调解针对的都是广大人民群众，特别是在广阔的农村地区，他们当中大部分人文化水平不高，因此在与纠纷当事人谈话时，切忌用文绉绉的书面语和难懂的语言，不可追求使用华丽的辞藻修饰，更不可哗众取宠，而应多用大众化语言，如俗语、歇后语或来点幽默笑料之类触及主题。另外，普通老百姓大都法律知识水平不高，在依照法律、法规、规章对纠纷当事人进行说服教育时，要尽量避免使用晦涩难懂的法律术语。调解人员学习完法律知识，经过自己的消化吸收，应采用群众能听得懂的语言，把法律原意实实在在、原原本本地告诉当事人。

2. 谈话内容要简明扼要且有逻辑

通过深入细致的调查，调解人员在调解时，对某一事实的陈述应简明扼要、层次分明，切忌绕来绕去，使纠纷当事人不得要领。用语要准确、简洁，有理有据，不能模棱两可、是非不分。

3. 谈话内容要实事求是、真诚真切

纠纷的真正化解不是简单地息事宁人，而是基于事实基础的依法解决，因此，调解员在同当事人进行谈话时，要充分尊重事实，不可妄言，同时，还应注意态度的真诚与真切，与当事人推心置腹、倾心疏导，动之以情、晓之以理。

4. 谈话内容要随机应变、因人而异

在不同的纠纷中，当事人的性别、年龄、文化程度、职业、性格、生活环境都不尽相同，因此，针对不同的人要根据其客观情况选择合适的谈话内容。另外，询问问题也要因人而异，哪些可以直截了当地问，哪些需要委婉含蓄地问，哪些不该问，要把握分寸，做到灵活变通，以免陷入调解的僵局。

调解语言只有因人而异，根据当事人不同的性格特点和当时其所处的状态，审时度势、以情动人、以理服人，才能被当事人欣然接受，这样才有利于调解工作更好、更有效地进行。

(二) 谈话内容的具体运用技巧

1. 灵活运用能够安定情绪的话

讲好安心话要注意以下几点：首先，仔细观察，掌握当事人的情绪特点；其次，区别对待，针对不同情绪的当事人采用不同的安心话；最后，要把握说话时机，一旦发现当事人情绪激动就要马上安抚，努力使当事人冷静下来，避免发生过激行为。例如，对粗暴蛮横的当事人，要直言相告，使其恢复常态；对急躁不安的当事人，要耐心劝解，使其冷静下来；对悲伤痛苦的当事人，要婉言抚慰，使其精神好转；对有轻生念头的当事人，要积极开导，使其回心转意。

2. 灵活运用间接批评的话

调解员要恰当运用批评的语言。批评式谈话往往易造成当事人心理上的对立感，严重的还会明显影响调解效果。所以，直接的批评方式应不予采用，最好运用间接批评的方法并适当地运用一些幽默的、使人更易接受的语言，巧妙地起到教育的作用。诙谐幽默的语言远胜于简单粗暴的斥责和平淡乏味的说教，它既不伤害当事人的自尊心，又能使其认识到自己的错误，心悦诚服地接受批评。可见，内容同为批评当事人，但运用不同的措辞方式表达出来，取得的效果往往会很不一样。

3. 灵活运用提出期望的话

调解纠纷接近尾声，调解人员切不可因胜利在望而掉以轻心，还必须趁热打铁，讲好结束语，提出期望的话。比如，在调解夫妻纠纷时，可以说："希望你们两个在以后的日子里，能够互敬互爱，为周围邻居树立模范夫妻的榜样。"又如，在调解赡养纠纷的案件时，可以对子女说："守孝道是中国几千年的优良传统，希望你们发扬这一光荣传统，以后能做孝敬老人的好儿女。"对老人也提出："你们做老人的，也要多体谅、理解年轻的儿女们，他们为了这个家四处奔波，也不容易。"在最后提出希望的话，对刚刚调解结束的纠纷，往往会有更好的效果。

案例 24：因重男轻女抛弃女儿引发的纠纷

邓某婚后生下了一个女儿，做了爸爸的韩某非常高兴，对母女都非常好。但由于受"重男轻女"思想的影响，韩某还想再要个儿子。后来邓某再次怀孕，家人都满怀期望地以为这次一定是个男孩，可谁知，邓某又生下了一个女儿。韩某感到很失望，他不喜欢这个小女儿，也因此对妻子变得忽冷忽热。后来韩某又跟邓某商量说还想再生第三个孩子，自己就想要一个儿子。邓某却觉得两个女儿挺好的，而且再生一个孩子压力会更大，于是坚决不同意再生。为此，韩某和邓某几乎每天都吵架。某日，邓某外出办事，下午回来以后，竟然发现小女儿不见了。

邓某见丈夫韩某十分淡定，便问他："你把孩子放到哪了？"韩某说："我二哥家一直没孩子，嫂子那么喜欢咱家的小女儿，咱把孩子送给他家，他们一定会好好对她。"邓某一听就急了："什么？你把女儿送人了？那可是我们的孩子啊，你怎么能随随便便送人？"韩某说："咱们家不是已经有女儿了吗，再说了，这样咱们也能再生个儿子。"邓某大喊："这是你当爹的说出来的话吗？你以为孩子是商品啊？多了就能送人是吗？你去把孩子给我要回来。"韩某坚定地说："不可能。"

邓某哭着找到了村里的调解员小孙，向小孙讲述了事情的经过。小孙马上随邓某回家，她对韩某说："都说女儿是爸妈的小棉袄，你就这么舍得把你自己的小棉袄送人吗？等大女儿长大了，知道你把她的亲妹妹抛弃了，你就不怕她恨你啊？现在都什么年代了，你还重男轻女，我国法律早都规定了男女平等，你这思想觉悟怎么这么低呢？孩子是你们生的，你们既然把她生下来，就得对她负责任，怎么能随便抛弃呢？"

韩某说："我也不想抛弃孩子，我这不是想要个儿子吗。"

小孙说："想要个儿子就抛弃女儿吗？都是自己亲生的，女儿以后更会疼人，肯定孝敬你，等你老了有享不尽的福啊。再说了，生男生女谁都说不好，万一你再生个女儿怎么办呢？这可是非常有可能发生的事儿，那你怎么办？还要送人吗？"

韩某听后，沉思了一会说："你说得对，儿子女儿都是我的孩子，我的骨肉，我这就把女儿要回来。"

小孙听后高兴地说："这就对了，以后女儿长大了出息了，别让她们忘了我这个阿姨啊。"邓某也笑了："放心吧，不会忘了您的。"

评析

许多事情没有谁对谁错，只是因观点或者意见不同而引起了纠纷，但也有一些事情的是非对错是很明显的。在本案例中，丈夫韩某为了要儿子而抛弃自己的小女儿这一做法很显然是错的。调解员小孙首先就韩某这一错误的做法对其进行了批评，但是考虑到韩某求子心切，小孙用比较委婉的语气同时又带有耐心开导的口吻间接批评了韩某。这样，当韩某听到"女儿是爸妈的小棉袄"和"你不怕大女儿以后恨你"这些语句的时候，他的内心是纠结的，也就很容易认识到自己的错误。之后，小孙又分析了养女儿的好处，并简明扼要地提出"如果再生个女儿怎么办"这一关键的问题，其实这应该也是韩某最敏感的事情，当小孙把这件事情发生的可能性告知韩某，韩某也就会对他抛弃孩子的事情进行重新反思。经过小孙的耐心劝导，韩某认识到自己做错了，于是决定把孩子要回来好好疼爱。最后，小孙高兴地说等女儿长大了别忘了她这个阿姨，也是对韩家女儿们提出的期望。这样，调解员小孙先是间接批评，之后耐心开导，最后对孩子们提出了小小的期望，成功运用了谈话的技巧，将邓某和韩某的矛盾消除，让孩子重新回到了爸妈的怀抱。

二、语音的运用技巧

（一）要掌握重音、停顿、节奏变化的技巧

1. 重音

重音可分为语法重音、逻辑重音和感情重音三种。语法重音，是根据句子的语法规律重读的音；逻辑重音，是根据谈话的内容和

重点，由自己确定的重音；感情重音，是根据表达强烈的感情或细微的心理的需要，来安排的重音。

人民调解员在与当事人谈话时切忌一潭死水，语音应有轻有重，语气应有急有缓。比如，在说到与纠纷解决有重要关系的法律法规时，可以加重语调，以提醒当事人注意，当调解员表示愤慨时应加重声音。平淡如水的声音无法引起当事人的共鸣。

2. 停顿

停顿分为语法停顿、逻辑停顿和感情停顿三种。语法停顿和逻辑停顿是语言规则本身的需要，不得随便改变停顿的地方，否则会改变语言的原本含义；感情停顿是表达感情的需要，都是为了表示一种微妙和复杂的心理感受而做的停顿，感情停顿也应遵循正常的语法停顿、逻辑停顿，否则会引起误解或表达不准确。

人民调解员在调解纠纷过程中，一方面要遵循语法逻辑停顿的规则，另一方面也要灵活运用感情停顿。比如，人民调解员在对赡养纠纷当事人进行教育的过程中，调解员说道："尊敬老人、赡养老人是我们中华民族的传统美德"，调解员顿了顿，接着语重心长地说："大伟啊，你爸去世早。你妈一个人辛辛苦苦把你拉扯大，不容易啊……"这里的停顿既是语法逻辑上的需要，更重要的是一种感情停顿，这一停顿反映了调解员对大伟母亲独自一人养大孩子的敬佩和年老时一人单过、无人赡养的悲惨境况的同情，也隐含了调解员对大伟所作所为的不满和批评。

3. 节奏变化

节奏变化有内容原则、语境原则和感情原则三个原则。内容原则，根据谈话内容调整节奏；语境原则，根据语言的环境调整节奏；感情原则，根据抒发情感的需要调整节奏。

在调解过程中，人民调解员说话要有节奏，该快的时候快，该慢的时候慢，该起的时候起，这样有起伏，有快慢，有轻重才形成了口语的乐趣，否则话语呆板，不能感动人。人民调解员在表现平稳、沉郁、失望、悲哀的情绪时应该运用慢节奏；相反，在表现紧张、欢快、愤怒、生气的情绪时则适宜使用快节奏。

（二）要注意语气的控制技巧

语气也就是人们通常所说的"口气"。它是有声语言的表达形式。语气主要包含两个方面的内容：

一是语调的高低。我们国家的语言有着十分丰富的语音语调，在我们的日常生活交流中，我们也会通过不同的语调来表达不同的感情。在调解工作中，调解员可以灵活运用不同的语调，使语调在调解工作中发挥不同的作用。比如，在需要向当事人陈述观点、想法的时候，可以通过比较平铺直叙的语调来进行表达，而如果在对当事人的观点表达反问、疑问时，调解员可以适当地使用上扬语调，来加强自己疑问的语气，在必要时通过语气来对当事人进行施压、安抚等，更好地传达出自己的态度与观点。此外，语调还有下降调、曲折调等，可以在不同的场合下表达出不同的情绪。调解员在调解工作中，要结合当事人的性格以及纠纷的具体情况，灵活运用语音语调，将不同的语调结合起来，通过语调向当事人传达自己的态度、观点，从而使调解达到更好的效果。

二是语气中蕴含的感情色彩。在与当事人进行沟通的过程中，调解员要注意到自己不同的语调对当事人态度、心理以及情绪的影响。根据当事人的性格不同、心理状态不同、沟通时所处情绪不同等，即使是同样的语气，也可能会对调解工作的进展产生不同的效果。调解员要意识到自己的语气对调解的重要性，在表达观点、进行陈述时对语气加以控制。同时，要注意观察当事人的性格与情绪，适当地采取不同的语气与当事人进行沟通，从而使沟通效率最大化。此外，调解员也需要根据调解工作的不同进程调节自己的语气。在当事人需要安慰时，可以对当事人表达关切；在当事人存在原则性错误时，可以采用严厉的语气予以纠正；在当事人消极对待调解时，也可以采用鼓励的语气推动调解的继续进行。需要注意的是，调解员要提高自身的专业素养与道德修养，在灵活运用不同语气进行调解时，要避免对当事人采取嘲讽、辱骂、训斥等会损害当事人人格尊严的语气。

案例25：因采光权引发的纠纷

王某的儿子因为要结婚，决定赶紧把房子重新修整一下，顺带把和刘某家共用的那堵院墙垒高了一部分。刘某夫妇从县城女儿家回来后发现，墙垒这么高使他们家采光受到影响，种的菜都见不到太阳了。王某却说："这不是你前几天不在家吗，院墙都垒起来了，你也不能让我拆了吧。"刘某一听就来气了："你不经过我同意还有理了是吧，你说不拆就不拆啊，我告你去！""你别跟我说什么权不权的，这墙不只是你家的，它也是我家的，我已经垒起来，有本事你就把它拆了！"两人你一句我一句，不一会儿就招来了围观的村民。

这时，村里的调委会苗主任赶到了王某家，了解了事情的经过后，正色道："老王，你都这么大岁数的人了，不知道盖院墙之前跟老刘商量一下吗？你把院墙盖起来影响了人家的采光，法律就是有规定，盖房子不能侵犯人家的采光权，你还在这儿振振有词的，违法还有理了是吗？"王某听苗主任用这么严厉的语气，也觉得理亏，不再说话。

苗主任停了一下，接着劝王某说："大家都是邻居，有什么事情要商量着来，我也理解你，儿子要娶媳妇了，当爹的想把房子盖得好点，但是，咱不能不顾别人家的利益啊，你说是吧？"

王某说："我也知道我这样做欠考虑，可是你说我这都盖起来了,怎么办啊,我不能把墙拆了啊。"

苗主任转身对刘某说:"你先别那么生气,你看他也知道是自己做得不对,但是他家孩子眼看就要结婚了,咱们让他把院墙拆了也不合适,你看看,要不咱们再想想别的办法。"

刘某说:"我们两家邻居这么多年了,从来没翻过脸,这次我出去几天回来就发生这样的事,我也是生气,可是他也是辛辛苦苦垒起来的,要不让老王说说这事怎么解决吧。"

苗主任又对王某说:"那你就说说,也表示一下你的诚意,你打算怎么补偿老刘?"

王某想了想对刘某说:"这事是我做得不对。你看这样行不,我赔你点钱,再在我家院子里给你腾出一块地来让你种菜,等你以后要盖房的时候,你再把这墙拆了,你想怎么垒就怎么垒。"

刘某见对方很诚心,也没为难王某,说:"行,就按你说的办。"

评析

本案中,调解员就合理运用了语音的技巧解决了这一起纠纷。当听到王某和刘某的争吵,弄清楚怎么回事以后,苗主任用十分严厉的语气,并用法律规定指出了王某的错误,如此一来,就打击了王某的嚣张气焰。本来王某就有错在先,不仅不向刘某认错,还跟刘某示威,对于这样的行为,调解员需要严厉地制止。

随后,苗主任停顿了一下,这一停顿,不仅是让王某冷静下来,也是自己在感情和语法上的停顿,随后他用比较温和的语气对王某说,"我也理解你,儿子要娶媳妇了,当爹的想把房子弄好"。这样,苗主任的感情发生了变化,他不再批评王某,而是用体谅的语气与王某交流,这不仅缓和了刚刚争吵时僵硬的气氛,还使得王某听到他说这番话以后,内心也开始认同他。王某认识到自己的错误,但也指出一个比较现实的问题"院墙已经建好了怎么办"。

面对这个问题，苗主任开始劝刘某，让其冷静下来并想想是否有更好的解决办法，刘某觉得自己刚才也是在气头上，存在的问题还是应该冷静地解决。随后苗主任又让王某来想想怎么补偿刘某，以示诚意，王某说出自己的想法以后，刘某欣然接受，这场风波才得以过去。

第三节　体态语言运用技巧

除语言外，人们还会利用动作、姿势和表情来交流。这些表达和交流的方式称为体态语言。一位外国心理学家曾创立了一个颇有哲理的公式：一句话的影响力=7%语言+38%声音+55%面部表情。从这个公式我们可以看出一个人的表情对谈话效果的巨大影响。这个对无声信息的研究，也给了我们一个重要提示，那就是除了要注重有声语言的表达，更要注重无声语言的表达。耐人寻味的面部表情，意味深长的手势，都包含大量的信息。这些因素在人际沟通过程中，往往比有声的语言包含着更多的真正含义，体现着微妙的相互关系。

在调解工作中，调解员如何灵活运用体态语言也是至关重要的，它可以影响调解员与纠纷当事人之间情感的表达和交流，可以影响到调解员的形象和人格力量的发挥，最重要的是，它还可以影响到纠纷的顺利解决。试想，一个表情漠然、态度冷淡的调解员，如何能取得当事人的信任？当事人又怎么会向这样的调解员倾吐心声？调解员做调解工作应把当事人的喜、怒、哀、乐变成自己的真实情感、体态语言反映出来，从而与当事人产生感情上的共鸣，摸透当事人的想法，有的放矢地顺利做通当事人的思想工作。

调解工作中的体态语言运用技巧主要包括面部表情的运用技巧和姿势的运用技巧。

一、面部表情的运用技巧

面部是心灵的镜子，一个人的喜、忧、思、悲、恐、惊全都可以从面部表情上反映出来。正因为脸上有这些生理变化，才可以让人们"察言观色"，了解别人的内心世界。

调解过程中，人民调解员的面部表情主要是指调解员通过脸部表情表现出来的一种外在情绪状态。例如，当事人之间喋喋不休地吵个不停时，有的调解员会嘴角外撇，表现出不耐烦的情绪；有的调解员会紧皱眉头，表现出担忧、不满的情绪；而有的调解员会面带笑容，劝说当事人停止争吵，一副胸有成竹的表情。这些不同的面部表情会对当事人产生不同的影响，进而影响到调解进程。

（一）面部表情运用时的注意事项

1. 保持严肃中有温和、庄重中有真诚的面部表情基调。严肃、庄重的表情可以给人以公平、公正的感觉；温和、真诚的表情让人觉得值得信赖。保持这样的面部表情，可以为调解创造良好的气氛，使当事人放松下来向人民调解员倾吐心声。

2. 面部表情要具有灵敏感。面部表情应该和说出来的话同频，不要让说的内容和面部表情脱节，无论面部表情是超前还是滞后，总是会给人以虚假别扭的感觉。

3. 面部表情要真实。所谓真实，就是要让纠纷当事人从人民调解员的面部表情看到调解员的真实内心世界。人的面部表情，应是来自本能的反应，而不是个"假面具"。任何装模作样、矫揉造作的面部表情都会令人反感乃至厌恶。

4. 面部表情要具有鲜明性。脸上所表达的感情，不仅要准确，而且要明朗化。要使脸上每一点微小的变化，都能让对方觉察到，喜就是喜，悲就是悲。一定要克服那种似是而非，模糊不清的表情，千万不要让当事人捉摸不透调解人员的意思，感到调解人员深不可测，捉摸不定，很有城府。

5. 面部表情要适度。任何面部表情都必须恰如其分，适可而止。过于夸张的表情，往往会使谈话内容失去真实性和严肃性，甚至造成当事人对调解人员的不信任。

总的来说，调解员在调解过程中，面部表情既要严肃、庄重，又要不失热情真诚。既不因环境的影响和当事人情绪变化而随意发生较大变动，又要通过适当的表情变化，展现出自己的内心想法，与当事人进行情感上的交流和互动。

(二) 眼神运用时的注意事项

眼神是面部表情中重要的一部分，因此有必要专门谈谈眼神的运用技巧。眼睛是心灵的"窗口"。从一个人的眼神中，可以看出他内心的疑问、好恶以及态度的赞成与否。爱默生曾说，"人的眼睛和舌头所说的话一样多，不需要字典，就能从眼睛的语言中了解整个世界"。可见，眼睛能传神，会说话，最能表达细腻的感情。

眼睛直视显得很庄重，表示自己打算跟对方进行交谈或正在用心倾听，但有时候用得不当会造成对他人的不尊敬。目光朝上的仰视既可以反映内心的思索状态，也可以表露出某种优越感，表示出高傲或蔑视的心态；斜视可以表示轻蔑，但也可以说明有所疑虑或不信任对方；目光朝下的俯视通常表示羞涩的心理；躲躲闪闪的目光，既可能是谦逊，也可能是胆怯或负疚的表现。

在调解纠纷时，人民调解员应该有着怎样的眼神呢？通过实践经验的总结，调解员在运用眼神时，应注意以下几点：

1. 在听当事人陈述纠纷情况或提出要求时，应主动与当事人进行直接的目光接触。直视的目光既表示对当事人的尊重，也表示自己在认真听取当事人的陈述和要求。

2. 在向当事人宣传社会主义法律和道德时，人民调解员的目光应炯炯有神，显示出对法律和道德的信心，流露出内心的刚毅和坚定。

3. 在当事人主动认错或提出和好方案时，人民调解员的眼神里应带着笑意，流露出鼓励、赞赏的目光。

4. 调解过程中，人民调解员不要斜视当事人，目光不要游离，不要躲躲闪闪，完全避免与当事人的目光接触更是要不得。这是一条禁忌规则。

案例 26：因丈夫出轨引发的纠纷

年近 50 的张某在事业上算是小有成就，他和朋友一起创建的某服装经营公司多年来效益良好。妻子郭某曾经是某个商场的部门经理，后来由于女儿读高中学习压力大，她果断辞职，专心在家照顾女儿。女儿高考结束以后，张某觉得自己可以养家，便没有再让妻子去上班。郭某于是在家里做起了全职太太。

某日，张某很晚了还没回家，郭某便给他打电话，张某称自己在加班，晚上就住公司了。联想近些日子以来，张某晚归越来越频繁甚至经常夜不归宿，回来以后对自己也很冷淡，郭某于是打电话给张某的司机，在她的再三询问下，司机对郭某说了实话。原来，张某最近跟公司的一个女员工走得很近，今天下班以后，张某也是和那个女员工一起走的。

郭某感到万念俱灰，她没想到丈夫竟然出轨了。郭某回到家里，一夜都没有睡，她不能面对丈夫背叛自己的事实。第二天，张某回到家里，看到了泪流满面的妻子，说："怎么了，发生什么事了？"郭某控制不住自己，一边哭一边对张某说："你说怎么了？你昨天晚上去哪了？我没想到你这么没有良心，你竟然能做出这种事情！"对门邻居听到郭某一直在哭，赶紧找来了居委会的冯主任。

冯主任于是敲开了他家的门，知道事情的来龙去脉以后，她厉声对张某说："你老婆这些年舍弃工作在家伺候你，伺候这个家，现在你也算是有点成就，你忘了这些是怎么来的吗！要不是这么些年来你老婆不离不弃，你能有今天吗？我国法律可有规定，夫妻双方要互相忠诚，你考虑过孩子吗？这件事你打算怎么跟小郭解释？你们要去法院走诉讼吗？"

见调解员露出严肃的表情和责怪的眼神，张某不得不认真对待，只见他十分懊悔地说："这事是我做得不对，我不想伤害老婆和孩子。"说着就拉起老婆的手。

见张某回心转意动了情，冯主任依然严厉地说："可是你已经伤害她了，你今天必须当着我的面向小郭道歉！"

张某对郭某说："对不起，我是一时糊涂，你就原谅我一次，让冯主任作见证人，今后再有这样的事发生，我愿意接受法律制裁！从今以后我一定好好跟你过日子。"

冯主任赶忙对郭某慢声说："这两口子过日子都有个磕磕绊绊的时候，事情过去了也就过去了，他既然认识到自己的错误了，你就给他个机会吧。"

郭某说："这么多年了，我一直很信任他，发生这样的事我确实不能接受，可是冯主任您说得对，日子能过还得过下去。"

冯主任见郭某愿意原谅张某，马上用赞许和鼓励的眼光笑着对张某说："你要是再欺负郭某啊，我第一个跟你过不去。"郭某听到这话以后也笑了。张某于是连连对妻子发誓，说不会再有这种情况发生了。

评析

在本案例中，张某犯了"出轨"这一原则性的错误，调解员首先"厉声"地批评了张某,调解员严肃的表情和责怪的眼神,换来了张某认真的反思和道歉。

张某接受冯主任的批评,并承认了自己的错误之后,冯主任又同样严厉地要求张某向郭某道歉,张某真诚地向郭某道歉,希望得到郭某的原谅。

而郭某作为受害者,此刻她的内心是非常脆弱的,此时,冯主任用比较温和的语气"慢声"劝郭某原谅自己的丈夫;郭某表示原谅以后,冯主任又开玩笑似的警告张某不要再欺负郭某。

冯主任就是合理运用了表情语言和语气,对待不同的问题和不同的人采取了不同的对待方式:对于出轨的张某,必须要严厉,以批评为主;对于郭某,表情和语气则要温和,要耐心劝导。如此张弛有度,问题才能得以圆满解决。

二、姿势的运用技巧

姿势是人们自觉或不自觉地表达内在思想和情感的体态动作。姿势有静态和动态之分。静态的姿势包括坐、立、躺、蹲、靠等,它们不管是本能的还是蓄意的,都蕴含着某种独特的意味。动态的姿势包括类似耸肩、摇头、拍打、拥抱、握手等动作,也包含着非常明显的意义。在调解过程中,姿势还可分为手势和身体姿势。

1. 手势包括讲话时手、臂、肩甚至头部的动作,借助手势可辅助说话人解释问题或支持说话人的说法。手势能够添加信息量、反映内心的变化,能够反映出一个人的自身修养程度及心理素质是否良好,如调解人员不停地摆弄头发、扭绞双手、环抱双臂、双手背在身后等都会使当事人觉得调解人员正在感到不自然、对话题不感兴趣或对调解工作态度过于随便,这样就会使当事人产生疑虑,怀疑这样的调解人员能否替自己做主,是否值得自己信任。

2. 身体姿势包括立姿、坐姿和行姿三个方面：

良好的立姿应该是双脚略分开，以介于稍息和立正之间的状态轻松而自然地摆开，双腿直立，头正、肩平、挺胸、收腹，以礼貌、谦和的眼光目视对方，给人以坦率、自信的印象。双腿交叉、将身体斜倚在门框和墙壁上的站立方式是极不雅观的，也反映出工作态度的不认真。

坐姿是指人就座时和坐定之后的动作和姿势。例如，在调解过程中，当事人在倾诉纠纷事实时，调解人员的眼睛不时打量周围环境，坐在椅子上不停地改变坐姿，当事人就会感觉到调解人员的不耐烦和敷衍了事的心理，因而停止叙述或截取片段，只叙述部分情况，同时对立和不信任的情绪会油然而生，必将给接下来的调解过程带来麻烦。另外还有一些不雅的坐姿也是一个称职的人民调解员应该避免的。懒散地坐在椅子上，跷着腿，在椅柄上敲着手指，说明了调解人员的不耐烦和不尽心。坐在椅子的边缘，也给人一副想趁早结束谈话、早点离开的感觉。坐在椅子上抖动双腿、晃动脚尖、将双腿八字伸开老远或勾蹬椅腿、椅撑则是傲慢无礼的表现。一般来说，在向当事人了解纠纷情况时，人民调解员坐在椅子上时应腰背挺直，身体稍微向前倾，目光直视当事人；在主持调解会议时，坐姿更应当自然大方，应坐在椅子中央，腰背挺直，双腿并拢，不要倚靠椅背，双手也不要搭在椅把上。

关于行姿，人民调解员应注意的问题是：行走要稳健自如。含胸驼背、无精打采，都在告诉当事人你或是疲倦或是缺乏自信或是感到无聊。在调解过程中也不要来回走动。因为来回走动是内心烦躁和无助的表现。

3. 与面部表情的运用一样，姿势的运用也要注意以下三点：

第一，要有真实性，发自内心，流露真情实感，不要故作多情，矫揉造作。

第二，要注意自然性，把握分寸，适度而为，而不要有意夸张，以致失态。

第三，要有变化，即随着当事人的情感变化适度发生变化，真正做到"诚其衷而行其外"。只有这样，才能更有利于与当事人进行感情沟通，引起当事人的共鸣，取得当事人的信任，从而促进纠纷的解决。

综上，本节所讲的体态语言的运用技巧往往是面部表情、目光和姿势综合运用的过程。因此，调解人员在调解中只有举止端正得体，面部表情和目光以及姿势协调一致，才能准确地表达自己，与当事人进行更好的沟通，得到当事人的信任和配合。

案例27：因土地承包经营权引发的纠纷

家住旺来村的王某是一名单身父亲，独自抚育未成年的孩子，平时为人老实，处处与人为善，是村里边出了名的老好人。但是，上天似乎并不怎么眷顾这个可怜人，王某在去田间干活时，不慎从山坡上摔下来伤了腰椎，从此不能再干地里的重活。对于王某的情况，村里也给予了一些补助，但面对自己逐渐长大的孩子，他不得不另谋生计，决定去大城市闯一闯，看是否能多挣点钱，以维持家里的开销。

这样决定后，王某打算将承包的土地交给同村的李某耕种，让李某每年给自己一些耕种土地的费用。李某考虑后同意了，但由于王某走时比较匆忙，双方只是达成了口头协议，并未签署转包合同。几年后，在外闯荡的王某感受到了大城市的压力，所以决定回老家务农。跟孩子商议后，两人回到了农村老家。

然而，在王某离开的这几年，李某对王某的土地进行改良，投入了大笔资金，农作物的产量也是大大增收，获利颇多，现在将自己培育的土地就这样还给王某，李某心有不甘，于是开始耍赖，想要把王某的土地占为己有，以双方没有签署任何合同、王某没有证据证明这是他的土地为由，拒绝归还。王某束手无策，只能找到村里的调解员老李。老李是一名退休的法官，退休后想为家乡贡献自己的一份力量，就回到老家，从事调解工作，为人正直、热情。

老李听完王某的遭遇后，叹了一口气，拍拍王某的肩膀，说："你先回家，这事我来帮你解决。"

随后，老李找到李某，对于老李的到来，李某心里有数，知道他来的目的，但还是嬉皮笑脸地说："李调解员，你怎么来了？"面对李某的嬉笑，老李面不改色，眼神中透出犀利与坚定，说道："对于你跟王某的事，王某都跟我说了，我来了解一下情况。"

看到老李严厉的表情，李某心里发怵，也不再嬉笑，而且李某也知道自己理亏，后来在同老李的交谈中，李某企图继续用他跟王某没有签书面合同的借口为自己狡辩，听到这话的老李指着李某说："虽然你跟王某没有签书面合同，但这并不代表你就可以霸占他的土地，只要他可以证明你耕种的土地是他依法从集体组织那里承包的，你就必须归还，到时候你还得对他进行补偿，可以说是得不偿失。"

听到老李的这番话，李某不觉一惊，自己本来就心虚，更不希望把事情弄大，于是同意将土地归还给王某，但提到自己对土地进行改良的花费，希望对方给予一些补偿。

对于李某的要求，王某也表示同意，就这样，在老李的调解下，一场风波得以平息。

评析

本案是关于土地承包经营权的一场纠纷，在对这场纠纷的调解中，调解员老李充分运用体态语言，从外在行为举动上体现一位调解员的公正以及通过这种表现给纠纷当事人以信心。在本案的调解中，面对王某的遭遇，老李心中既有对他的同情，也有想要为他讨回公道的决心，他只用了"拍肩"这一动作，就将他的这些心理活动表现得淋漓尽致。

随后，当见到李某后，面对李某的嬉笑，老李表情坚毅，表明了自己的来意，使李某感受到这件事不容小觑，而老李指着李某说的那番话，指明李某的行为不论是从法律上还是从道德上都是会受到谴责的，使得李某醒悟。

老李作为一名调解员，从体态中表现出了一位优秀法官应有的素质，从他的举动中我们可以感受到他的正直与公道，使得当事人想要去信赖他、想要得到他的帮助。这样的调解员不仅有助于促成纠纷的化解，也有助于弘扬优良民风，展现出了调解员的良好精神面貌。

第四节　心理疏导运用技巧

众所周知，中医治病是标本兼治，究其方法在于望闻问切。将这一原理运用到调解工作中，不仅能够快速化解棘手的矛盾纠纷，还能避免同一矛盾反复再生，从而达到标本兼治的目的。

综观民间大多矛盾纠纷，都源于"赌一口气"或不正当、不平衡的心理作怪。可以说，心理矛盾是许多社会矛盾的起因和源头，心理失衡，淤积矛盾，必然阻碍人与人之间的正常沟通，从而导致人情绪失控、行为异常、产生纠纷。常言道，"心病"还需"心药"医，心理疏导就是本着"一把钥匙开一把锁"的原则，对于形成的特殊心理症结，在认知上对人们的思想进行开导、教育、提升,在行为上使矛盾各方自发地形成发自内心的谅解,从而消除心理障碍,化解生活上和精神层面上的各种矛盾。

因此,调解人员在调解过程中,做好当事人和在场人的心理疏导工作,并注意调控当事人之间、当事人与在场人之间的交往活动,努力避免由于交往中的消极心理相互反馈而产生恶性心理互动,对于化解纠纷的成败是至关重要的。具体来说,调解人员可以参照以下步骤进行心理疏导。

第一步:望,即察言观色,实际走访。这里包括两层含义,一是要求调解人员不能坐等问题找上门,而要主动深入群众,通过与群众的密切接触,详察细看,发现问题苗头,做好预防工作;二是对于有些不愿把自己的真实想法坦诚出来的当事人,要求调解人员有敏锐的洞察力,能通过当事人的言谈举止等外部表现来了解其内心世界,同时,也要利用好当事人周边的人群,包括街坊邻居、亲朋好友、领导干部等资源,从而掌握纠纷产生的有关信息,知己知彼,方能有针对性地进行调解。

第二步:闻,即认真做好听众,善于听取群众心声。认真、耐心细致地听当事人诉说自己的不满,是对当事人人格的尊重,也是调解人员获取纠纷有关信息的最直接、最有效的渠道。况且,在大多民事纠纷中,双方当事人在心理上都对对方有不同程度的痛恨和愤怒,在这种情况下,如果当事人的消极情绪得不到宣泄和释放,也很难接受调解人员调解信息的输入。所以,在进行民事调解前,调解人员要做的就是做一个好听众,对当事人讲述的事实、所体现的感受、问题产生的原因及过程做好梳理及记录。

第三步:问,即引导性的沟通交谈,拉近距离。调解工作中对当事人的询问应采用拉家常的方式进行,推心置腹的交谈能拉近调解人员与当事人之间的距离,让当事人对调解人员产生信任感。同时发问的问题要恰当,有针对性,不能漫无目的地聊天,这不利于纠纷的解决。对调解人员来说，整个提问的过程要有自己的一套思路，要把握好提问的主导权，通过问题把当事人的意识向正确的方向引导，而不能抛离主题。在询问的过程中，要把纠纷争议的焦点归纳出来，为后续收集证据、解决纠纷做好准备。

第四步：切，即切中要害解决实际问题。根据已经掌握的事实情况和证据，进行科学分析判断，不仅要善于抓住中心、抓住关键、集中力量抓好中心工作，而且要统筹兼顾，适当安排，注意处理好其他次要矛盾，在情与理、法与理之间找出双方共赢的平衡点，促进当事人求同存异，达成共识。同时，在化解当事人之间思想上的隔阂时，也要注重解决当事人所面临的实际困难和问题，困难解决了，矛盾才能彻底化解。

第五步：跟，即跟进处理结果，确保纠纷解决方案的落实。调解结束时，一般会出现两种结果：一是调解成功；二是调解失败。对于调解成功的案件有可能出现当事人不履行的问题，调解失败的案件有可能加重双方的矛盾，因此，在调解结束后，调解人员还要做好纠纷的跟进与回访工作，切不可此时就结案了事。

从某种程度上来说，调解就是依法去化解当事人的心结，因此，心理疏导方法适用于所有的纠纷调解，和其他纠纷处理方法一起，是调解人员解决纠纷、化解矛盾的有效手段。

案例 28：因婆媳关系引发的家庭纠纷

于某自幼丧父，是母亲一手把他拉扯大，长大后，于某非常孝敬母亲，在附近十里八村是出了名的孝子。后于某经人介绍，与邻村的张某结婚，结婚后，于某夫妇和母亲一块生活，母亲非常勤劳，家里所有家务及儿子和媳妇的一日三餐均由老人承包，儿媳对婆婆非常满意，一家人其乐融融，甚是让人羡慕。

但随着孙子的出生，婆媳关系紧张了起来。于某常年在外打工，儿媳与婆婆在对孩子的照顾方式上产生了很大分歧，招致了儿媳的极大不满，两人多次为此发生争执，相处不再像以前那么融洽了。于某对婆媳的关系也是万分小心起来。于是，过年回家后，他悄悄给了母亲 5000 元现金，没有告诉妻子。但某天妻子跟丈夫的几个朋友一起吃饭时，饭饱酒足后，大家闲聊打工期间的生活和工资，妻子发现丈夫拿回的工资不对，便当着朋友的面逼问丈夫 5000 元的去向。于某坦言给了母亲 5000 元的事情。

张某觉得丈夫背着自己给婆婆钱，显然是把自己当外人看，当场便哭闹着骂于某没良心，要和他离婚。在场的朋友再三劝说都无济于事。面对妻子的无理取闹，再看看刚满 1 周岁的儿子，于某愁得蹲在门槛上挠头。

听见吵闹声赶过来的调解员小谭看见平时嘻嘻哈哈的于某这副样子，便上前拍拍他的肩膀说："于哥，抽根烟。"于某接过烟，看了一眼小谭，惆怅地说："兄弟，哥这以后的日子可咋过啊？唉！"听了这句话，小谭虽然很想知道到底发生了什么事，但他还是忍住了没问，只是说："于哥，到小弟家坐坐，有什么问题看我能帮上你不？"

两人来到小谭家，于某进门后就忍不住抽噎，然后把发生的事情原原本本诉说了一遍。小谭了解到虽然张某的做法太不近人情，但他们的孩子还小离不开母亲，而于某也根本不想离婚。知道了他的想法后，小谭又信心十足地拍了一下于某的肩膀，说："于哥，你孝顺母亲是绝对正确的，我相信嫂子是一时情急才说离婚的，这件事包在我身上，我去劝劝嫂子。"

随后，小谭走访了张某，经过沟通之后，小谭了解到张某舍不得孩子，对于某本人也没什么意见，只是对于某背着自己给婆婆钱很不满，认为于某一是没有把自己放第一位；二是没把自己当成一家人看,所以耿耿于怀。

弄清双方的心思后,小谭把于某和张某叫到一块儿进行调解。在正式调解之前,小谭穿插了一小段村里人都知道的经历,就是于某上幼儿园时,有次他妈妈以为他在河边走失落水了,自己直接下河找他,结果自己落水险些没命,于某却在别人家玩耍的事。这让张某深深地感到婆婆不容易,同时也觉得丈夫孝敬婆婆是再理所当然不过的事了。

紧接着,于某也表明妻子和孩子还有母亲都是自己最重要的人,都是第一位的,这次隐瞒实情怕妻子知道了反而多想,也是顾及妻子感受。听完丈夫的心里话,张某顿时觉得自行惭愧,儿子孝敬母亲天经地义,再想想婆婆平时为自己和自己的孩子忙碌的情形,遂认识到自己的错误,并向丈夫真诚地道歉,两人和好如初。

一周过去了,小谭上于某家串门,看着张某和婆婆有说有笑的,小谭幽默地说,这才是我认识的嫂子。一场离婚的家庭纠纷就这样和平解决了。

评析

家庭纠纷大多是一些鸡毛蒜皮的事,看似简单,但实际上当事人之间的心理变化却非常微妙,因为这些纠纷不像合同、借贷等,可以准确地找到法律依据,违法还是合法显而易见。家庭纠纷很难说谁对谁错,因为引起纠纷的源头有时根本就不是法律调整的范畴,纯粹是心理原因。因此,在处理这类纠纷时,一定要把握好当事人的心理症结,对症下药,才能化解矛盾。本案中,调解员小谭就是运用了心理疏导的调解方法解决了这起婚姻家庭纠纷。

首先,调解员通过观察当事人于某蹲在门槛上挠头、满脸惆怅的表情等,判断于某家发生了什么事情。但是,此时调解员没有主动去追问情况,而是用拍肩、递烟等行为和"到小弟家坐坐"的话安抚当事人，让于某感觉小谭就是自己很熟的兄弟，是自己要诉苦和发泄情绪的对象，并最终向小谭诉说了自己的事情。

其次，调解员在安抚好于某的情绪后，还主动走访了另一方张某，询问了张某对纠纷的描述与意见，在弄清双方的真实想法后，小谭把问题的症结定位于张某闹离婚是认为丈夫的做法没有把自己当一家人看，没有把自己和孩子放在首位。于是小谭设置了讲述于某成长经历及让当事人于某真心坦白的场景，使当事人张某主动认识到自己为丈夫孝敬婆婆而闹离婚的行为是多么的不近人情，进而使和解成为顺理成章的事。

最后，在调解圆满结束后，调解员又进行了登门回访，看到当事人一家和好如初，小谭对张某的做法给予了肯定，表示这才是我认识的嫂子。这种期许和鼓励既能够促进当事人更加积极地去履行调解达成的共识，避免矛盾复发，又能使调解工作深入人心，收到更好的效果。

第三章

人民调解工作必备法律知识

第一节 宪法知识

1. 哪些人享有选举权和被选举权？

我国《宪法》第 34 条规定："中华人民共和国年满十八周岁的公民，不分民族、种族、性别、职业、家庭出身、宗教信仰、教育程度、财产状况、居住期限，都有选举权和被选举权；但是依照法律被剥夺政治权利的人除外。"此外，《全国人民代表大会和地方各级人民代表大会选举法》第 4 条规定："中华人民共和国年满十八周岁的公民，不分民族、种族、性别、职业、家庭出身、宗教信仰、教育程度、财产状况和居住期限，都有选举权和被选举权。依照法律被剥夺政治权利的人没有选举权和被选举权。"由此我们可以看出，享有选举权与被选举权，只需要符合三个条件：一是具有我国国籍；二是年满 18 周岁；三是没有被依法剥夺政治权利。

2. 被判处有期徒刑还享有选举权与被选举权吗？

根据我国《宪法》第 34 条和《全国人民代表大会和地方各级

人民代表大会选举法》第 4 条的规定，依照法律被剥夺政治权利的人没有选举权和被选举权。至于被判处有期徒刑的犯罪分子能不能享有选举权与被选举权，则需要看他有没有被剥夺政治权利。如果被剥夺了政治权利，则不享有选举权与被选举权；如果没有被剥夺政治权利，那么尽管其被判处有期徒刑，同样可以享有选举权与被选举权。

3. 公民是否拥有无限制的言论自由权？

《宪法》赋予了公民言论自由权，但是这并不代表自由和权利不受任何限制，权利也只有依据法律行使，才能受到国家的保护。《宪法》第 51 条规定："中华人民共和国公民在行使自由和权利的时候，不得损害国家的、社会的、集体的利益和其他公民的合法的自由和权利。"由此可见，公民的言论自由权不是无限制的，只有依法行使的言论自由才是真正的言论自由。公民在行使宪法和法律规定的自由和权利时，不得损害国家的利益、社会的利益和集体组织的利益，也不得损害其他公民的合法的自由和权利。公民行使自由和权利一旦超出上述法律限制，造成一定危害后果，则需要承担相应的法律责任。

4. 宪法中是如何规定宗教信仰自由的？

宗教信仰自由权是公民生活中一项很重要的权利。《宪法》第 36 条规定："中华人民共和国公民有宗教信仰自由。任何国家机关、社会团体和个人不得强制公民信仰宗教或者不信仰宗教，不得歧视信仰宗教的公民和不信仰宗教的公民。国家保护正常的宗教活动。任何人不得利用宗教进行破坏社会秩序、损害公民身体健康、妨碍国家教育制度的活动。宗教团体和宗教事务不受外国势力的支配。"由此，公民有信教或者不信教的自由，有信仰这种宗教或者信仰那种宗教的自由，有信仰同宗教中的这个教派和那个教派的自由，有过去信教现在不信教或者过去不信教而现在信教的自由。信教是一个人的权利，也是自由，不受任何人的强迫，也不可以强迫他人信教。当然，公民在从事宗教活动时，必须遵守国家法律，尊重他人的合法权益，服从社会整体利益的要求。任何人不得利用宗教进行破坏社会秩序、损害公民身体健康和国家教育制度的活动。

5. 宪法是如何保护民宅不受侵犯的？

民宅，也就是民众的家，是我们生活、学习和工作的最重要的场所。《宪法》第39条明确规定："中华人民共和国公民的住宅不受侵犯。禁止非法搜查或者非法侵入公民的住宅。"由此我们可以看出，公民的住宅是不受侵犯的，不能随便搜查，没有按照法定程序私闯民宅是违法的行为。即便是公安机关在调查案件时，也必须持有搜查证，才可以进入公民住宅。

6. 妻子限制丈夫跟异性通信违法吗？

公民的通信自由，指的是对于公民的通信（包括信件、信息、电话和邮件等），他人不得隐匿、毁弃、拆阅或者窃听。在通信发达的今天，人们的通信自由体现在各个方面，如微博、微信、QQ消息、手机短信、视频等联系方式，都存在通信自由。我国《宪法》第40条规定："中华人民共和国公民的通信自由和通信秘密受法律的保护。除因国家安全或者追查刑事犯罪的需要，由公安机关或者检察机关依照法律规定的程序对通信进行检查外，任何组织或者个人不得以任何理由侵犯公民的通信自由和通信秘密。"由此可知，除法律规定可以干涉的情况，包括因国家安全或者追查刑事犯罪的需要，由公安机关或者检察机关依照法律规定的程序对通信进行检查外，公民的通信自由是受法律保护的，任何人均不能予以侵犯。有权对通信进行检查的机关只有公安机关或者检察机关，并且只有在因国家安全或者追查刑事案件时才可依照法律进行。可见，如果妻子为防止丈夫出轨，禁止丈夫给女性朋友打电话、发信息，也是侵犯公民通信自由的体现，是一种违法行为，应当予以纠正。

7. 父母不让女儿出门见男友违法吗？

根据我国《宪法》第37条的规定："中华人民共和国公民的人身自由不受侵犯。任何公民，非经人民检察院批准或者决定或者人民法院决定，并由公安机关执行，不受逮捕。禁止非法拘禁和以其他方法非法剥夺或者限制公民的人身自由，禁止非法搜查公民的身体。"据此，任何机关、团体或者个人，未经法律许可，随意限制他人的人身自由都是违法的。即使父母也不可以为干涉女儿婚姻自由而将女儿锁在家中。

8. 歧视、虐待妇女违法吗？

男女平等的程度是衡量一个国家文明程度的重要尺度。《宪法》第48条规定："中华人民共和国妇女在政治的、经济的、文化的、社会的和家庭的生活等各方面享有同男子平等的权利。国家保护妇女的权利和利益，实行男女同工同酬，培养和选拔妇女干部。"现实生活中，由于受传统男尊女卑的封建思想残余的影响，以及我国地域辽阔，经济、政治、文化发展不平衡等原因，歧视甚至虐待妇女的事件还未能全部消除。因此，应依照宪法的规定，将对妇女权利的保护落实到立法、执法、司法、普法宣传教育工作中。

9. 我国的自然资源都归属国家所有吗?

自然资源作为国民经济与社会发展的重要物质基础,主要包括土地资源、水资源、矿产资源、生物资源、气候资源、海洋资源等。《宪法》第9条规定:"矿藏、水流、森林、山岭、草原、荒地、滩涂等自然资源,都属于国家所有,即全民所有;由法律规定属于集体所有的森林和山岭、草原、荒地、滩涂除外。国家保障自然资源的合理利用,保护珍贵的动物和植物。禁止任何组织或者个人用任何手段侵占或者破坏自然资源。"由此可知,除部分森林和山岭、草原、荒地、滩涂由集体所有外,我国绝大多数自然资源所有权都属于国家,这是我国社会主义国家经济制度的基本特征之一。国家根据宪法和有关法律的规定,对自然资源的归属作出规定,有利于合理开发利用以及进一步保护国有自然资源。

10. 如何理解公民要尊重社会公德?

《宪法》第53条规定:"中华人民共和国公民必须遵守宪法和法律,保守国家秘密,爱护公共财产,遵守劳动纪律,遵守公共秩序,尊重社会公德。"社会公德既是人们在社会交往和公共生活中应当遵守的行为准则,也是维护社会成员之间基础的社会关系秩序、维护社会和谐稳定的最基本的道德要求。社会公德通常由人们为了群体的利益而约定俗成,其实质是一个国家、民族或者群体在漫长的社会实践活动中积淀下来的道德准则、文化观念和思想传统。

当今社会,社会公德能体现公民的个人道德修养和社会文明程度,也有利于维护公众利益、公共秩序,保持社会和谐稳定。《宪法》第24条第2款对社会主义公德的内容进行了明确的规定:"国家倡导社会主义核心价值观,提倡爱祖国、爱人民、爱劳动、爱科学、爱社会主义的公德,在人民中进行爱国主义、集体主义和国际主义、共产主义的教育,进行辩证唯物主义和历史唯物主义的教育,反对资本主义的、封建主义的和其他的腐朽思想。"

法律和公德都是调节社会人际关系和行为的规范,在人民调解工作中坚持依法调解的同时也不能忽视社会公德的作用,如果当事人的行为仅仅违反了社会公德的要求,那么应该从遵守社会主义公德入手,对其进行相关的道德教育。

第二节　婚姻家庭法律知识

1. 男方在婚前购买的房子,婚后属于夫妻共同财产吗?

《民法典》第 1063 条明确规定,一方的婚前财产为夫妻一方的个人财产。《最高人民法院关于适用〈中华人民共和国民法典〉婚姻家庭编的解释(一)》第 31 条也规定,《民法典》第 1063 条规定为夫妻一方的个人财产,不因婚姻关系的延续而转化为夫妻共同财产。但当事人另有约定的除外。因此,婚前男方购买并且取得了所有权的房子,婚后属于男方个人财产,离婚时不能被分割。但是,如果当事人之间有关于该财产为双方共同所有的特别约定,则婚后属于双方共同财产。

2. 婚前一方父母出资为二人购买的结婚用房,是否属于夫妻共同财产?

《最高人民法院关于适用〈中华人民共和国民法典〉婚姻家庭编的解释(一)》第 29 条第 1 款规定:"当事人结婚前,父母为双方购置房屋出资的,该出资应当认定为对自己子女个人的赠与,但父母明确表示赠与双方的除外。"由此可知,结婚前一方父母出资为二人购买的结婚用房,一般情况下,是属于夫妻一方个人财产的,并非夫妻共同财产,只有父母明确表示该房屋为赠与双方的情形下,房屋才属于夫妻共同财产。

3. 婚后父母为子女购买的房屋所有权归谁?

《最高人民法院关于适用〈中华人民共和国民法典〉婚姻家庭编的解释(一)》第29条第2款规定:"当事人结婚后,父母为双方购置房屋出资的,依照约定处理;没有约定或者约定不明确的,按照民法典第一千零六十二条第一款第四项规定的原则处理。"根据《民法典》第1062条第1款第4项规定,夫妻在婚姻关系存续期间所得的继承或者受赠的财产,如果不存在"遗嘱或者赠与合同中确定只归一方的财产"的情形,则为夫妻的共同财产,归夫妻共同所有。由此可见,关于婚后父母为子女购买房屋的所有权归属问题,有约定的,从约定;如果没有约定或约定不明,则按照赠与处理。此时,因为赠与发生在夫妻关系存续期间,所以如果赠与合同没有确定只赠给夫妻一方的,则默认为赠与夫妻双方,即房屋产权归夫妻共同所有。

4. 娘家陪嫁的财产也是夫妻共同财产吗?

根据我国《民法典》第1063条的规定,赠与合同中确定只归夫或妻一方的财产为夫妻一方的个人财产。而娘家为女方结婚陪嫁的财产,虽然一般不会订立书面的赠与合同,但从传统意义上来讲,这些嫁妆属于女方家庭赠与女方的财产。因此,当女方接受了这些财产之后就成为女方个人的财产,并不属于夫妻共同财产。

5. 夫妻一方个人财产在婚后所得的收益，是否属于夫妻共同财产？

《最高人民法院关于适用〈中华人民共和国民法典〉婚姻家庭编的解释（一）》第26条规定："夫妻一方个人财产在婚后产生的收益，除孳息和自然增值外，应认定为夫妻共同财产。"由此可知，夫妻一方个人财产在婚后产生的孳息、自然增值，仍属于夫妻一方个人财产，如存款利息、房产自然增值等。而夫妻一方个人财产在婚后产生的其他收益，如将存款进行投资经营所得收益、将房屋进行出租所得租金，则属于夫妻共同财产，而非其个人财产。

6. 婚前给付的"彩礼"什么情况下能返还？

根据《最高人民法院关于适用〈中华人民共和国民法典〉婚姻家庭编的解释（一）》第5条的规定，当事人请求返还按照习俗给付的彩礼的，如果查明属于以下情形，人民法院应当予以支持：（1）双方未办理结婚登记手续；（2）双方办理结婚登记手续但确未共同生活；（3）婚前给付并导致给付人生活困难。适用前款第2项、第3项的规定，应当以双方离婚为条件。即在离婚的前提之下才能适用第2项和第3项。《最高人民法院关于审理涉彩礼纠纷案件适用法律若干问题的规定》对此又作了进一步的规定。第5条规定，双方已办理结婚登记且共同生活，离婚时一方请求返还按照习俗给付的彩礼的，人民法院一般不予支持。但是，如果共同生活时间较短且彩礼数额过高的，人民法院可以根据彩礼实际使用及嫁妆情况，综合考虑彩礼数额、共同生活及孕育情况、双方过错等事实，结合当地习俗，确定是否返还以及返还的具体比例。人民法院认定彩礼数额是否过高，应当综合考虑彩礼给付方所在地居民人均可支配收入、给付方家庭经济情况以及当地习俗等因素。第6条规定，双方未办理结婚登记但已共同生活，一方请求返还按照习俗给付的彩礼的，人民法院应当根据彩礼实际使用及嫁妆情况，综合考虑共同生活及孕育情况、双方过错等事实，结合当地习俗，确定是否返还以及返还的具体比例。

7. 住房公积金属于夫妻个人财产还是夫妻共有财产？

住房公积金是指国家机关、国有企业、城镇集体企业、外商投资企业、城镇私营企业及其他城镇企业、事业单位、民事非企业单位、社会团体，以及其在职职工缴存的长期住房储金，是住房分配货币化的一种形式，其本质上是一种住房保障制度。根据《民法典》第1062条和《最高人民法院关于适用〈中华人民共和国民法典〉婚姻家庭编的解释（一）》第25条的规定，婚姻关系存续期间男女双方实际取得或者应当取得的住房补贴、住房公积金为夫妻共同财产。由此可知，婚内取得的住房公积金属于夫妻共同财产，而非个人财产。

8. 一方因人身损害得到的医疗赔偿是夫妻共同财产吗？

《民法典》第1063条明确规定，一方因受到人身损害获得的赔偿或者补偿等，应属于夫妻一方的个人财产。因此，夫妻双方共同财产不包括夫妻一方因人身损害得到的医疗赔偿。

9. 夫妻一方个人财产包括哪些？

根据《民法典》第1063条的规定，夫妻一方个人财产包括一方婚前的财产、一方因人身损害获得的赔偿或者补偿、遗嘱或者赠与合同中确定只归一方的财产、一方专用的生活用品、根据夫妻之间的约定归夫妻一方个人所有的财产以及其他应当归夫妻一方个人所有的财产。

10. 夫妻一方以个人名义借的债，属于个人债务还是夫妻共同债务？

《民法典》第 1064 条第 2 款规定："夫妻一方在婚姻关系存续期间以个人名义超出家庭日常生活需要所负的债务，不属于夫妻共同债务；但是，债权人能够证明该债务用于夫妻共同生活、共同生产经营或者基于夫妻双方共同意思表示的除外。"由此可见，夫妻共同债务应当是以夫妻双方名义所负，或虽以夫妻一方的个人名义所负，但用于家庭日常生活和经营的债务。一般来说，夫妻一方以个人名义借的债应当属于个人债务，但是，如果债权人能够证明该笔债务被用于夫妻共同生活、共同生产经营，或者实际上是出于夫妻共同意愿的，债权人就可以要求夫妻双方共同承担偿还责任。

11. 夫妻处理财产，收入高的一方享有更多的权利吗？

《民法典》第 1062 条第 2 款规定："夫妻对共同财产，有平等的处理权。"《妇女权益保障法》第 66 条第 1 款规定："妇女对夫妻共同财产享有与其配偶平等的占有、使用、收益和处分的权利，不受双方收入状况等情形的影响。"因此，对夫妻共同财产，夫妻双方有平等的处理权，不能因收入高就享有更多权利。

12. 夫妻一方丧失劳动能力后，另一方负有扶养义务吗？

所谓夫妻之间的扶养义务主要是指夫妻之间相互为对方提供经济上的供养和生活上的扶助，以此来维持日常的生活。根据《民法典》第 1059 条的规定，夫妻有相互扶养的义务。需要扶养的一方，在另一方不履行扶养义务时，有要求其给付扶养费的权利。

13. 家庭暴力是否构成犯罪?

《反家庭暴力法》第 2 条对家庭暴力进行了明确规定,家庭暴力,是指家庭成员之间以殴打、捆绑、残害、限制人身自由以及经常性谩骂、恐吓等方式实施的身体、精神等侵害行为。家庭暴力直接作用于受害者身体,使受害者身体上和精神上感到痛苦,损害其身体健康和人格尊严。现实生活中,很多人未认识到家庭暴力不是家务事,而是法律明令禁止的行为。《反家庭暴力法》第 33 条规定:"加害人实施家庭暴力,构成违反治安管理行为的,依法给予治安管理处罚;构成犯罪的,依法追究刑事责任。"由此可知,家庭暴力有可能构成犯罪,会受到刑事法律制裁。

实践中,实施家庭暴力行为可能会构成虐待罪、故意伤害罪等罪名。关于虐待罪,《刑法》第 260 条规定:"虐待家庭成员,情节恶劣的,处二年以下有期徒刑、拘役或者管制。犯前款罪,致使被害人重伤、死亡的,处二年以上七年以下有期徒刑。第一款罪,告诉的才处理,但被害人没有能力告诉,或者因受到强制、威吓无法告诉的除外。"关于故意伤害罪,《刑法》第 234 条规定:"故意伤害他人身体的,处三年以下有期徒刑、拘役或者管制。犯前款罪,致人重伤的,处三年以上十年以下有期徒刑;致人死亡或者以特别残忍手段致人重伤造成严重残疾的,处十年以上有期徒刑、无期徒刑或者死刑。本法另有规定的,依照规定。"

14. 丈夫强制妻子不得外出工作,合法吗?

我国法律赋予公民劳动权,任何人不得干涉。《宪法》第 42 条第 1 款规定,公民有劳动的权利和义务。《民法典》第 1057 条规定,夫妻双方都有参加生产、工作、学习和社会活动的自由,一方不得对另一方加以限制或者干涉。由此可知,妻子享有外出劳动和从事社会活动的权利和自由，丈夫不能限制或干预妻子外出工作。

15. 夫妻之间签订的"忠诚协议"合法有效吗？

夫或妻作为完全民事行为能力人，自愿签订"忠诚协议"，且该协议不违背法律，不损害公序良俗的，应当认为其合法有效。根据《民法典》第1043条第2款的规定，夫妻应当互相忠实，互相尊重，互相关爱；家庭成员应当敬老爱幼，互相帮助，维护平等、和睦、文明的婚姻家庭关系。因此，合法合理的"忠诚协议"应当是有效的。但法院不会强制履行，仅靠自愿履行。

16. 事实婚姻是否受法律保护？

事实婚姻，是指没有配偶的男女，未进行结婚登记，便以夫妻关系同居生活，对外以夫妻关系活动的一种婚姻状况。事实婚姻虽具备婚姻关系存续的实质要件，但缺乏形式要件。我国法律对事实婚姻的法律效力根据实际情况的不同而有不同的认定。

《最高人民法院关于适用〈中华人民共和国民法典〉婚姻家庭编的解释（一）》第7条规定："未依据民法典第一千零四十九条规定办理结婚登记而以夫妻名义共同生活的男女，提起诉讼要求离婚的，应当区别对待：（一）1994年2月1日民政部《婚姻登记管理条例》公布实施以前，男女双方已经符合结婚实质要件的，按事实婚姻处理。（二）1994年2月1日民政部《婚姻登记管理条例》公布实施以后，男女双方符合结婚实质要件的，人民法院应当告知其补办结婚登记。未补办结婚登记的，依据本解释第三条①规定处理。"即按照解除同居关系处理。

17. 离婚时一方因经济困难要求另一方给予帮助有法律依据吗？

《民法典》第 1090 条规定："离婚时，如果一方生活困难，有负担能力的另一方应当给予适当帮助。具体办法由双方协议；协议不成，由人民法院判决。"该规定既是夫妻之间互相扶养的法律义务在离婚时的一种延伸和表现，也是扶弱济贫的社会主义道德的要求。所以，夫妻双方离婚时，一方经济困难的，另一方应该给予帮助。

18. 离婚时对抚养子女等尽义务多的一方能要求另一方补偿吗？

《民法典》第 1088 条规定："夫妻一方因抚育子女、照料老年人、协助另一方工作等负担较多义务的，离婚时有权向另一方请求补偿，另一方应当给予补偿。具体办法由双方协议；协议不成的，由人民法院判决。"因此，如果夫妻一方抚养子女尽义务较多的，可以在离婚时要求补偿。

19. 妻子因出轨导致怀孕，在怀孕期间丈夫能否提出离婚？

一般情况下，为了保护女方权益，法律规定在女方怀孕期间、分娩后 1 年内或终止妊娠后 6 个月内男方不得提出离婚，但是特殊情况下法律允许男方提出离婚请求，即"人民法院认为确有必要受

---

① 《最高人民法院关于适用〈中华人民共和国民法典〉婚姻家庭编的解释（一）》第 3 条规定："当事人提起诉讼仅请求解除同居关系的，人民法院不予受理；已经受理的，裁定驳回起诉。当事人因同居期间财产分割或者子女抚养纠纷提起诉讼的，人民法院应当受理。"

理男方离婚请求的，不在此限"。

司法实践中，男方在以下几种情况下，可以在妻子怀孕期间提出离婚：（1）女方结婚后重婚或与他人同居的，包括与他人发生性关系而导致怀孕的。（2）女方怀孕期间，分娩后 1 年内或终止妊娠后 6 个月内，男方的生命受到女方的威胁或者合法的权益遭到女方严重侵害的。（3）女方对婴儿有虐待、遗弃行为的。由此可知，若妻子因出轨而导致怀孕，丈夫可以在妻子怀孕期间提出离婚。

20. 在父母没有监护能力的情况下未成年人由谁监护？

《民法典》第 27 条对未成年人监护人的确定进行了明确规定："父母是未成年子女的监护人。未成年人的父母已经死亡或者没有监护能力的，由下列有监护能力的人按顺序担任监护人：（一）祖父母、外祖父母；（二）兄、姐；（三）其他愿意担任监护人的个人或者组织，但是须经未成年人住所地的居民委员会、村民委员会或者民政部门同意。"由此可知，对于未成年人的法定监护人的确定，首先应该是父母。如果父母死亡或者没有监护能力，则由祖父母、外祖父母、兄、姐以及经未成年人住所地的居民委员会、村民委员会或者民政部门同意的其他愿意担任监护人的个人或者组织按顺序担任。

《民法典》第 1074 条第 1 款明确规定："有负担能力的祖父母、外祖父母，对于父母已经死亡或者父母无力抚养的未成年的孙子女、外孙子女，有抚养的义务。"因此，在父母已经死亡或父母无力抚养未成年子女，且祖父母和外祖父母有负担能力的情况下，祖父母、外祖父母对孙子女、外孙子女是有抚养义务的。

《民法典》第 1075 条第 1 款规定："有负担能力的兄、姐，对于父母已经死亡或者父母无力抚养的未成年弟、妹，有扶养的义务。"因此，有负担能力的兄、姐，在父母死亡或丧失抚养能力的情况下，对未成年的弟、妹是需要履行扶养义务的。

21. 什么情况下父母可以指定孩子的监护人？

《民法典》第 29 条规定："被监护人的父母担任监护人的，可以通过遗嘱指定监护人。"由此可知，父母作为孩子的监护人时，可以通过立遗嘱的方式，指定孩子的监护人，这种情况属于"遗嘱指定"，是民法典的一大创新。遗嘱指定的适用是有限制的，即适用于父母身患疾病、面对灾难险情等有可能不能再抚养孩子的情形。父母通过遗嘱方式指定的监护人，更有利于孩子的成长。

22. 未成年人给他人造成损害由谁承担赔偿责任？

《民法典》第 1068 条明确规定："父母有教育、保护未成年子女的权利和义务。未成年子女造成他人损害的，父母应当依法承担民事责任。"同时，《民法典》第 1188 条规定："无民事行为能力人、限制民事行为能力人造成他人损害的，由监护人承担侵权责任。监护人尽到监护职责的，可以减轻其侵权责任。有财产的无民事行为能力人、限制民事行为能力人造成他人损害的，从本人财产中支付赔偿费用；不足部分，由监护人赔偿。"

由此可知，未成年人在对他人造成损害时，应当由其监护人承担赔偿责任，如果监护人能证明已尽到监护职责，可以适当减轻其民事责任。如果未成年人有个人财产的，赔偿费用应先从其个人财产中扣除。

23. 非婚生子女的父母不尽抚养义务违法吗？

实际生活中，非婚生子女的父母缺乏受法律保护的婚姻关系，常常导致非婚生子女缺乏生活保障。《民法典》第 1071 条对非婚生子女的权利进行了明确规定："非婚生子女享有与婚生子女同等的权利，任何组织或者个人不得加以危害和歧视。不直接抚养非婚生子女的生父或者生母，应当负担未成年子女或者不能独立生活的成年子女的抚养费。"因此，非婚生子女享有等同于婚生子女的权利，是有权要求自己的亲生父母承担抚养义务的。该规定对保护非婚生子女的合法权益起到了重要作用。

24. 离婚时双方可以约定轮流抚养孩子吗？孩子的抚养费是一成不变的吗？

根据我国《民法典》第 1078 条的规定，婚姻登记机关查明双方确实是自愿离婚，并已经对子女抚养、财产以及债务处理等事项协商一致的，应当予以登记，发给离婚证。而在处理孩子的抚养问题上，只要有利于保护子女利益，能使子女的身心健康成长，并不禁止离婚父母协商轮流抚养子女。《最高人民法院关于适用〈中华人民共和国民法典〉婚姻家庭编的解释（一）》第 48 条对此也作了明确规定，即"在有利于保护子女利益的前提下，父母双方协议轮流直接抚养子女的，人民法院应予支持"。由此可知，离婚时，在处理孩子抚养的问题上，只要是为了保护孩子的利益，就可以约定轮流抚养孩子。

依据生活费、教育费等费用的增加，子女是可以要求离婚的父母增加抚养费的，但此增加不能是狮子大开口，必须是一个合理的数额。根据《民法典》第 1085 条第 2 款规定，关于子女抚养费的协议或判决，不妨碍子女在必要时向父母任何一方提出超过协议或者判决原定数额的合理要求。

25. 儿子去世，儿媳带孩子再婚，爷爷奶奶有权探视吗？

《民法典》第 1086 条第 1 款明确规定，离婚后，不直接抚养子女的父或者母，有探望子女的权利，另一方有协助的义务。由此可见，探望权是不直接抚养子女的父或者母所享有的权利，一般情况下，祖父母、外祖父母是不享有探望权的。但是，《民法典》第 1043 条也有规定，家庭应当树立优良家风，弘扬家庭美德，重视家庭文明建设。家庭成员之间应当互相关爱，如果父母有一方过世，为了不伤害祖父母、外祖父母的感情，应当适当赋予其探望权，允许其探望孙子女、外孙子女。

26. 子女有权利干涉父母离婚或再婚吗？

《民法典》第 1069 条规定："子女应当尊重父母的婚姻权利，不得干涉父母离婚、再婚以及婚后的生活。子女对父母的赡养义务，不因父母的婚姻关系变化而终止。"同时，《老年人权益保障法》第 21 条也规定："老年人的婚姻自由受法律保护。子女或者其他亲属不得干涉老年人离婚、再婚及婚后的生活。赡养人的赡养义务不因老年人的婚姻关系变化而消除。"由此可见，子女不得干涉也无权干涉父母离婚、再婚以及婚后的生活，父母离婚或再婚后，子女仍要继续履行对父母的赡养义务。

27. 儿女对患病在床的老人置之不理，违法吗？

父母辛辛苦苦将子女抚养成人，尽自己所能满足子女的要求，并不是图子女将来有多大的回报。可是作为子女，长大后照顾有病卧床不起的父母是理所应尽的义务。根据《老年人权益保障法》第 15 条规定，赡养人应当使患病的老年人及时得到治疗和护理；对经济困难的老年人，应当提供医疗费用。对生活不能自理的老年人，赡养人应当承担照料责任；不能亲自照料的，可以按照老年人的意愿委托他人或者养老机构等照料。

28. 父母与子女断绝关系后，子女还需履行赡养义务吗？

《民法典》第 1067 条第 2 款规定："成年子女不履行赡养义务的，缺乏劳动能力或者生活困难的父母，有要求成年子女给付赡养费的权利。"因此，父母子女关系作为一种自然的血缘关系，只能因死亡或子女被他人依法收养而终止，其并不能因其他人为的原因消除或改变。断绝父子关系的声明，并不能从法律上将父母子女关系消除，子女仍需对父母履行赡养义务。

任何人不得以任何理由拒绝履行赡养义务，也不得附加任何履行条件。赡养父母，是成年子女应履行的法定义务，《老年人权益保障法》第 19 条第 1 款明确规定："赡养人不得以放弃继承权或者其他理由，拒绝履行赡养义务。"

29. 孙子女对爷爷奶奶有赡养义务吗？

对老人有赡养义务的赡养人，包括老人的儿女，也包括老人的孙子女、外孙子女。《民法典》第 1074 条第 2 款规定："有负担能力的孙子女、外孙子女，对于子女已经死亡或者子女无力赡养的祖父母、外祖父母，有赡养的义务。"由此可见，老人的孙子女、外孙子女承担赡养义务的前提条件，是老人的子女没有赡养能力、失去了赡养能力或者是他们先于老人死亡，且老人的孙子女、外孙子女有履行赡养义务的能力。如果老人的子女有赡养能力而不履行赡养义务，则老人是不能要求孙子女、外孙子女履行赡养义务的。

30. 孩子符合什么条件才可以被收养?

根据《民法典》第 1093 条、第 1099 条、第 1103 条的规定，下列未成年人，可以被收养的条件有：(1) 丧失父母的孤儿；(2) 查找不到生父母的未成年人；(3) 生父母有特殊困难无力抚养的子女，但收养三代以内旁系同辈血亲的子女、继父或者继母经继子女的生父母同意收养继子女，可以不受该项规定的限制。

31. 收养人应具备哪些条件?

根据《民法典》第 1098 条的规定，收养人应当同时具备下列条件：(1) 无子女或者只有一名子女；① (2) 有抚养、教育和保护被收养人的能力；(3) 未患有在医学上认为不应当收养子女的疾病；(4) 无不利于被收养人健康成长的违法犯罪记录；(5) 年满 30 周岁。同时，《民法典》第 1100 条第 1 款规定，无子女的收养人可以收养两名子女，有子女的收养人只能收养一名子女。同时该条第 2 款规定，收养孤儿、残疾未成年人或者儿童福利机构抚养的查找不到生父母的未成年人，可以不受该款规定以及收养人应当无子女或者只有一名子女的限制。此外，《民法典》第 1102 条规定，无配偶者收养异性子女的，收养人与被收养人的年龄应当相差 40 周岁以上。②

此外，需要注意的是，根据《民法典》第 1103 条的规定，继父或者继母经继子女的生父母同意，可以收养继子女，并可以不受上述第 1098 条和第 1100 条第 1 款规定的有无子女的限制。

---

① 华侨收养三代以内旁系同辈血亲的子女，可以不受该项规定的限制。
② 收养三代以内旁系同辈血亲的子女，可以不受该项规定的限制。

32. 哪些公民、组织可以作为送养人？送养孤儿有什么条件？

根据我国《民法典》第1094条的规定，下列个人、组织可以作送养人：（1）孤儿的监护人；（2）儿童福利机构；（3）有特殊困难无力抚养子女的生父母。① 同时，该法第1095条规定，未成年人的父母均不具备完全民事行为能力且可能严重危害该未成年人的，该未成年人的监护人可以将其送养。

根据《民法典》第1096条的规定，监护人送养孤儿的，应当征得有抚养义务的人同意。有抚养义务的人不同意送养、监护人不愿意继续履行监护职责的，应当依照《民法典》总则编的规定另行确定监护人。

33. 被亲属朋友抚养的孩子属于收养吗？

《民法典》第1107条规定："孤儿或者生父母无力抚养的子女，可以由生父母的亲属、朋友抚养；抚养人与被抚养人的关系不适用本章规定。"孩子被亲朋好友抚养不属于收养行为，也不适用收养关系。

34. 收养人后悔收养孩子，可以解除收养关系吗？

《民法典》第1114条第1款规定："收养人在被收养人成年以前，不得解除收养关系，但是收养人、送养人双方协议解除的除外。养子女八周岁以上的，应当征得本人同意。"由此可见，收养人不能单方面要求解除收养关系，而是要与送养人协商一致后才能解除。如果养子女年满八周岁，还需要征得养子女的同意。养子女

---

① 收养三代以内旁系同辈血亲的子女、继父或者继母经继子女的生父母同意收养继子女，可以不受该项规定的限制。

不同意解除收养关系的，即使收养人与送养人协商一致，也不能解除。

此外，当养子女成年后，根据《民法典》第 1115 条的规定，养父母与成年养子女关系恶化、无法共同生活的，可以协议解除收养关系。不能达成协议的，可以向人民法院提起诉讼。

35. 收养关系解除后，成年子女对养父母还有赡养义务吗？

《民法典》第 1117 条规定："收养关系解除后，养子女与养父母以及其他近亲属间的权利义务关系即行消除，与生父母以及其他近亲属间的权利义务关系自行恢复。但是，成年养子女与生父母以及其他近亲属间的权利义务关系是否恢复，可以协商确定。"也就是说，在收养关系解除以后，养父母对养子女不再负有抚养义务，养子女对养父母也不再负有赡养义务。但是，《民法典》第 1118 条第 1 款还规定："收养关系解除后，经养父母抚养的成年养子女，对缺乏劳动能力又缺乏生活来源的养父母，应当给付生活费。因养子女成年后虐待、遗弃养父母而解除收养关系的，养父母可以要求养子女补偿收养期间支出的抚养费。"由此可见，解除收养关系不代表成年养子女可以对养父母完全不管不顾，而是仍然需要对缺乏劳动能力且缺乏生活来源的养父母提供生活费用。针对虐待、遗弃养父母并因此解除关系的养子女，养父母还可以要求其补偿收养期间支出的抚养费。

第三节　继承法律知识

1. 法定继承是指什么？法定继承顺序是指什么？

法定继承又称无遗嘱继承，是在被继承人没有对其遗产的处理立有遗嘱的情况下，由法律直接规定继承人的范围、继承顺序、遗产分配原则的一种方式。

《民法典》第 1127 条根据继承人和被继承人之间的婚姻关系、血缘关系、收养关系以及由此所形成的扶养关系，对法定继承人的继承顺序作了明确规定。

第一顺序继承人有：配偶、子女（包括婚生子女、非婚生子女、养子女和有扶养关系的继子女）、父母（包括生父母、养父母和有扶养关系的继父母）。第二顺序继承人有：兄弟姐妹（包括同父母的兄弟姐妹、同父异母或同母异父的兄弟姐妹、养兄弟姐妹和有扶养关系的继兄弟姐妹）、祖父母、外祖父母。

继承开始后，由第一顺序继承人继承，第二顺序继承人不继承。没有第一顺序继承人继承的，再由第二顺序继承人继承。

2. 拒绝赡养或虐待父母的子女是否还有继承权？

根据《民法典》第 1125 条的规定，继承人遗弃被继承人，或者虐待被继承人情节严重的，丧失继承权。在上述法定的情形下，其他继承人可以依据此条的规定主张其丧失继承权。至于判断情节严重的标准，《最高人民法院关于适用〈中华人民共和国民法典〉继承编的解释（一）》第 6 条规定对其作出了界定，"虐待被继承人情节严重",可以从实施虐待行为的时间、手段、后果和社会影响等方面认定。虐待被继承人情节严重的,不论是否追究刑事责任,均可确认其丧失继承权。同时,根据《民法典》第1125条第2款的规定,继承人确有悔改表现,被继承人表示宽恕或者事后在遗嘱中将其列为继承人的,该继承人不丧失继承权。

3. 口头放弃继承权有法律效力吗?

《民法典》第1124条明确规定,继承开始后,继承人放弃继承的,应当在遗产处理前,以书面形式作出放弃继承的表示;没有表示的,视为接受继承。同时,《最高人民法院关于适用〈中华人民共和国民法典〉继承编的解释(一)》第33条规定,继承人放弃继承应当以书面形式向遗产管理人或者其他继承人表示。由此可见,法律对继承人放弃继承是有明确的时间要求与形式要求的。随意以口头形式放弃继承权的意思表示不具有法律效力。

但是,如果在诉讼中,继承人当庭提出放弃继承权,根据《最高人民法院关于适用〈中华人民共和国民法典〉继承编的解释(一)》第34条的规定,在诉讼中,继承人向人民法院以口头方式表示放弃继承的,要制作笔录,由放弃继承的人签名。

4. 篡改遗嘱是否会丧失继承权?

《民法典》第1125条明确规定:"继承人有下列行为之一的,丧失继承权:……(四)伪造、篡改、隐匿或者销毁遗嘱,情节严重……"由此可见,继承人伪造、篡改或者销毁遗嘱,只有达到情节严重的才丧失继承权,那么怎样才算情节严重呢?《最高人民法院关于适用〈中华人民共和国民法典〉继承编的解释(一)》第9条对"情节严重"进行了规定:"继承人伪造、篡改、隐匿或者销毁遗嘱，侵害了缺乏劳动能力又无生活来源的继承人的利益，并造成其生活困难的，应当认定为民法典第一千一百二十五条第一款第四项规定的'情节严重'。"由此可见，如果有上述规定的情节严重的情形出现，继承人就会因为伪造、篡改或者销毁遗嘱而丧失继承权。根据《民法典》第 1125 条第 2 款的规定，继承人确有悔改表现，被继承人表示宽恕或者事后在遗嘱中将其列为继承人的，该继承人不丧失继承权。

5. 出嫁的女儿还有继承父母遗产的资格吗？

《民法典》第 1126 条明确规定，男女享有平等的继承权。因此，无论是儿子还是女儿，也不论是已婚还是未婚，都有继承父母遗产的权利。女儿是不会因出嫁就失去继承父母遗产的资格的。

6. 同母异父、同父异母的兄弟之间可以彼此继承遗产吗？

《民法典》第 1127 条明确规定，遗产按照下列顺序继承：第一顺序为配偶、子女、父母。第二顺序为兄弟姐妹、祖父母、外祖父母。该法所说的兄弟姐妹，包括同父母的兄弟姐妹、同父异母或者同母异父的兄弟姐妹、养兄弟姐妹、有扶养关系的继兄弟姐妹。由此可见，兄弟姐妹之间是可以继承遗产的，在不存在第一顺序继承人的情况下，同父同母、同母异父、同父异母的兄弟姐妹、养兄弟姐妹以及有扶养关系的继兄弟姐妹都可以彼此继承遗产。

7. 养父母有权继承养子的遗产吗？

《民法典》第 1127 条规定："遗产按照下列顺序继承：（一）第一顺序：配偶、子女、父母……本编所称父母，包括生父母、养父母和有扶养关系的继父母……"由此可见，父母作为子女的第一顺序继承人，不但包括生父母，还包括养父母和有扶养关系的继父母。在收养关系存续期间，养父母是能够继承养子的遗产的。

8. 侄子可以继承大伯的遗产吗？

在《民法典》颁布前，我国继承制度中的代位继承只发生在直系亲属之间，即孙子女辈代替先去世的父母辈来继承祖父母辈的财产。《民法典》颁布后，将"侄、甥"纳入了代位继承的范围。《民法典》第1128条规定："被继承人的子女先于被继承人死亡的，由被继承人的子女的直系晚辈血亲代位继承。被继承人的兄弟姐妹先于被继承人死亡的，由被继承人的兄弟姐妹的子女代位继承。代位继承人一般只能继承被代位继承人有权继承的遗产份额。"举例来说，甲的大伯乙终身没有结婚，没有配偶和子女，父母也都去世了，只有一个弟弟，但先于乙去世。那么，当乙死亡时，乙的侄子甲就可以代位继承乙的遗产。可以说，《民法典》的规定更符合中华民族的传统，有利于家庭范围内亲情的维系和财富的传承。

9. 儿媳可以作为继承人继承公婆的遗产吗？

《民法典》第1129条规定："丧偶儿媳对公婆，丧偶女婿对岳父母，尽了主要赡养义务的，作为第一顺序继承人。"由此可见，只要丧偶儿媳对公婆尽了主要赡养义务，或者丧偶女婿对岳父母尽了主要赡养义务的，都可以视同子女，作为第一顺序继承人继承公婆或者岳父母的遗产。并且，《最高人民法院关于适用〈中华人民共和国民法典〉继承编的解释（一）》第18条规定："丧偶儿媳对公婆、丧偶女婿对岳父母，无论其是否再婚，依照民法典第一千一百二十九条规定作为第一顺序继承人时，不影响其子女代位继承。"

10. 多尽赡养义务就可以要求多分些遗产吗？

同一顺序的继承人分配遗产的原则为均等，但是如果尽的赡养义务较多的，则可以多分遗产。根据《民法典》第1130条规定："同一顺序继承人继承遗产的份额，一般应当均等……对被继承人尽了主要扶养义务或者与被继承人共同生活的继承人，分配遗产时，可以多分……"根据《最高人民法院关于适用〈中华人民共和国民法典〉继承编的解释（一）》第19条的规定，对被继承人生活提供了主要经济来源，或者在劳务等方面给予了主要扶助的，应当认定其尽了主要赡养义务或主要扶养义务。

11. 被资助的孤儿有继承权吗？

被资助的孤儿不享有继承权，但他如果属于"依靠被继承人扶养的人"，则可以从被继承人的遗产中分得适当的遗产。根据《民法典》第1131条规定："对继承人以外的依靠被继承人扶养的人，或者继承人以外的对被继承人扶养较多的人，可以分给适当的遗产。"

12. 遗书算遗嘱吗？

《民法典》第1134条规定："自书遗嘱由遗嘱人亲笔书写，签名，注明年、月、日。"《最高人民法院关于适用〈中华人民共和国民法典〉继承编的解释（一）》第27条规定："自然人在遗书中涉及死后个人财产处分的内容，确为死者的真实意思表示，有本人签名并注明了年、月、日，又无相反证据的，可以按自书遗嘱对待。"由此可见，自书遗嘱需要经过遗嘱人签名并注明年、月、日后才能具有法律效力，这样的限制是为了保证自书遗嘱体现的确实为遗嘱人的真实意愿。而遗书要具备自书遗嘱的效力，则需要符合自书遗嘱生效的条件,除应当包含死后个人财产处分的内容外,还需要有本人签名并注明年、月、日,且无相反证据。

13. 老人患有阿尔兹海默症,其所立的遗嘱有效吗?

《民法典》第 1143 条第 1 款明确规定:"无民事行为能力人或者限制民事行为能力人所立的遗嘱无效。"遗嘱人需要在遗嘱中对自己死后个人财产的处分问题予以安排,必须具备完全民事行为能力。患有阿尔兹海默症的老人所立遗嘱并不绝对无效,如果症状比较轻微,老人仍然具有清醒的意识,能够准确表达自己的真实意愿的,其所立遗嘱就是有效的。如果老人症状较为严重,已经丧失了自我意识,其所立遗嘱则不具有法律效力。

14. 哪些人不能作为遗嘱见证人?

根据《民法典》第 1140 条的规定,下列人员不能作为遗嘱见证人:(1)无民事行为能力人、限制民事行为能力人以及其他不具有见证能力的人;(2)继承人、受遗赠人;(3)与继承人、受遗赠人有利害关系的人。此外,根据《最高人民法院关于适用〈中华人民共和国民法典〉继承编的解释(一)》第 24 条的规定,继承人、受遗赠人的债权人、债务人,共同经营的合伙人,也应当视为与继承人、受遗赠人有利害关系,不能作为遗嘱的见证人。

15. 遗嘱能够"剥夺"法定继承人的继承权吗?

《民法典》第 1133 条规定:"自然人可以依照本法规定立遗嘱处分个人财产,并可以指定遗嘱执行人。自然人可以立遗嘱将个人财产指定由法定继承人中的一人或者数人继承。自然人可以立遗嘱将个人财产赠与国家、集体或者法定继承人以外的组织、个人。自然人可以依法设立遗嘱信托。"

由此可见，立遗嘱人可以依法自由处分其财产，从一定意义上说是可以"剥夺"法定继承人的继承权的，但是，需要注意的是，遗嘱应当对缺乏劳动能力又没有生活来源的继承人保留必要的遗产份额。

16. 在什么情况下口头遗嘱有效？

《民法典》第1138条明确规定："遗嘱人在危急情况下，可以立口头遗嘱。口头遗嘱应当有两个以上见证人在场见证。危急情况消除后，遗嘱人能够以书面或者录音录像形式立遗嘱的，所立的口头遗嘱无效。"由此可见，关于订立口头遗嘱有非常严格的条件，首先必须是在危急情况下才可以立口头遗嘱；其次还应该有两个见证人在场见证，并且如果在危急情况解除后能够用其他形式订立遗嘱的，则口头遗嘱无效。因此，被继承人可以订立口头遗嘱，但需同时满足上述条件，口头遗嘱才有效。

17. 遗嘱继承人继承遗产后不履行相关义务会怎样？

遗嘱继承人继承遗产后，如果没有正当理由的，应当积极履行遗嘱附有的义务。《民法典》第1144条规定："遗嘱继承或者遗赠附有义务的，继承人或者受遗赠人应当履行义务。没有正当理由不履行义务的，经利害关系人或者有关组织请求，人民法院可以取消其接受附义务部分遗产的权利。"《最高人民法院关于适用〈中华人民共和国民法典〉继承编的解释（一）》第29条也规定："附义务的遗嘱继承或者遗赠，如义务能够履行，而继承人、受遗赠人无正当理由不履行，经受益人或者其他继承人请求，人民法院可以取消其接受附义务部分遗产的权利，由提出请求的继承人或者受益人负责按遗嘱人的意愿履行义务，接受遗产。"

18. 遗嘱无效时该如何分配遗产？

无效的遗嘱，遗产应当按照法定继承办理。根据我国《民法典》第1154条的规定，有下列情形之一的，遗产中的有关部分按照法定继承办理：（1）遗嘱继承人放弃继承或者受遗赠人放弃受遗赠；（2）遗嘱继承人丧失继承权或者受遗赠人丧失受遗赠权；（3）遗嘱继承人、受遗赠人先于遗嘱人死亡或者终止；（4）遗嘱无效部分所涉及的遗产；（5）遗嘱未处分的遗产。

19. 公证过的遗嘱也能撤回吗？

根据我国法律规定，经公证文书的证明力一般大于其他书证。那么对于遗嘱来说，是不是经过公证后的遗嘱效力是最高的呢？依据《民法典》第1142条的规定，遗嘱人可以撤回、变更自己所立的遗嘱。立遗嘱后，遗嘱人实施与遗嘱内容相反的民事法律行为的，视为对遗嘱相关内容的撤回。立有数份遗嘱，内容相抵触的，以最后的遗嘱为准。由此可见，并不是经过公证的遗嘱效力就最高，在遗嘱人更改、撤回、重立遗嘱的情形下，公证遗嘱便失去了法律效力。

20. 如果遗赠扶养协议解除，已支付的供养费用可以要回吗？

《最高人民法院关于适用〈中华人民共和国民法典〉继承编的解释（一）》第40条规定："继承人以外的组织或者个人与自然人签订遗赠扶养协议后，无正当理由不履行，导致协议解除的，不能享有受遗赠的权利，其支付的供养费用一般不予补偿；遗赠人无正当理由不履行，导致协议解除的，则应当偿还继承人以外的组织或者个人已支付的供养费用。"如果遗赠扶养协议是由当事人双方协商解除的，可以就供养费用是否需要返回或者返还多少等这一问题达成协议。如果是因受赠人无正当理由故意不履行义务而导致遗赠扶养协议解除的，其不仅不能受遗赠，还不能要求返还已支付的供养费用。如果是因遗赠人无正当理由故意不履行义务导致遗赠扶养协议解除的，受赠人有权要求遗赠人返还其已支付的供养费用。

第四节　劳动就业法律知识

1. 用人单位对于职业危害是否有如实告知的义务？

所谓如实告知义务，是指在用人单位招用劳动者时，用人单位与劳动者应将双方的基本情况，如实向对方说明的义务。根据《劳动合同法》第8条的规定，用人单位与劳动者之间互相负有告知义务。用人单位要如实地将工作内容、工作条件、工作地点、职业危害、安全生产状况、劳动报酬，以及劳动者要求了解的其他情况告诉劳动者；用人单位有权了解劳动者与劳动合同直接相关的基本情况，劳动者应当如实说明。因此，用人单位应当向应聘人员如实告知工作有关事项，同样，劳动者也不能隐瞒学历、技能等相关个人信息。这也是为了使订立劳动合同的双方当事人在比较全面地了解对方后，再签订劳动合同，以避免劳务纠纷的产生。

2. 用人单位扣押劳动者的证件是合法的吗？

无论在任何情况下，以任何理由，用人单位都不能扣押劳动者的身份证及其他证件。《劳动合同法》第9条规定："用人单位招用劳动者，不得扣押劳动者的居民身份证和其他证件，不得要求劳动者提供担保或者以其他名义向劳动者收取财物。"用人单位通过扣押劳动者的居民身份证或者其他证件，如暂住证、资格证书和其他证明个人身份的证件等，以达到掌控劳动者的目的，这种做法是法律明确禁止的。

同时，根据《劳动合同法》第84条第1款规定，用人单位违反该法规定，扣押劳动者居民身份证等证件的，由劳动行政部门责令限期退还劳动者本人，并依照有关法律规定给予处罚。

3. 用人单位随便收取费用的行为违法吗？

有些用人单位利用自己的强势地位，在招用劳动者时要求劳动者提供担保或者向劳动者收取风险抵押金的行为，是一种不合法的行为。《劳动合同法》第9条规定："用人单位招用劳动者，不得扣押劳动者的居民身份证和其他证件，不得要求劳动者提供担保或者以其他名义向劳动者收取财物。"第84条第2款还规定："用人单位违反本法规定，以担保或者其他名义向劳动者收取财物的，由劳动行政部门责令限期退还劳动者本人，并以每人五百元以上二千元以下的标准处以罚款；给劳动者造成损害的，应当承担赔偿责任。"由此可见，用人单位如果存在收取费用的行为，要将收取的费用全部退还；如果因收取费用给劳动者造成损害的，还应当承担赔偿责任。

4. 女员工要先写不生育的保证书再入职，合法吗？

《妇女权益保障法》第43条规定："用人单位在招录（聘）过程中，除国家另有规定外，不得实施下列行为：（一）限定为男性或者规定男性优先；（二）除个人基本信息外，进一步询问或者调查女性求职者的婚育情况；（三）将妊娠测试作为入职体检项目；（四）将限制结婚、生育或者婚姻、生育状况作为录（聘）用条件；（五）其他以性别为由拒绝录（聘）用妇女或者差别化地提高对妇女录（聘）用标准的行为。"第44条第1款规定："用人单位在录（聘）用女职工时，应当依法与其签订劳动（聘用）合同或者服务协议，劳动（聘用）合同或者服务协议中应当具备女职工特殊保护条款，并不得规定限制女职工结婚、生育等内容。"故此，用人单位不能将婚育状况视为录用女性劳动者的条件。如果用人单位要求女性劳动者在入职前写不生育的保证书，该保证书因违反法律强制性规定而无效。用人单位也不得因女性劳动者工作后生育而解除劳动合同。

5. 劳动合同没有盖章有效吗？

完整的劳动合同应该是在双方同意合同的具体内容以后，双方盖章签字。但是，劳动合同在没有公司签章，但有法人代表签名的情况下，也是有效的。因为法人代表有权代表公司订立合同，即证明用人单位对此份劳动合同的认可与同意。实践中，用人单位一方要在合同上加盖公章、合同章，如果在法人代表人不直接签字的情况下，则要有负责签订劳动合同的具体承办人员签字。

6. 非全日制用工能约定试用期吗？

《劳动合同法》第70条规定："非全日制用工双方当事人不得约定试用期。"非全日制用工本来就属于灵活用工形式，劳动关系的不确定性比全日制用工要强，而且非全日制劳动者的收入也往往低于全日制职工，所以立法更严格控制试用期来加强对非全日制劳动者的保护。据此可知，非全日制劳动不可以约定试用期。

7. 谎报学历签订的劳动合同有效吗？

随着就业竞争的加剧，用人单位对于劳动者学历的要求越来越高。这样，对于一些学历不高的求职者来说，可能直接没有参与竞争的机会。于是，一些求职者在求职时就会谎报自己的学历，以取得和用人单位面试的机会，争取签订劳动合同。根据《劳动合同法》第26条第1款第1项规定，"下列劳动合同无效或者部分无效：（一）以欺诈、胁迫的手段或者乘人之危，使对方在违背真实意思的情况下订立或者变更劳动合同的"，求职者在求职时，谎报自己的学历，明显属于一种欺诈行为，在这种情况下签订的劳动合同是没有法律效力的。劳动者在应聘时，应主动告知学历情况，不得隐瞒，否则会影响劳动合同效力。

8. 用人单位发生分立或兼并，原劳动合同是否继续有效？

《劳动合同法》第34条规定："用人单位发生合并或者分立等情况，原劳动合同继续有效，劳动合同由承继其权利和义务的用人单位继续履行。"由此可见，用人单位在经营过程中发生了分立或兼并等情形，只要与原用人单位的劳动合同仍在有效期内，那么，新成立的用人单位应当继续履行该劳动合同。

9. 什么情况下劳动者可以要求解除劳动合同？

《劳动合同法》第38条明确规定："用人单位有下列情形之一的，劳动者可以解除劳动合同：（一）未按照劳动合同约定提供劳动保护或者劳动条件的；（二）未及时足额支付劳动报酬的；（三）未依法为劳动者缴纳社会保险费的；（四）用人单位的规章制度违反法律、法规的规定，损害劳动者权益的；（五）因本法第二十六条第一款①规定的情形致使劳动合同无效的；（六）法律、行政法规规定劳动者可以解除劳动合同的其他情形。用人单位以暴力、威胁或者非法限制人身自由的手段强迫劳动者劳动的，或者用人单位违章指挥、强令冒险作业危及劳动者人身安全的，劳动者可以立即解除劳动合同，不需事先告知用人单位。"

10. 什么情况下劳动者可以签订无固定期限劳动合同？

根据《劳动合同法》第 14 条的规定，无固定期限劳动合同是指用人单位与劳动者约定无确定终止时间的劳动合同。用人单位与劳动者协商一致，可以订立无固定期限劳动合同。有下列情形之一，劳动者提出或者同意续订、订立劳动合同的，除劳动者提出订立固定期限劳动合同外，应当订立无固定期限劳动合同：（1）劳动者在该用人单位连续工作满 10 年的；（2）用人单位初次实行劳动合同制度或者国有企业改制重新订立劳动合同时，劳动者在该用人单位连续工作满 10 年且距法定退休年龄不足 10 年的；（3）连续订立二次固定期限劳动合同，且劳动者没有《劳动合同法》第 39 条②

---

① 《劳动合同法》第 26 条第 1 款规定："下列劳动合同无效或者部分无效：（一）以欺诈、胁迫的手段或者乘人之危，使对方在违背真实意思的情况下订立或者变更劳动合同的；（二）用人单位免除自己的法定责任、排除劳动者权利的；（三）违反法律、行政法规强制性规定的。"

② 《劳动合同法》第 39 条规定："劳动者有下列情形之一的，用人单位可以解除劳动合同：（一）在试用期间被证明不符合录用条件的；（二）严重违反用人单位的规章制度的；（三）严重失职，营私舞弊，给用人单位造成重大损害的；（四）劳动者同时与其他用人单位建立劳动关系，对完成本单位的工作任务造成严重影响，或者经用人单位提出，拒不改正的；（五）因本法第二十六条第一款第一项规定的情形致使劳动合同无效的；（六）被依法追究刑事责任的。"

和第 40 条第 1 项、第 2 项①规定的情形，续订劳动合同的。此外，用人单位自用工之日起满 1 年不与劳动者订立书面劳动合同的，视为用人单位与劳动者已订立无固定期限劳动合同。

11. 用人单位拒绝签订劳动合同应当承担什么责任？

《劳动合同法》第 82 条规定："用人单位自用工之日起超过一个月不满一年未与劳动者订立书面劳动合同的，应当向劳动者每月支付二倍的工资。用人单位违反本法规定不与劳动者订立无固定期限劳动合同的，自应当订立无固定期限劳动合同之日起向劳动者每月支付二倍的工资。"由此可见，如果从劳动者开始在用人单位上班的那天起，超过 1 个月，但又没有满 1 年，用人单位没有或者拒绝与劳动者签订劳动合同，应当从用工的第 2 个月开始支付劳动者两倍工资。用人单位自用工之日起满 1 年不与劳动者订立书面劳动合同，视为用人单位与劳动者已订立无固定期限劳动合同。

12. 未成年人能被用人单位招用吗？

《劳动法》第 15 条规定："禁止用人单位招用未满十六周岁的未成年人。文艺、体育和特种工艺单位招用未满十六周岁的未成年人，必须遵守国家有关规定，并保障其接受义务教育的权利。"由此可见，对于未满 16 周岁的未成年人来讲，如果用人单位不是文艺、体育和特种工艺单位，是不可以招用的；而对于已满 16 周岁未满 18 周岁的未成年人来讲，广大用人单位是可以招用的。

---

① 《劳动合同法》第 40 条规定："有下列情形之一的，用人单位提前三十日以书面形式通知劳动者本人或者额外支付劳动者一个月工资后，可以解除劳动合同：（一）劳动者患病或者非因工负伤，在规定的医疗期满后不能从事原工作，也不能从事由用人单位另行安排的工作的；（二）劳动者不能胜任工作，经过培训或者调整工作岗位，仍不能胜任工作的……"

我国法律对未成年工实行特殊保护。例如，《劳动法》第64条规定："不得安排未成年工从事矿山井下、有毒有害、国家规定的第四级体力劳动强度的劳动和其他禁忌从事的劳动。"第65条规定："用人单位应当对未成年工定期进行健康检查。"

13. 跨地区派遣劳动者，报酬该如何确定？

《劳动合同法》第61条规定："劳务派遣单位跨地区派遣劳动者的，被派遣劳动者享有的劳动报酬和劳动条件，按照用工单位所在地的标准执行。"由此可见，跨地区派遣劳动者，工资支付标准按用工单位所在地的标准执行。

14. 拒绝加班被扣工资合法吗？

《劳动合同法》第31条规定："用人单位应当严格执行劳动定额标准，不得强迫或者变相强迫劳动者加班。用人单位安排加班的，应当按照国家有关规定向劳动者支付加班费。"因此，用人单位需要劳动者加班时，应与劳动者协商而定，不可强迫或变相强迫。如果用人单位因劳动者拒绝加班而扣其工资，则属于变相强迫，是违法行为。

15. 员工可以拒绝下班后的应酬吗？

《劳动法》第41条规定："用人单位由于生产经营需要，经与工会和劳动者协商后可以延长工作时间，一般每日不得超过一小时；因特殊原因需要延长工作时间的，在保障劳动者身体健康的条件下延长工作时间每日不得超过三小时，但是每月不得超过三十六小时。"第42条规定："有下列情形之一的，延长工作时间不受本法第四十一条规定的限制：（一）发生自然灾害、事故或者因其他原因，威胁劳动者生命健康和财产安全，需要紧急处理的；（二）生产设备、交通运输线路、公共设施发生故障，影响生产和公众利益，必须及时抢修的；（三）法律、行政法规规定的其他情形。"第43条规定："用人单位不得违反本法规定延长劳动者的工作时间。"从上述规定可知，如果用人单位要延长工作时间，应当与劳动者进行协商，不得强迫劳动者延长工作时间。只有在法律规定的特殊情况下，用人单位才可以不经劳动者同意安排劳动者延长工作时间。公司要求员工下班后与客户应酬，实质上也是在完成工作任务，应当属于加班。对此，员工有权拒绝，且用人单位不得因此扣除员工应得的奖金、其他福利待遇或解除劳动合同。

16. 公司擅自为员工调岗降薪，员工必须服从吗？

《劳动合同法》第35条第1款规定："用人单位与劳动者协商一致，可以变更劳动合同约定的内容。变更劳动合同，应当采用书面形式。"劳动者的工作岗位以及薪资报酬属于劳动合同内容，如果用人单位对劳动者进行岗位或薪资的调整，应当与劳动者协商一致，并将协商后的内容以书面形式固定下来。如果用人单位单方面为劳动者调岗降薪的，劳动者有权拒绝。用人单位不能因此与劳动者解除劳动合同。

17. 采取"末位淘汰制"辞退业绩不达标的员工，合法吗？

《劳动合同法》第40条规定："有下列情形之一的，用人单位提前三十日以书面形式通知劳动者本人或者额外支付劳动者一个月工资后，可以解除劳动合同：……（二）劳动者不能胜任工作，经过培训或者调整工作岗位，仍不能胜任工作的……"用人单位可以运用业绩考核等方式来考察劳动者是否能够胜任当前岗位，但是不能采取"末位淘汰制"等方法直接与劳动者解除劳动合同。如果用人单位认为劳动者不适合当前岗位，可以对劳动者进行培训，或为劳动者调整工作岗位。如果经培训或调整工作岗位后，劳动者仍然不能胜任工作，用人单位才能与其解除劳动合同。

18. 在停产期间，工人工资照付吗？

根据《工资支付暂行规定》第 12 条的规定，非因劳动者原因造成单位停工、停产在一个工资支付周期内的，用人单位应按劳动合同规定的标准支付劳动者工资。超过一个工资支付周期内的，若劳动者提供了正常劳动，则付给劳动者的劳动报酬不得低于当地的最低工资标准；若劳动者没有提供正常劳动，应经工会或职代会协商确定职工领取的生活费标准。所谓工资支付周期就是用人单位按照国家的法律支付给劳动者工资的间隔，实行月薪制的用人单位的工资支付周期就是一个月。

19. 用人单位可以安排怀孕女职工上夜班吗？

根据《劳动法》第 61 条的规定，对怀孕 7 个月以上的女职工，不得安排其延长工作时间和夜班劳动。所以，对于怀孕女职工，在怀孕 7 个月以上时，用人单位不得安排其上夜班。

20. 职工在上下班途中遭遇车祸，属于工伤吗？

根据《工伤保险条例》第 14 条第 6 项的规定，职工在上下班途中受到非本人主要责任的交通事故或者城市轨道交通、客运轮渡、火车事故伤害的，应当认定为工伤。根据《最高人民法院关于审理工伤保险行政案件若干问题的规定》第 6 条的规定，"上下班途中"可以包括：（1）在合理时间内往返于工作地与住所地、经常居住地、单位宿舍的合理路线的上下班途中;(2)在合理时间内往返于工作地与配偶、父母、子女居住地的合理路线的上下班途中;(3)从事属于日常工作生活所需要的活动,且在合理时间和合理路线的上下班途中;(4)在合理时间内其他合理路线的上下班途中。

21. 上班时突发疾病猝死,属于工伤吗?

根据《工伤保险条例》第15条第1款第1项的规定,职工在工作时间和工作岗位,突发疾病死亡或者在48小时之内经抢救无效死亡的,视同工伤,享受工伤保险待遇。这里的"工作时间"是指广义的工作时间,既包括单位规定的正常工作时间,也包括加班加点的工作时间,还包括工作间隙中的休息时间。"工作岗位"既包括职工日常的工作岗位,也包括经用人单位指派和安排的其他工作岗位。"突发疾病"是指在上班期间职工突发职业病以外的由于职工自身原因而引起的疾病,包括与工作无关的各类疾病,如心脏病、脑出血、心肌梗死等。可见,上班时突发疾病导致猝死,属于工伤。

22. 喝酒后在工地摔伤能算工伤吗?

根据《工伤保险条例》第16条第2项的规定,虽具有工伤情形,但是由于醉酒或吸毒导致受伤的,不得认定为工伤或视同工伤。因此,劳动者喝酒后在工地上劳作时踩空受伤,如果其达到醉酒的状态,不能算作工伤。

23. 员工因见义勇为而受伤,能算工伤吗?

根据《工伤保险条例》第15条第1款第2项的规定,职工在抢险救灾等维护国家利益、公共利益活动中受到伤害的,视同工伤。由此可见,员工因见义勇为而受到伤害的,应当算作工伤。

第五节　消费者权益保护法律知识

1. 最终解释权能成为商家拒绝优惠的理由吗？

《消费者权益保护法》第 20 条第 1 款规定："经营者向消费者提供有关商品或者服务的质量、性能、用途、有效期限等信息，应当真实、全面，不得作虚假或者引人误解的宣传。"《零售商促销行为管理办法》第 6 条明确规定："零售商促销活动的广告和其他宣传，其内容应当真实、合法、清晰、易懂，不得使用含糊、易引起误解的语言、文字、图片或影像。不得以保留最终解释权为由，损害消费者的合法权益。"同时第 7 条第 2 款还规定："对不参加促销活动的柜台或商品，应当明示，并不得宣称全场促销；明示例外商品、含有限制性条件、附加条件的促销规则时，其文字、图片应当醒目明确。"因此，商场不得在促销活动的宣传单上使用含糊及易引起误解的文字，并不得以保留最终解释权为由损害消费者的合法权益。

2. 经营者以翻新商品冒充新品出售，应该承担什么法律责任？

消费者在购物的时候，享有对商品的知情权。根据《消费者权益保护法》第 8 条的规定，消费者享有知悉其购买、使用的商品或者接受的服务的真实情况的权利。消费者有权根据商品或者服务的不同情况，要求经营者提供商品的价格、产地、生产者、用途、性能、规格、等级、主要成分、生产日期、有效期限、检验合格证明、使用方法说明书、售后服务，或者服务的内容、规格、费用等有关情况。由此可知，商家将产品翻新后冒充新品出售，对于消费者来说，不仅侵犯了消费者的知情权，同时也是一种欺诈行为，其责任应根据《消费者权益保护法》第 55 条第 1 款的规定来确定，即经营者提供商品或者服务有欺诈行为的，应当按照消费者的要求增加赔偿其受到的损失，增加赔偿的金额为消费者购买商品的价款或者接受服务的费用的 3 倍；增加赔偿的金额不足 500 元的，为 500 元。法律另有规定的，依照其规定。

3. 住宿时随身携带的财物丢失，酒店要赔偿吗？

根据我国《消费者权益保护法》第 7 条的规定，消费者在购买、使用商品和接受服务时享有人身、财产安全不受损害的权利。消费者有权要求经营者提供的商品和服务，符合保障人身、财产安全的要求。也就是说，经营者在为消费者提供商品和服务时，有保障消费者人身、财产安全的义务。但这并不是意味着任何经营者都必须无条件地对顾客随身携带的物品承担保管义务。通常情况下，顾客住宿时随身携带的财物在自己视力所及的范围之内，保管自己的财物是人之常情。如果宾馆的安保配置符合标准，且尽到了提醒、告知义务，那么，宾馆对顾客随身携带的财物丢失就没有赔偿责任。

4. 以网站积分购买的商品能进行退换货吗？

《消费者权益保护法》第 24 条第 1 款规定："经营者提供的商品或者服务不符合质量要求的，消费者可以依照国家规定、当事人约定退货，或者要求经营者履行更换、修理等义务。没有国家规定和当事人约定的，消费者可以自收到商品之日起七日内退货；七日后符合法定解除合同条件的，消费者可以及时退货，不符合法定解除合同条件的，可以要求经营者履行更换、修理等义务。"据此可知，经营者提供的商品不符合质量要求的，消费者可以要求其修理或退换，以网站积分购买的商品也不例外。即提供质量合格的商品是销售者的法定义务，不因顾客支付方式的变化而免除。

5. 促销、打折的商品出现质量问题就可以不予退货吗？

"促销、打折的商品出现质量问题不予退货"是没有法律依据的，如果其出售的商品存在质量问题，就必须依法退货。经营者对消费者从其处购买的商品，要保证能够正常使用，这是基本的道理。因此《消费者权益保护法》第 24 条规定，经营者必须保证售出商品的质量，如果售出的商品在一定期限内出现质量问题，应该无条件修理、更换或者退货，即便是打折商品也不例外。而《零售商促销行为管理办法》第 18 条更是明确规定了零售商不得以促销为由拒绝退换货或者为消费者退货设置障碍。

6. 消费者在展销会上购买到劣质商品，有权要求举办者赔偿吗？

《消费者权益保护法》第 43 条规定，消费者在展销会、租赁柜台购买商品或者接受服务，其合法权益受到损害的，可以向销售者或服务者要求赔偿。展销会结束或者柜台租赁期满后，也可以向展销会的举办者、柜台的出租者要求赔偿。展销会的举办者、柜台的出租者赔偿后，有权向销售者或者服务者追偿。由此可见，消费者在展销会上买到劣质商品，在展销会结束后，可以向展销会的举办者索赔，举办者向消费者承担赔偿责任后，有权依法向出售劣质商品的销售者追偿。

7. 消费者有权拒绝购买试穿过的衣服吗？

《消费者权益保护法》第 10 条规定："消费者享有公平交易的权利。消费者在购买商品或者接受服务时，有权获得质量保障、价格合理、计量正确等公平交易条件，有权拒绝经营者的强制交易行为。"由此可见，消费者在购买商品时有公平交易的权利，有权拒绝经营者的强制交易行为。如果试穿过的衣服就必须买，就是强制交易。所谓强制交易，是指交易一方利用自己的优势地位迫使对方与自己达成交易的行为。

但值得注意的是，有些商品由于包装昂贵、烦琐或者打开后难以还原，因此销售者在销售这些商品时明确告知消费者"如果不打算购买则不能打开包装，且一旦打开如果没有质量问题消费者就必须购买"。在这种情况下，如果允许消费者打开包装后又无故不买，就会损害经营者的利益，因此，本着权利义务相一致的原则，此种情况下经营者要求消费者购买的行为不违法。

8. 商家赠送的试用装、赠品、奖品有问题怎么办？

无论经营者向消费者提供的商品或服务是有偿的还是无偿的，都需要为消费者的人身、财产安全负责。《消费者权益保护法实施条例》第 7 条第 2 款明确规定，经营者向消费者提供商品或者服务（包括以奖励、赠送、试用等形式向消费者免费提供商品或者服务），应当保证商品或者服务符合保障人身、财产安全的要求。免费提供的商品或者服务存在瑕疵但不违反法律强制性规定且不影响正常使用性能的，经营者应当在提供商品或者服务前如实告知消费者。

9. 对于自动续费服务，商家应尽到怎样的义务？

《消费者权益保护法实施条例》第 10 条第 2 款规定："经营者

采取自动展期、自动续费等方式提供服务的，应当在消费者接受服务前和自动展期、自动续费等日期前，以显著方式提请消费者注意。"从本条规定可以看出，商家向消费者提供自动续费服务，应当在两个时间点尽到提示义务，分别为消费者接受服务前和自动续费的日期前。因此，即使商家已经在提供自动续费服务前尽到了提醒义务，也需要在续费前再次提醒消费者。

10. 直播间卖货商家必须展示真实信息吗？

《消费者权益保护法实施条例》第 13 条第 1 款、第 2 款规定，经营者应当在其经营场所的显著位置标明其真实名称和标记。经营者通过网络、电视、电话、邮购等方式提供商品或者服务的，应当在其首页、视频画面、语音、商品目录等处以显著方式标明或者说明其真实名称和标记。由其他经营者实际提供商品或者服务的，还应当向消费者提供该经营者的名称、经营地址、联系方式等信息。由此可见，直播间卖货必须展示商家的真实信息，以确保消费者发现商品或服务存在问题时能够更为方便快捷地维权。

11. 购买需要商家安装的商品，退换货时间该如何计算？

《消费者权益保护法实施条例》第 18 条第 1 款规定："经营者与消费者约定承担退货、更换、修理等义务的有效期限不得低于国家有关规定的要求。有效期限自经营者向消费者交付商品或者提供服务完结之日起计算，需要经营者另行安装的商品，有效期限自商品安装完成之日起计算。经营者向消费者履行更换义务后，承担更换、修理等义务的有效期限自更换完成之日起重新计算。经营者修理的时间不计入上述有效期限。"由此可见，对于商家承担退货、更换、修理义务的期限，只要在国家有关规定的期限以上，商家可以与消费者自由约定。如果是需要商家另行为消费者进行安装的商品，期限应当从商品安装完成之日起计算。例如，甲于3月5日购买了一套书桌，需要商家上门进行安装。商家于3月9日为甲安装完毕，商家承担退换货、修理义务的期限应当从3月9日开始计算。

12. 商品不能退换，商家应如何告知消费者？

《消费者权益保护法实施条例》第19条第2款明确规定，经营者应当以显著方式对不适用无理由退货的商品进行标注，提示消费者在购买时进行确认，不得将不适用无理由退货作为消费者默认同意的选项。未经消费者确认，经营者不得拒绝无理由退货。换言之，如果商家未尽到上述提示义务的，消费者仍然享有无理由退货的权利。

13. 预先向消费者收费的服务项目中途提价，要承担怎样的后果？

商家不可以中途要求提高价格。《消费者权益保护法实施条例》第22条第1款规定："经营者以收取预付款方式提供商品或者服务的，应当与消费者订立书面合同，约定商品或者服务的具体内容、价款或者费用、预付款退还方式、违约责任等事项。"第2款规定："经营者收取预付款后，应当按照与消费者的约定提供商品或者服务，不得降低商品或者服务质量，不得任意加价。经营者未按照约定提供商品或者服务的，应当按照消费者的要求履行约定或者退还预付款。"由此可见，商家采用预付款方式为消费者提供商品或服务的，具体的价格应当预先与消费者达成协议，后续不可再任意提高价格，也不能因此而降低商品或服务的质量。

如果商家在预付款情况下中途任意提高价格，根据《消费者权益保护法实施条例》第 50 条第 2 款的规定，由有关行政部门责令改正，可以根据情节单处或者并处警告、没收违法所得、处以违法所得 1 倍以上 10 倍以下的罚款，没有违法所得的，处以 50 万元以下的罚款；情节严重的，责令停业整顿、吊销营业执照。

第六节　道路交通安全法律知识

1. 交通肇事逃逸案件未破时，受害人可以要求出具道路交通事故认定书吗？

《道路交通事故处理程序规定》第 66 条规定："交通肇事逃逸案件尚未侦破，受害一方当事人要求出具道路交通事故认定书的，公安机关交通管理部门应当在接到当事人书面申请后十日内，根据本规定第六十一条确定各方当事人责任，制作道路交通事故认定书，并送达受害方当事人。道路交通事故认定书应当载明事故发生的时间、地点、受害人情况及调查得到的事实，以及受害方当事人的责任。交通肇事逃逸案件侦破后，已经按照前款规定制作道路交通事故认定书的，应当按照本规定第六十一条重新确定责任，制作道路交通事故认定书，分别送达当事人。重新制作的道路交通事故认定书除应当载明本规定第六十四条规定的内容外，还应当注明撤销原道路交通事故认定书。"也就是说，在逃逸交通事故尚未侦破的情况下，受害人要求出具交通事故认定书是合理的。

2. 道路交通事故中当事人的责任是如何确定的？

《道路交通事故处理程序规定》第60条规定："公安机关交通管理部门应当根据当事人的行为对发生道路交通事故所起的作用以及过错的严重程度，确定当事人的责任：（一）因一方当事人的过错导致道路交通事故的，承担全部责任；（二）因两方或者两方以上当事人的过错发生道路交通事故的，根据其行为对事故发生的作用以及过错的严重程度，分别承担主要责任、同等责任和次要责任；（三）各方均无导致道路交通事故的过错，属于交通意外事故的，各方均无责任。一方当事人故意造成道路交通事故的，他方无责任。"由以上规定可知，公安机关交通管理部门是根据当事人的行为对事故发生所起的作用以及行为人主观过错的严重程度来确定当事人责任的。

3. 当事人不认可道路交通事故认定书，应向谁申请复核？

《道路交通事故处理程序规定》第71条规定，当事人对道路交通事故认定或者出具道路交通事故证明有异议的，可以自道路交通事故认定书或者道路交通事故证明送达之日起3日内提出书面复核申请。当事人逾期提交复核申请的，不予受理，并书面通知申请人。复核申请应当载明复核请求及其理由和主要证据。同一事故的复核以一次为限。第72条规定，复核申请人通过作出道路交通事故认定的公安机关交通管理部门提出复核申请的，作出道路交通事故认定的公安机关交通管理部门应当自收到复核申请之日起2日内将复核申请连同道路交通事故有关材料移送上一级公安机关交通管理部门。复核申请人直接向上一级公安机关交通管理部门提出复核申请的，上一级公安机关交通管理部门应当通知作出道路交通事故认定的公安机关交通管理部门自收到通知之日起5日内提交案卷材料。

因此，当事人对交通事故认定书存在异议的，可以通过作出道路交通事故认定的公安机关交通管理部门提出复核申请，也可以直接向上一级公安机关交通管理部门提出书面复核申请。

4. 发生交通事故后逃逸，会承担什么样的不利后果？

《道路交通安全法实施条例》第92条规定，发生交通事故后当事人逃逸的，逃逸的当事人承担全部责任。但是，有证据证明对方当事人也有过错的，可以减轻责任。当事人故意破坏、伪造现场、毁灭证据的，承担全部责任。《刑法》第133条规定，违反交通运输管理法规，因而发生重大事故，致人重伤、死亡或者使公私财产遭受重大损失的，处三年以下有期徒刑或者拘役；交通运输肇事后逃逸或者有其他特别恶劣情节的，处三年以上七年以下有期徒刑；因逃逸致人死亡的，处七年以上有期徒刑。

5. 在4S店买车试乘时发生事故，该怎样赔偿？

根据《最高人民法院关于审理道路交通事故损害赔偿案件适用法律若干问题的解释》第6条的规定，机动车试乘过程中发生交通事故造成试乘人损害，当事人请求提供试乘服务者承担赔偿责任的，人民法院应予支持。试乘人有过错的，应当减轻提供试乘服务者的赔偿责任。由此可见，顾客在4S店试乘的过程中发生交通事故，4S店需要承担赔偿责任。如果顾客对事故的发生存在过错的，应当减轻4S店的赔偿责任。该条规定中的"试乘"，既包含驾驶体验，也包含乘坐体验。

6. 学员在学车过程中发生交通事故，责任由谁承担？

《最高人民法院关于审理道路交通事故损害赔偿案件适用法律若干问题的解释》第5条规定："接受机动车驾驶培训的人员，在培训活动中驾驶机动车发生交通事故造成损害，属于该机动车一方责任，当事人请求驾驶培训单位承担赔偿责任的，人民法院应予支持。"因此，学员在学车过程中驾车撞伤他人，伤者要求驾校赔偿，驾校应承担赔偿责任。

7. 因违章停车引发交通事故，应承担法律责任吗？

根据《道路交通安全法》第56条的规定，机动车应当在规定地点停放。禁止在人行道上停放机动车；但是，依照该法第33条① 规定施划的停车泊位除外。在道路上临时停车的，不得妨碍其他车辆和行人通行。因此，车主违规停车，妨碍其他车辆和行人通行引发交通事故的，由车主承担责任。

8. 汽车撞了宠物狗算不算交通事故？

根据《道路交通安全法》第119条第5项的规定，交通事故是指车辆在道路上因过错或者意外造成的人身伤亡或者财产损失的事件。宠物狗也属于个人财产的范围，如果事故发生在道路上，又是被车辆所撞，应当属于道路交通事故。

---

① 《道路交通安全法》第33条规定："新建、改建、扩建的公共建筑、商业街区、居住区、大（中）型建筑等，应当配建、增建停车场；停车泊位不足的，应当及时改建或者扩建；投入使用的停车场不得擅自停止使用或者改作他用。在城市道路范围内，在不影响行人、车辆通行的情况下，政府有关部门可以施划停车泊位。"

9. 骑自行车撞人也属于交通事故吗？

我国《道路交通安全法》第119条中对"交通事故"的定义是"车辆在道路上因过错或者意外造成的人身伤亡或者财产损失的事件"；对"非机动车"的定义是"以人力或者畜力驱动，上道路行驶的交通工具，以及虽有动力装置驱动但设计最高时速、空车质量、外形尺寸符合有关国家标准的残疾人机动轮椅车、电动自行车等交通工具"。自行车属于以人力驱动、上道路行驶的交通工具。如果骑自行车撞人导致伤亡或财产损失，当然属于交通事故。

10. 行人在交通事故中负全责，还能再要求机动车赔偿吗？

根据《道路交通安全法》第76条的规定，机动车发生交通事故造成人身伤亡、财产损失的，由保险公司在机动车第三者责任强制保险责任限额内予以赔偿，超过限额部分，如果机动车一方没有过错，承担不超过10%的赔偿责任。如果交通事故的损失是由非机动车驾驶人、行人故意碰撞机动车造成的，机动车一方不承担赔偿责任。

11. 可以私自解除电动自行车速度限制吗？

《道路交通安全法》第58条明确规定，残疾人机动轮椅车、电动自行车在非机动车道内行驶时，最高时速不得超过十五公里。非机动车道是供非机动车通行的道路，需要对通行车辆的车速进行严格控制，避免发生交通事故，保障行人的安全。在驾驶电动自行车时，应当遵守法律的限速规定，不可私自解除电动自行车的速度限制。

12. 无人驾驶车辆发生交通事故致人受伤，该由谁来承担责任？

《道路交通安全法》第76条规定："机动车发生交通事故造成人身伤亡、财产损失的，由保险公司在机动车第三者责任强制保险责任限额范围内予以赔偿；不足的部分，按照下列规定承担赔偿责任：（一）机动车之间发生交通事故的，由有过错的一方承担赔偿责任；双方都有过错的，按照各自过错的比例分担责任。（二）机动车与非机动车驾驶人、行人之间发生交通事故，非机动车驾驶人、行人没有过错的，由机动车一方承担赔偿责任；有证据证明非机动车驾驶人、行人有过错的，根据过错程度适当减轻机动车一方的赔偿责任；机动车一方没有过错的，承担不超过百分之十的赔偿责任。交通事故的损失是由非机动车驾驶人、行人故意碰撞机动车造成的，机动车一方不承担赔偿责任。"从本条规定可以看出，当交通事故发生后，应当由有过错的一方承担责任。无人驾驶车辆虽然没有驾驶人，但经营无人驾驶车辆业务的经营者应当对无人驾驶车辆尽到管理职责，确保无人驾驶系统运行正常，避免发生交通事故。因此，如果无人驾驶车辆发生交通事故致人受伤，应当由无人驾驶车辆业务的经营者来承担相应的责任。

13. 机动车撞到横穿高速公路的行人，需要承担责任吗？

《道路交通安全法》第67条规定："行人、非机动车、拖拉机、轮式专用机械车、铰接式客车、全挂拖斗车以及其他设计最高时速低于七十公里的机动车，不得进入高速公路。高速公路限速标志标明的最高时速不得超过一百二十公里。"该法第76条第1款规定："机动车发生交通事故造成人身伤亡、财产损失的，由保险公司在机动车第三者责任强制保险责任限额范围内予以赔偿；不足的部分，按照下列规定承担赔偿责任：……（二）机动车与非机动车驾驶人、行人之间发生交通事故,非机动车驾驶人、行人没有过错的,由机动车一方承担赔偿责任;有证据证明非机动车驾驶人、行人有过错的,根据过错程度适当减轻机动车一方的赔偿责任;机动车一方没有过错的,承担不超过百分之十的赔偿责任。"由此可见,行人横穿高速公路是违法行为,机动车驾驶人如果没有超速行驶等违章行为,是没有过错的,但对于撞伤、撞死行人,还是需要赔偿。先是由保险公司在机动车第三人责任强制保险责任范围内予以赔偿,超过部分,再由机动车驾驶人承担不超过 10% 的赔偿责任。但行人故意碰撞机动车的,机动车一方不承担赔偿责任。

14. 占用公路晒粮引发交通事故由谁负责?

《道路交通安全法》第 31 条规定:"未经许可,任何单位和个人不得占用道路从事非交通活动。"《民法典》第 1256 条规定:"在公共道路上堆放、倾倒、遗撒妨碍通行的物品造成他人损害的,由行为人承担侵权责任。公共道路管理人不能证明已经尽到清理、防护、警示等义务的,应当承担相应的责任。"从上述规定可以看出,公共道路应当用于公共交通通行,私人不得随意占用。如果因占用公共道路晒粮给他人造成损害,占用人需要对给他人造成的损害进行赔偿。同时,公共道路的管理人也应当尽到清理、防护、警示作用,以确保公共道路能够正常通行。管理人不能证明自己尽到上述义务的,也需要承担一定的责任。

15. 因抢越铁路道口发生的事故,铁路部门需要赔偿吗?

《道路交通安全法》第 46 条规定:"机动车通过铁路道口时,应当按照交通信号或者管理人员的指挥通行;没有交通信号或者管理人员的,应当减速或者停车,在确认安全后通过。"《铁路法》

第 58 条规定:"因铁路行车事故及其他铁路运营事故造成人身伤亡的,铁路运输企业应当承担赔偿责任;如果人身伤亡是因不可抗力或者由于受害人自身的原因造成的,铁路运输企业不承担赔偿责任。违章通过平交道口或者人行过道,或者在铁路线路上行走、坐卧造成的人身伤亡,属于受害人自身的原因造成的人身伤亡。"由此可见,抢越铁路道口发生事故的,铁路部门无须承担赔偿责任。

16. 一方不履行交通事故赔偿协议,另一方如何维权?

《道路交通安全法》第 74 条规定:"对交通事故损害赔偿的争议,当事人可以请求公安机关交通管理部门调解,也可以直接向人民法院提起民事诉讼。经公安机关交通管理部门调解,当事人未达成协议或者调解书生效后不履行的,当事人可以向人民法院提起民事诉讼。"由此可见,交通事故中当事人就损害赔偿发生争议的,可以请求公安机关交通管理部门进行调解,但公安机关交通管理部门的调解,不是其行使行政权力的行为,也不是法律规定的必经程序。交通事故中的损害赔偿协议是一种民事法律关系,因此对于责任人不履行调解协议的行为,另一方只能向人民法院提起民事诉讼或者申请先予执行,通过诉讼途径解决损害赔偿的争议。

17. 发生伤亡的交通事故可以私了吗?

《道路交通安全法》第 70 条第 1 款规定:"在道路上发生交通事故,车辆驾驶人应当立即停车,保护现场;造成人身伤亡的,车辆驾驶人应当立即抢救受伤人员,并迅速报告执勤的交通警察或者公安机关交通管理部门。因抢救受伤人员变动现场的,应当标明位置。乘车人、过往车辆驾驶人、过往行人应当予以协助。"由此可见,交通事故发生伤亡的,应立即报警,不可私了。同时,该条第

2 款、第 3 款还规定："在道路上发生交通事故,未造成人身伤亡,当事人对事实及成因无争议的,可以即行撤离现场,恢复交通,自行协商处理损害赔偿事宜;不即行撤离现场的,应当迅速报告执勤的交通警察或者公安机关交通管理部门。在道路上发生交通事故,仅造成轻微财产损失,并且基本事实清楚的,当事人应当先撤离现场再进行协商处理。"

第七节　食品安全法律知识

1. 从事哪些活动应当遵守食品安全法?

根据《食品安全法》第 2 条的规定,在中华人民共和国境内从事下列活动,应当遵守该法:(1)食品生产和加工,食品销售和餐饮服务;(2)食品添加剂的生产经营;(3)用于食品的包装材料、容器、洗涤剂、消毒剂和用于食品生产经营的工具、设备的生产经营;(4)食品生产经营者使用食品添加剂、食品相关产品;(5)食品的贮存和运输;(6)对食品、食品添加剂、食品相关产品的安全管理。此外,供食用的源于农业的初级产品的质量安全管理,遵守《农产品质量安全法》的规定。但是,食用农产品的市场销售、有关质量安全标准的制定、有关安全信息的公布和该法对农业投入品作出规定的,应当遵守该法的规定。

2. 食品生产经营除应当符合食品安全标准外,还需要符合什么要求?

根据《食品安全法》第 33 条的规定,食品生产经营应当符合食品安全标准，并符合下列要求：

（1）具有与生产经营的食品品种、数量相适应的食品原料处理和食品加工、包装、贮存等场所，保持该场所环境整洁，并与有毒、有害场所以及其他污染源保持规定的距离；

（2）具有与生产经营的食品品种、数量相适应的生产经营设备或者设施，有相应的消毒、更衣、盥洗、采光、照明、通风、防腐、防尘、防蝇、防鼠、防虫、洗涤以及处理废水、存放垃圾和废弃物的设备或者设施；

（3）有专职或者兼职的食品安全专业技术人员、食品安全管理人员和保证食品安全的规章制度；

（4）具有合理的设备布局和工艺流程，防止待加工食品与直接入口食品、原料与成品交叉污染，避免食品接触有毒物、不洁物；

（5）餐具、饮具和盛放直接入口食品的容器，使用前应当洗净、消毒，炊具、用具用后应当洗净，保持清洁；

（6）贮存、运输和装卸食品的容器、工具和设备应当安全、无害，保持清洁，防止食品污染，并符合保证食品安全所需的温度、湿度等特殊要求，不得将食品与有毒、有害物品一同贮存、运输；

（7）直接入口的食品应当使用无毒、清洁的包装材料、餐具、饮具和容器；

（8）食品生产经营人员应当保持个人卫生，生产经营食品时，应当将手洗净，穿戴清洁的工作衣、帽等；销售无包装的直接入口食品时，应当使用无毒、清洁的容器、售货工具和设备；

（9）用水应当符合国家规定的生活饮用水卫生标准；

（10）使用的洗涤剂、消毒剂应当对人体安全、无害；

（11）法律、法规规定的其他要求。

非食品生产经营者从事食品贮存、运输和装卸的，应当符合前述第6项的规定。

3. 食品安全法禁止生产经营哪些产品？

根据《食品安全法》第 34 条的规定，禁止生产经营下列食品、食品添加剂、食品相关产品：

（1）用非食品原料生产的食品或者添加食品添加剂以外的化学物质和其他可能危害人体健康物质的食品，或者用回收食品作为原料生产的食品；

（2）致病性微生物，农药残留、兽药残留、生物毒素、重金属等污染物质以及其他危害人体健康的物质含量超过食品安全标准限量的食品、食品添加剂、食品相关产品；

（3）用超过保质期的食品原料、食品添加剂生产的食品、食品添加剂；

（4）超范围、超限量使用食品添加剂的食品；

（5）营养成分不符合食品安全标准的专供婴幼儿和其他特定人群的主辅食品；

（6）腐败变质、油脂酸败、霉变生虫、污秽不洁、混有异物、掺假掺杂或者感官性状异常的食品、食品添加剂；

（7）病死、毒死或者死因不明的禽、畜、兽、水产动物肉类及其制品；

（8）未按规定进行检疫或者检疫不合格的肉类，或者未经检验或者检验不合格的肉类制品；

（9）被包装材料、容器、运输工具等污染的食品、食品添加剂；

（10）标注虚假生产日期、保质期或者超过保质期的食品、食品添加剂；

（11）无标签的预包装食品、食品添加剂；

（12）国家为防病等特殊需要明令禁止生产经营的食品；

(13)其他不符合法律、法规或者食品安全标准的食品、食品添加剂、食品相关产品。

4. 供货商对食品原料无法提供合格证明，该如何处理？

根据《食品安全法》第 50 条第 1 款的规定，食品生产者采购食品原料、食品添加剂、食品相关产品，应当查验供货者的许可证和产品合格证明；对无法提供合格证明的食品原料，应当按照食品安全标准进行检验；不得采购或者使用不符合食品安全标准的食品原料、食品添加剂、食品相关产品。

5. 预包装食品包装上的标签需要标明哪些事项？

依据《食品安全法》第 67 条的规定，预包装食品的包装上应当有标签。标签应当标明下列事项：(1) 名称、规格、净含量、生产日期；(2) 成分或者配料表；(3) 生产者的名称、地址、联系方式；(4) 保质期；(5) 产品标准代号；(6) 贮存条件；(7) 所使用的食品添加剂在国家标准中的通用名称；(8) 生产许可证编号；(9) 法律、法规或者食品安全标准规定应当标明的其他事项。

专供婴幼儿和其他特定人群的主辅食品，其标签还应当标明主要营养成分及其含量。

食品安全国家标准对标签标注事项另有规定的，从其规定。

6. 食品经营者销售散装食品时，应当在食品的外包装上标明哪些内容？

根据《食品安全法》第 68 条的规定，食品经营者销售散装食品，应当在散装食品的容器、外包装上标明食品的名称、生产日期或者生产批号、保质期以及生产经营者名称、地址、联系方式等内容。

7. 食品添加剂应当标明什么内容?

根据《食品安全法》第 70 条的规定,食品添加剂应当有标签、说明书和包装。标签、说明书应当载明该法第 67 条[①]第 1 款第 1 项至第 6 项、第 8 项、第 9 项规定的事项,以及食品添加剂的使用范围、用量、使用方法,并在标签上载明"食品添加剂"字样。

8. 保健食品的标签、说明书不得涉及哪些内容?

根据《食品安全法》第 78 条的规定,保健食品的标签、说明书不得涉及疾病预防、治疗功能,内容应当真实,与注册或者备案的内容相一致,载明适宜人群、不适宜人群、功效成分或者标志性成分及其含量等,并声明"本品不能代替药物"。保健食品的功能和成分应当与标签、说明书相一致。

9. 进口的预包装食品、食品添加剂中需要标明中文标签吗?

根据《食品安全法》第 97 条的规定,进口的预包装食品、食品添加剂应当有中文标签;依法应当有说明书的,还应当有中文说明书。标签、说明书应当符合该法以及我国其他有关法律、行政法规的规定和食品安全国家标准的要求,并载明食品的原产地以及境内代理商的名称、地址、联系方式。预包装食品没有中文标签、中

[①] 《食品安全法》第 67 条规定:"预包装食品的包装上应当有标签。标签应当标明下列事项:(一)名称、规格、净含量、生产日期;(二)成分或者配料表;(三)生产者的名称、地址、联系方式;(四)保质期;(五)产品标准代号;(六)贮存条件;(七)所使用的食品添加剂在国家标准中的通用名称;(八)生产许可证编号;(九)法律、法规或者食品安全标准规定应当标明的其他事项。专供婴幼儿和其他特定人群的主辅食品,其标签还应当标明主要营养成分及其含量。食品安全国家标准对标签标注事项另有规定的,从其规定。"

文说明书或者标签、说明书不符合该条规定的，不得进口。由此可见，进口的预包装食品、食品添加剂中需要标明中文标签。

10. 购买的食品存在安全问题，除要求商家赔偿损失，还能要求额外赔偿吗?

《食品安全法》第 148 条第 2 款规定："生产不符合食品安全标准的食品或者经营明知是不符合食品安全标准的食品，消费者除要求赔偿损失外，还可以向生产者或者经营者要求支付价款十倍或者损失三倍的赔偿金；增加赔偿的金额不足一千元的，为一千元。但是，食品的标签、说明书存在不影响食品安全且不会对消费者造成误导的瑕疵的除外。"食品安全问题关乎民生，必须进行严格管理。对于生产经营不符合食品安全标准的食品的行为，应当严厉处罚。如果商家明知是不符合食品安全标准的食品还进行经营售卖的，消费者除了能要求商家赔偿损失以外，还可以要求商家进行惩罚性赔偿。

此外，《最高人民法院关于审理食品安全民事纠纷案件适用法律若干问题的解释（一）》第 10 条规定："食品不符合食品安全标准，消费者主张生产者或者经营者依据食品安全法第一百四十八条第二款规定承担惩罚性赔偿责任，生产者或者经营者以未造成消费者人身损害为由抗辩的，人民法院不予支持。"《最高人民法院关于审理食品药品惩罚性赔偿纠纷案件适用法律若干问题的解释》第 12 条规定："购买者明知所购买食品不符合食品安全标准，依照食品安全法第一百四十八条第二款规定请求生产者或者经营者支付价款十倍的惩罚性赔偿金的，人民法院应当在合理生活消费需要范围内依法支持购买者诉讼请求。人民法院可以综合保质期、普通消费者通常消费习惯等因素认定购买者合理生活消费需要的食品数量。生产者或者经营者主张购买者明知所购买食品不符合食品安全标准仍然购买索赔的，应当提供证据证明其主张。"由此可见，对生产者和经营者进行惩罚性赔偿也是一种变相保护消费者、促进食品安全的措施。生产者和经营者应当遵纪守法，保障生产和经营的产品符合相关要求。

11. 飞机上提供的免费食物存在食品安全问题，能要求赔偿吗？

《最高人民法院关于审理食品安全民事纠纷案件适用法律若干问题的解释（一）》第4条规定："公共交通运输的承运人向旅客提供的食品不符合食品安全标准，旅客主张承运人依据食品安全法第一百四十八条[①]规定承担作为食品生产者或者经营者的赔偿责任的，人民法院应予支持；承运人以其不是食品的生产经营者或者食品是免费提供为由进行免责抗辩的，人民法院不予支持。"承运人在运输过程中为旅客提供食物，实质上是在履行客运合同的约定，有义务为旅客提供符合安全标准与质量标准的食品。如果承运人为旅客提供的食品存在安全问题，无论提供时是否免费，承运人都需要为此承担责任。

---

① 《食品安全法》第148条规定："消费者因不符合食品安全标准的食品受到损害的，可以向经营者要求赔偿损失，也可以向生产者要求赔偿损失。接到消费者赔偿要求的生产经营者，应当实行首负责任制，先行赔付，不得推诿；属于生产者责任的，经营者赔偿后有权向生产者追偿；属于经营者责任的，生产者赔偿后有权向经营者追偿。生产不符合食品安全标准的食品或者经营明知是不符合食品安全标准的食品，消费者除要求赔偿损失外，还可以向生产者或者经营者要求支付价款十倍或者损失三倍的赔偿金；增加赔偿的金额不足一千元的，为一千元。但是，食品的标签、说明书存在不影响食品安全且不会对消费者造成误导的瑕疵的除外。"

第八节　合同法律知识

1. 孩子订立的合同有效吗？

根据《民法典》第19条的规定，8周岁以上的未成年人为限制民事行为能力人，实施民事法律行为由其法定代理人代理或者经其法定代理人同意、追认；但是，可以独立实施纯获利益的民事法律行为或者与其年龄、智力相适应的民事法律行为。因此，对于孩子订立的合同是否有效不能一概而论。如果其订立了无条件接受赠与的合同、价格低的买卖合同等，则是有效的。

2. 因上了"托儿"的当而达成的买卖合同，有效吗？

《民法典》第154条规定："行为人与相对人恶意串通，损害他人合法权益的民事法律行为无效。"买卖过程中的"托儿"正是与卖方恶意串通之人。因此，在购买物品时，因他人恶意串通而上当的，该买卖合同无效。

3. 合同无效或被撤销后，因合同取得的财产应如何处理？

《民法典》第157条规定："民事法律行为无效、被撤销或者确定不发生效力后，行为人因该行为取得的财产，应当予以返还；不能返还或者没有必要返还的，应当折价补偿。有过错的一方应当赔偿对方由此所受到的损失；各方都有过错的，应当各自承担相应的责任。法律另有规定的，依照其规定。"

同时，《最高人民法院关于适用〈中华人民共和国民法典〉合同编通则若干问题的解释》第 24 条第 1 款规定："合同不成立、无效、被撤销或者确定不发生效力，当事人请求返还财产，经审查财产能够返还的，人民法院应当根据案件具体情况，单独或者合并适用返还占有的标的物、更正登记簿册记载等方式；经审查财产不能返还或者没有必要返还的，人民法院应当以认定合同不成立、无效、被撤销或者确定不发生效力之日该财产的市场价值或者以其他合理方式计算的价值为基准判决折价补偿。"第 25 条规定："合同不成立、无效、被撤销或者确定不发生效力，有权请求返还价款或者报酬的当事人一方请求对方支付资金占用费的，人民法院应当在当事人请求的范围内按照中国人民银行授权全国银行间同业拆借中心公布的一年期贷款市场报价利率（LPR）计算。但是，占用资金的当事人对于合同不成立、无效、被撤销或者确定不发生效力没有过错的，应当以中国人民银行公布的同期同类存款基准利率计算。双方互负返还义务，当事人主张同时履行的，人民法院应予支持；占有标的物的一方对标的物存在使用或者依法可以使用的情形，对方请求将其应支付的资金占用费与应收取的标的物使用费相互抵销的，人民法院应予支持，但是法律另有规定的除外。"

4. 对于履行期限不明确的合同，是否可以随时履行？

根据《民法典》第 511 条的规定，当事人就有关合同内容约定不明确，依据《民法典》第 510 条①的规定仍不能确定的，适用下列规定：履行期限不明确的，债务人可以随时履行，债权人也可以随时请求履行，但是应当给对方必要的准备时间。因此，对于履行期限不明确的合同，可以随时履行，但是要给对方一定的准备时间。

---

① 《民法典》第 510 条规定："合同生效后，当事人就质量、价款或者报酬、履行地点等内容没有约定或者约定不明确的，可以协议补充；不能达成补充协议的，按照合同相关条款或者交易习惯确定。"

5. 违背诚信原则导致合同不成立时，损失应由谁承担?

此问题涉及缔约过失责任。所谓缔约过失责任，是指在订立合同过程中，一方违反依诚信原则和法律规定负有的先合同义务，致使另一方的信赖利益遭受损失时，应承担损害赔偿责任。《民法典》第 500 条规定："当事人在订立合同过程中有下列情形之一，造成对方损失的，应当承担损害赔偿责任：（一）假借订立合同，恶意进行磋商；（二）故意隐瞒与订立合同有关的重要事实或者提供虚假情况；（三）有其他违背诚信原则的行为。"由此可见，当一方在订立合同的过程中违背诚信原则导致合同不成立时，应当对由此给另一方造成的损失承担赔偿责任。

6. 合同终止后，当事人还需要履行保密义务吗?

《民法典》第 558 条规定："债权债务终止后，当事人应当遵循诚信等原则，根据交易习惯履行通知、协助、保密、旧物回收等义务。"合同的履行是一个前后相续的过程，包括履行合同义务的准备阶段、执行阶段，还包括义务执行完的善后阶段。诚信原则是合同履行各阶段的最高指导原则，在合同当事人在履行完合同后，要以诚信原则为指导维护对方当事人的合法权益，履行后合同义务。因为后合同义务是法定的，不是合同中双方约定的，违反后合同义务的行为构成违法行为而非违约行为。因此，终止后的合同，双方仍对相对方负有保密义务。

7. 在同一个合同中，能否同时适用定金和违约金?

《民法典》第 588 条规定："当事人既约定违约金，又约定定金的，一方违约时，对方可以选择适用违约金或者定金条款。定金不足以弥补一方违约造成的损失的，对方可以请求赔偿超过定金数额的损失。"因此,定金和违约金不可以在同一个合同中适用。当事人可以根据对自己有利的原则选择适用违约金或者定金。

8. 当事人在迟延履行合同以后遭遇不可抗力,需要承担违约责任吗?

《民法典》第 590 条规定:"当事人一方因不可抗力不能履行合同的,根据不可抗力的影响,部分或者全部免除责任,但是法律另有规定的除外……当事人迟延履行后发生不可抗力的,不能免除其违约责任。"由此可见,如果当事人迟延履行合同后遭遇不可抗力的,违约责任不能免除。

9. 若合同未能履行是由第三人造成的,违约责任由谁承担?

《民法典》第 593 条规定:"当事人一方因第三人的原因造成违约的,应当依法向对方承担违约责任。当事人一方和第三人之间的纠纷,依照法律规定或者按照约定处理。"因此,因第三人导致合同不能履行的,当事人应当向对方承担违约责任。当事人和第三方出现纠纷的,应当依照法律规定或约定解决。这是合同相对性的充分体现。

10. 附期限的合同是否有效?

附期限合同,是指当事人在合同中设定一定的期限,作为决定合同效力的附款。《民法典》第 160 条规定:"民事法律行为可以附期限,但是根据其性质不得附期限的除外。附生效期限的民事法律行为,自期限届至时生效。附终止期限的民事法律行为,自期限届满时失效。"此法律条文即关于附期限民事法律行为的规定。期限的特征有:(1)期限必须是将来的期限,具有未来性;(2)期限必须是未来必须发生的，具有必然发生性；（3）期限必须是双方约定的，具有约定性。期限可以分为生效期限和终止期限。生效期限是指合同的效力自期限到来时生效；终止期限是指合同的效力自期限到来时消灭。

11. 如何认定网络服务提供者在提供格式条款时尽到了提示与说明义务？

《民法典》第 496 条第 2 款规定："采用格式条款订立合同的，提供格式条款的一方应当遵循公平原则确定当事人之间的权利和义务，并采取合理的方式提示对方注意免除或者减轻其责任等与对方有重大利害关系的条款，按照对方的要求，对该条款予以说明。提供格式条款的一方未履行提示或者说明义务，致使对方没有注意或者理解与其有重大利害关系的条款的，对方可以主张该条款不成为合同的内容。"

《最高人民法院关于适用〈中华人民共和国民法典〉合同编通则若干问题的解释》第 10 条规定："提供格式条款的一方在合同订立时采用通常足以引起对方注意的文字、符号、字体等明显标识，提示对方注意免除或者减轻其责任、排除或者限制对方权利等与对方有重大利害关系的异常条款的，人民法院可以认定其已经履行民法典第四百九十六条第二款规定的提示义务。提供格式条款的一方按照对方的要求，就与对方有重大利害关系的异常条款的概念、内容及其法律后果以书面或者口头形式向对方作出通常能够理解的解释说明的，人民法院可以认定其已经履行民法典第四百九十六条第二款规定的说明义务。提供格式条款的一方对其已经尽到提示义务或者说明义务承担举证责任。对于通过互联网等信息网络订立的电子合同，提供格式条款的一方仅以采取了设置勾选、弹窗等方式为由主张其已经履行提示义务或者说明义务的，人民法院不予支持，但是其举证符合前两款规定的除外。"

通过网络方式订立合同、协议时，提供格式条款的一方往往无法当面向另一方对条款进行说明，因此需要使用足以引起对方注意的方式，如对格式条款进行标红、加粗等，来尽到提示说明义务。一般情况下，如果提供格式条款的一方仅设置了勾选、弹窗等无法确认另一方是否注意到与之有重大利害关系的条款的，不能认定其尽到了提示、说明义务。

12. 在合同中随意约定免责条款，合同还有效吗？

《民法典》第 506 条规定，合同中的下列免责条款无效：（1）造成对方人身损害的；（2）因故意或者重大过失造成对方财产损失的。据此，即使当事人在合同中约定了这样的条款，也是无效的。当然这些条款无效，并不影响其他条款的效力。也就是说，合同还是有效的，只是其中的免责条款无效。

13. 受到欺骗、胁迫签订的合同，可以撤销吗？

《民法典》第 148 条规定："一方以欺诈手段，使对方在违背真实意思的情况下实施的民事法律行为，受欺诈方有权请求人民法院或者仲裁机构予以撤销。"第 150 条规定："一方或者第三人以胁迫手段，使对方在违背真实意思的情况下实施的民事法律行为，受胁迫方有权请求人民法院或者仲裁机构予以撤销。"据此，如果在签订合同的过程中，受到了对方的欺诈或者对方采取了胁迫的手段，受欺诈或胁迫一方可以到法院或者仲裁机构请求撤销合同。

14. 因误解、缺乏判断能力签订的合同，能撤销吗？

《民法典》第 147 条规定："基于重大误解实施的民事法律行

为，行为人有权请求人民法院或者仲裁机构予以撤销。"可见，对于因误解而签订的合同，只有存在重大误解而违背真实意思的情况下，才可以被撤销。

《民法典》第151条规定："一方利用对方处于危困状态、缺乏判断能力等情形，致使民事法律行为成立时显失公平的，受损害方有权请求人民法院或者仲裁机构予以撤销。"可见，因缺乏判断能力而签订的合同，如果显失公平，是可以请求撤销的。

15. 撤销权的行使有无期限限制？

我们知道任何权利的行使都不是无限期的，撤销权也不例外。根据我国《民法典》第152条的规定，有下列情形之一的，撤销权消灭：(1) 当事人自知道或者应当知道撤销事由之日起1年内、重大误解的当事人自知道或者应当知道撤销事由之日起90日内没有行使撤销权；(2) 当事人受胁迫，自胁迫行为终止之日起1年内没有行使撤销权；(3) 当事人知道撤销事由后明确表示或者以自己的行为表明放弃撤销权。当事人自民事法律行为发生之日起5年内没有行使撤销权的，撤销权消灭。由此可见，撤销权的行使有期限限制，权利人应把握好时机。

16. 已经备案的合同，当事人还能请求撤销吗？

《最高人民法院关于适用〈中华人民共和国民法典〉合同编通则若干问题的解释》第13条规定："合同存在无效或者可撤销的情形，当事人以该合同已在有关行政管理部门办理备案、已经批准机关批准或者已依据该合同办理财产权利的变更登记、移转登记等为由主张合同有效的，人民法院不予支持。"合同存在无效或可撤销的情形，说明合同在订立过程中存在瑕疵，如果强制要求合同继续履行，很可能给合同当事人的权益造成损害。因此，即使合同已经办理过备案手续等，只要合同存在无效或可撤销的情形，当事人就可以向人民法院提起诉讼，请求确认合同无效或撤销合同。

17. 债务人与相对人订立了仲裁协议，债权人还能提起代位权诉讼吗？

《最高人民法院关于适用〈中华人民共和国民法典〉合同编通则若干问题的解释》第36条规定："债权人提起代位权诉讼后，债务人或者相对人以双方之间的债权债务关系订有仲裁协议为由对法院主管提出异议的，人民法院不予支持。但是，债务人或者相对人在首次开庭前就债务人与相对人之间的债权债务关系申请仲裁的，人民法院可以依法中止代位权诉讼。"合同具有相对性，债务人与相对人关于仲裁条款的约定只在债务人与相对人之间生效，对债权人并没有约束力，债权人可以提起代位权诉讼。因此，即使债务人与相对人约定了仲裁协议，也不影响债权人提起代位权诉讼。但是，如果在首次开庭前，债务人或相对人申请仲裁的，由于仲裁结果对代位权诉讼有影响，因此需要待仲裁结束后再继续代位权诉讼。

18. 第三人加入债务时未与债务人约定追偿权，事后还能要求债务人偿还其代为履行的债务吗？

《最高人民法院关于适用〈中华人民共和国民法典〉合同编通则若干问题的解释》第51条第1款规定："第三人加入债务并与债务人约定了追偿权，其履行债务后主张向债务人追偿的，人民法院应予支持；没有约定追偿权，第三人依照民法典关于不当得利等的规定，在其已经向债权人履行债务的范围内请求债务人向其履行的，人民法院应予支持，但是第三人知道或者应当知道加入债务会损害债务人利益的除外。"第三人加入债务后,所履行的是原本属于债务人的债务,即使未约定追偿权,也可以在事后要求债务人向其返还其已经向债权人履行的债务。但是,如果第三人加入债务反而会给债务人的利益造成损害,而第三人对此知情或应当知情的,在未约定追偿权的情况下,第三人就不能再要求债务人返还其代为履行的债务。

19. 合同当事人可以事先约定排除"重大变化"对合同效力的影响吗?

《民法典》第 533 条第 1 款规定:"合同成立后,合同的基础条件发生了当事人在订立合同时无法预见的、不属于商业风险的重大变化,继续履行合同对于当事人一方明显不公平的,受不利影响的当事人可以与对方重新协商;在合理期限内协商不成的,当事人可以请求人民法院或者仲裁机构变更或者解除合同。"《最高人民法院关于适用〈中华人民共和国民法典〉合同编通则若干问题的解释》第 32 条第 1 款规定:"合同成立后,因政策调整或者市场供求关系异常变动等原因导致价格发生当事人在订立合同时无法预见的、不属于商业风险的涨跌,继续履行合同对于当事人一方明显不公平的,人民法院应当认定合同的基础条件发生了民法典第五百三十三条第一款规定的'重大变化'。但是,合同涉及市场属性活跃、长期以来价格波动较大的大宗商品以及股票、期货等风险投资型金融产品的除外。"第 4 款规定:"当事人事先约定排除民法典第五百三十三条适用的,人民法院应当认定该约定无效。"

上述规定中的"重大变化"是无法预见的且不属于商业风险,如果该重大变化对当事人不利,给当事人造成的损失很可能无法估计。因此,当发生重大变化且继续履行合同对一方当事人明显不公平时,应当对合同进行变更或解除,否则将严重损害当事人利益。

即使当事人事先作出了排除上述规定的约定,该约定也不具有法律效力。

20. 价格产生变化时,按照怎样的标准执行?

《民法典》第513条规定,执行政府定价或者政府指导价的,在合同约定的交付期限内政府价格调整时,按照交付时的价格计价。逾期交付标的物的,遇价格上涨时,按照原价格执行;价格下降时,按照新价格执行。逾期提取标的物或者逾期付款的,遇价格上涨时,按照新价格执行;价格下降时,按照原价格执行。

21. 交易货物需要运输的,货损风险该由卖方还是买方承担?

《民法典》第603条规定:"出卖人应当按照约定的地点交付标的物。当事人没有约定交付地点或者约定不明确,依据本法第五百一十条①的规定仍不能确定的,适用下列规定:(一)标的物需要运输的,出卖人应当将标的物交付给第一承运人以运交给买受人……"第607条规定:"出卖人按照约定将标的物运送至买受人指定地点并交付给承运人后,标的物毁损、灭失的风险由买受人承担。当事人没有约定交付地点或者约定不明确,依据本法第六百零三条第二款第一项的规定标的物需要运输的,出卖人将标的物交付给第一承运人后,标的物毁损、灭失的风险由买受人承担。"从上述两条规定可以看出,需要运输的货物同样也是以交付作为货损风险转移的标志。当事人可以对货物的交付地点进行约定,如果没有约定或者约定不明确的,可以协议补充;不能达成补充协议的,可

---

① 《民法典》第510条规定:"合同生效后,当事人就质量、价款或者报酬、履行地点等内容没有约定或者约定不明确的,可以协议补充;不能达成补充协议的,按照合同相关条款或者交易习惯确定。"

以按照合同相关条款或者交易习惯确定。如果基于以上这些都不能确定交付地点的，出卖人将货物交付给第一承运人以运交给买受人时，视为交付货物，货损风险由此转嫁到买受人一方。

22. 买方因货物存在质量问题而拒收，货损风险该由谁来承担？

《民法典》第610条明确规定，因标的物不符合质量要求，致使不能实现合同目的的，买受人可以拒绝接受标的物或者解除合同。买受人拒绝接受标的物或者解除合同的，标的物毁损、灭失的风险由出卖人承担。可见，出卖人有义务按照合同约定或法律规定的质量要求向买受人提供货物，货物不符合质量要求的，即代表出卖人没有按照约定履行义务，买受人因此而拒收货物或解除买卖合同的，应当由出卖人来承担相应的货损风险。

23. 卖方分批发货，其中一批货物有问题时该怎样处理？

根据《民法典》第633条的规定，出卖人分批交付标的物的，出卖人对其中一批标的物不交付或者交付不符合约定，致使该批标的物不能实现合同目的的，买受人可以就该批标的物解除。出卖人不交付其中一批标的物或者交付不符合约定，致使之后其他各批标的物的交付不能实现合同目的的，买受人可以就该批以及之后其他各批标的物解除。买受人如果就其中一批标的物解除，该批标的物与其他各批标的物相互依存的，可以就已经交付和未交付的各批标的物解除。

24. 公益赠与可以撤销吗？

《民法典》第658条规定："赠与人在赠与财产的权利转移之前可以撤销赠与。经过公证的赠与合同或者依法不得撤销的具有救灾、扶贫、助残等公益、道德义务性质的赠与合同，不适用前款规定。"由此可见，具有救灾、扶贫、助残等公益、道德义务性质的赠与合同不可以撤销。不过，根据《民法典》第666条规定，赠与人的经济状况显著恶化，严重影响其生产经营或者家庭生活的，可以不再履行赠与义务。

25. 自然人之间借款必须采用书面形式吗？

银行或金融机构借款时必须采用书面合同的形式，而自然人之间的借款，往往大家相互比较熟悉，所以自然人之间的借款可以采用口头形式或者书面形式。《民法典》第668条第1款规定："借款合同应当采用书面形式，但是自然人之间借款另有约定的除外。"由于口头形式固有的局限性，如说出现纠纷难以举证，所以尽管法律规定了自然人之间的借款可以采用口头形式，但是为了保护自己的权益，最好还是签订书面形式的借款合同。

26. 保管人可以使用保管物吗？

《民法典》第895条规定："保管人不得使用或者许可第三人使用保管物，但是当事人另有约定的除外。"因此，除了双方约定的以外，保管人不得使用或者许可第三人使用保管物。否则造成损害的要承担损害赔偿责任。

27. 租赁房子的维修义务应该由谁履行？

《民法典》第712条规定："出租人应当履行租赁物的维修义务，但是当事人另有约定的除外。"这意味着，出租房屋原则上由出租人履行维修义务，而合同当事人在合同中另有约定的，则由约定负维修义务的一方维修。如果合同双方互相推脱，根据《民法典》第 713 条的规定："承租人在租赁物需要维修时可以请求出租人在合理期限内维修。出租人未履行维修义务的，承租人可以自行维修，维修费用由出租人负担。因维修租赁物影响承租人使用的，应当相应减少租金或者延长租期。因承租人的过错致使租赁物需要维修的，出租人不承担前款规定的维修义务。"因此，当租赁的房子出现问题时，在没有约定维修方且承租人无过错的前提下应该由出租人来维修。

28. 受托销售货物，超出委托人指定的价格卖出时怎么办？

受托销售货物，属于行纪。《民法典》第 955 条规定："行纪人低于委托人指定的价格卖出或者高于委托人指定的价格买入的，应当经委托人同意；未经委托人同意，行纪人补偿其差额的，该买卖对委托人发生效力。行纪人高于委托人指定的价格卖出或者低于委托人指定的价格买入的，可以按照约定增加报酬；没有约定或约定不明确，依据本法第五百一十条的规定仍不能确定的，该利益属于委托人。委托人对价格有特别指示的，行纪人不得违背该指示卖出或者买入。"因此，根据上述规定，超出约定的价格销售受托货物的，可以按照约定增加报酬。如果没有这种约定或者约定不明确的，事后未能达成补充协议，也不能按照合同相关条款或者交易习惯确定的，那么超出部分归委托人所有。

29. 对于未介绍成功的中介，需要给其支付报酬吗？

《民法典》第 964 条规定："中介人未促成合同成立的，不得请求支付报酬；但是，可以按照约定请求委托人支付从事中介活动支出的必要费用。"所以，中介没有介绍成功，可以不给中介费，但要支付中介机构必要的活动开支。

30. 绕开中介订立租房、买房合同，还需要支付中介费吗？

《民法典》第 965 条规定："委托人在接受中介人的服务后，利用中介人提供的交易机会或者媒介服务，绕开中介人直接订立合同的，应当向中介人支付报酬。"由此可见，当事人通过中介认识并达成交易的合意，为了规避交纳中介费绕开中介订立租房、买房合同，是不明智的。一旦中介机构索要中介费，相关当事人还是需要支付中介费。

第九节　物权法律知识

1. 因共有财产产生的债权债务应由谁承担？

根据《民法典》第 307 条的规定，因共有的不动产或者动产产生的债权债务，在对外关系上，共有人享有连带债权、承担连带债务，但是法律另有规定或者第三人知道共有人不具有连带债权债务关系的除外；在共有人内部关系上，除共有人另有约定外，按份共有人按照份额享有债权、承担债务，共同共有人共同享有债权、承担债务。偿还债务超过自己应当承担份额的按份共有人，有权向其他共有人追偿。

2. 对无处分权人处分的财产，所有权人能追回吗？

《民法典》第 311 条规定："无处分权人将不动产或者动产转让给受让人的，所有权人有权追回；除法律另有规定外，符合下列情形的，受让人取得该不动产或者动产的所有权：（一）受让人受让该不动产或者动产时是善意；（二）以合理的价格转让；（三）转让的不动产或者动产依照法律规定应当登记的已经登记，不需要登记的已经交付给受让人。受让人依据前款规定取得不动产或者动产的所有权的，原所有权人有权向无处分权人请求损害赔偿。当事人善意取得其他物权的，参照适用前两款规定。"在一般情况下，无处分权人处分财产后，所有权人是有权将财产追回的。但是，如果符合本条规定中的情形时，所有权人不可再追回原财产，原财产的所有权由受让人取得。同时，对于所有权人的损失，可以由所有权人向无权处分人进行追偿。

3. 因共有人去世发生继承，其他共有人对发生继承的部分份额有优先购买权吗？

《最高人民法院关于适用〈中华人民共和国民法典〉物权编的解释（一）》第9条规定："共有份额的权利主体因继承、遗赠等原因发生变化时，其他按份共有人主张优先购买的，不予支持，但按份共有人之间另有约定的除外。"一般来说，按份共有人享有的优先购买权主要适用于向共有人以外的人转让共有财产的情形。而继承人、受遗赠人虽然原本也不属于共有人行列，但其对共有人的遗产享有继承权、收益权，自然可以对共有人的共有份额取得权利。因此，在按份共有人之间没有特殊约定的情况下，因继承、遗赠等原因导致共有份额的权利主体发生变化时，其他共有人不享有优先购买权。

4. 被征用的财产发生毁损，应该由谁承担责任？

所谓征用，是指因抢险、救灾等紧急需要，依照法律规定的权限和程序暂时性地使用他人动产或不动产的行为。《民法典》第245条规定："因抢险救灾、疫情防控等紧急需要，依照法律规定的权限和程序可以征用组织、个人的不动产或者动产。被征用的不动产或者动产使用后,应当返还被征用人。组织、个人的不动产或者动产被征用或者征用后毁损、灭失的,应当给予补偿。"由此可见,国家征用公民财产虽然是无偿的,但在使用后,应当归还被征用人;造成财产毁损、灭失的,国家应当给予补偿。

5. 拾得遗失物可以要求得到报酬吗?

我国《民法典》第317条明确规定:"权利人领取遗失物时,应当向拾得人或者有关部门支付保管遗失物等支出的必要费用。权利人悬赏寻找遗失物的,领取遗失物时应当按照承诺履行义务。拾得人侵占遗失物的,无权请求保管遗失物等支出的费用,也无权请求权利人按照承诺履行义务。"因此,一般情况下,拾得遗失物无权主张报酬,只能主张保管遗失物支出的必要费用。而对于悬赏寻找遗失物的情况,拾得人可以获得失主承诺的报酬。此外,《民法典》第316条规定:"拾得人在遗失物送交有关部门前,有关部门在遗失物被领取前,应当妥善保管遗失物。因故意或者重大过失致使遗失物毁损、灭失的,应当承担民事责任。"也就是说,拾得人在拾到他人遗失物之后,负有妥善保管遗失物的义务。而由于拾得人归还他人遗失物并不领取报酬,所以拾得人只在保管遗失物时有故意或者重大过失时才对拾得物的毁损、灭失负赔偿责任。如果只因一般过失造成拾得物毁损、灭失的,拾得人不负赔偿责任。

6. 什么是相邻关系?

相邻关系,是指两个以上相互毗邻的不动产的所有人或使用人,在行使不动产的所有权或使用权时,因相邻各方应当给予便利和接受限制而发生的权利义务关系。相邻权是一种法定权利,不需要当事人的约定即可行使,其设置的目的是调节相邻的不动产所有权人或使用权人在行使自己权利的过程中所产生的不可避免的利益冲突。《民法典》第288条规定:"不动产的相邻权利人应当按照有利生产、方便生活、团结互助、公平合理的原则,正确处理相邻关系。"值得注意的是,相邻权虽然具有法定性和无偿性,但相邻权人如果在行使相邻权的过程中造成对方损害,相邻权人应当承担赔偿责任。

7. 不动产权利人在行使相邻权时应注意什么?

《民法典》第296条规定:"不动产权利人因用水、排水、通行、铺设管线等利用相邻不动产的,应当尽量避免对相邻的不动产权利人造成损害。"根据此规定,不动产权利人在行使相邻权时,应当注意以下几个问题:(1)行使相邻权的前提是相邻权人必须利用相邻他方的不动产,否则无法用水、排水、通行或者铺设管线,或者虽然可以不利用相邻他方不动产实现上述目的,但代价过大;(2)在利用对方不动产时,如果有几种方案可供选择,必须选择损害最小的方案;(3)如果造成了相邻他方的损失,应当支付赔偿金。

8. 动产物权有哪些交付方式?

《民法典》关于动产物权的交付方式规定了四种,即现实交付、简易交付、指示交付和占有改定。(1)现实交付是日常交易中最常见的交付方式,另外三种是比较特殊的交付方式。(2)简易交付,是指动产物权设立和转让前,权利人已经先行占有该动产的,无须现实交付,物权在法律行为发生时发生变动效力。如受让人已经通过寄托、租赁、借用等方式实际占有了动产,则当双方当事人关于动产物权变动的合意生效的同时，标的物的交付完成。对此《民法典》第 226 条规定："动产物权设立和转让前，权利人已经占有该动产的，物权自民事法律行为生效时发生效力。"（3）指示交付，又称返还请求权的让与，是指让与动产物权的时候，如果让与人的动产由第三人占有，让与人可以将其享有的对第三人的返还请求权让与受让人，以代替现实交付。对此《民法典》第 227 条规定："动产物权设立和转让前，第三人占有该动产的，负有交付义务的人可以通过转让请求第三人返还原物的权利代替交付。"（4）占有改定，是指动产物权的让与人与受让人之间特别约定，标的物仍然由出让人继续占有，受让人取得对标的物的间接占有以代替标的物的现实交付。这样在双方达成物权让与合意时，视为已经交付。对此《民法典》第 228 条规定："动产物权转让时，当事人又约定由出让人继续占有该动产的，物权自该约定生效时发生效力。"

9. 一梯一户的业主可以将楼道划为私人区域使用吗？

《民法典》第 271 条规定："业主对建筑物内的住宅、经营性用房等专有部分享有所有权，对专有部分以外的共有部分享有共有和共同管理的权利。"从本条规定可以看出，业主只对其获得的专有部分享有所有权，对除了专有部分以外的共有部分仅享有共有和共同管理的权利。即使是一梯一户的业主，也只对其不动产权属证书中记载的专有部分享有权利，而不能将公共楼道划分为私人区域予以利用。

10. 对于小区车位的归属问题，法律是如何规定的？

现实生活中，业主和开发商之间有关车位的纠纷时常发生。《民法典》第 275 条、第 276 条就车位的归属问题作了规定，分三个方面：第一，建筑区划内，规划用于停放汽车的车位、车库的归属，由当事人通过出售、附赠或者出租等方式约定；第二，占用业主共有的道路或者其他场地用于停放汽车的车位，属于业主共有；第三，建筑区划内，规划用于停放汽车的车位、车库应当首先满足业主的需要。因此，为了避免纠纷，建议消费者在买房时和开发商就车位和车库作出明确约定。

11. 业主可以随意将住宅改成经营性房屋吗？

《民法典》第279条明确规定业主不可以违反法律、法规以及管理规约的规定将住宅改成经营性用房。业主将住宅改变为经营性用房，除遵守法律、法规以及管理规约外，应当经有利害关系的业主一致同意。这是对业主行使所有权的一种限制。业主对自己的房屋拥有所有权，原则上可以随意支配自己的房屋，但是当这种支配侵害到其他业主的权益时，就要受到法律的制约。法律之所以规定业主不可以随意"住改商"，就是为了保证小区有一个好的居住环境，建立一个良好的生活秩序。

12. 签订了居住权合同就能认定居住权成立吗？

《民法典》第368条规定："居住权无偿设立，但是当事人另有约定的除外。设立居住权的，应当向登记机构申请居住权登记。居住权自登记时设立。"由此可见，居住权合同只能证明当事人之间就设立居住权一事达成了合意，但要使居住权产生法律效力，必须经过居住权登记，仅签订居住权合同不能认定居住权成立。而居住权设立的时间也不以合同成立时间为准，而是以居住权登记时间为准。此外，《民法典》第370条规定："居住权期限届满或者居住权人死亡的，居住权消灭。居住权消灭的，应当及时办理注销登记。"

居住权消灭虽然不以登记为生效要件，但为了保障当事人的权利，避免发生纠纷，证明住房已不存在居住权，当事人应当及时办理居住权注销登记手续。

13. 占有人使用占有物并损坏怎么办？

《民法典》第459条规定："占有人因使用占有的不动产或者动产，致使该不动产或者动产受到损害的，恶意占有人应当承担赔偿责任。"据此，善意占有人和恶意占有人在使用占有物造成占有物受损时在责任承担上是不同的，至于是善意占有还是恶意占有是由占有人自己负责举证的，如果不能证明自己是善意占有就要承担不利后果，即要承担赔偿责任。

14. 占有人可以要求权利人返还必要费用吗？

《民法典》第460条明确规定："不动产或者动产被占有人占有的，权利人可以请求返还原物及其孳息；但是，应当支付善意占有人因维护该不动产或者动产支出的必要费用。"根据上述规定可知，在必要费用的返还问题上要区分占有人是善意占有还是恶意占有，只有善意占有人方可要求必要费用的返还。

15. 哪些财产可以进行抵押？

根据《民法典》第395条的规定，债务人或者第三人有权处分的下列财产可以抵押：（1）建筑物和其他土地附着物；（2）建设用地使用权；（3）海域使用权；（4）生产设备、原材料、半成品、产品；（5）正在建造的建筑物、船舶、航空器；（6）交通运输工具；（7）法律、行政法规未禁止抵押的其他财产。抵押人可以将前面所列财产一并抵押。

16. 哪些财产不得抵押?

根据《民法典》第399条的规定,下列财产不得抵押:(1)土地所有权;(2)宅基地、自留地、自留山等集体所有土地的使用权,但是法律规定可以抵押的除外;(3)学校、幼儿园、医疗机构等为公益目的成立的非营利法人的教育设施、医疗卫生设施和其他公益设施;(4)所有权、使用权不明或者有争议的财产;(5)依法被查封、扣押、监管的财产;(6)法律、行政法规规定不得抵押的其他财产。

17. 抵押已经出租的房屋,原租赁关系受影响吗?

《民法典》第405条明确规定:"抵押权设立前,抵押财产已经出租并转移占有的,原租赁关系不受该抵押权的影响。"由此可见,将已经出租并转移占有的房子抵押,是租赁在先,抵押在后,原租赁关系不受该抵押权的影响,那么,抵押权人实现抵押权后不能要求承租人搬出。

18. 到期不支付保管费,保管人能直接扣留留置财产吗?

《民法典》第447条规定:"债务人不履行到期债务,债权人可以留置已经合法占有的债务人的动产,并有权就该动产优先受偿。前款规定的债权人为留置权人,占有的动产为留置财产。"由此可见,留置权人行使留置权的前提是已经合法占有了债务人的动产。例如,寄存人将行李寄存到寄存处,但到期不支付保管费,此时保管人因保管合同关系合法占有了寄存人的行李,可以将行李暂时扣留,行使留置权。

19. 留置财产多久后可以变卖？

《民法典》第 453 条规定，留置权人与债务人应当约定留置财产后的债务履行期限；没有约定或者约定不明确的，留置权人应当给债务人六十日以上履行债务的期限，但是鲜活易腐等不易保管的动产除外。债务人逾期未履行的，留置权人可以与债务人协议以留置财产折价，也可以就拍卖、变卖留置财产所得的价款优先受偿。留置财产折价或者变卖的，应当参照市场价格。也就是说，当留置权人留置财产后，应当为债务人预留时间履行债务。对于这一期限，双方可以自由进行约定。如果没有约定或约定不明确，且没有达成补充协议的，则需要根据上述法律的规定确定履行债务的期限。只有在债务人逾期不履行的情况下，留置权人才能就留置财产折价或拍卖、变卖后的价款优先受偿。

20. 在保证人未同意的情况下转让债务，保证人是否还需负保证责任？

《民法典》第 391 条规定："第三人提供担保，未经其书面同意，债权人允许债务人转移全部或者部分债务的，担保人不再承担相应的担保责任。"由此可见，未经保证人书面同意，债务被转让的，保证人不再负担相应的保证责任。

第十节　侵权责任法律知识

1. 受害人故意造成损害时该如何处理？

此问题涉及受害人责任。受害人责任是指损害的发生是由受害人的故意引起的，行为人根本没有过错，其法律后果由受害人自己承担，行为人不承担任何责任。《民法典》第1174条规定："损害是因受害人故意造成的，行为人不承担责任。"由此可见，受害人故意造成损害，行为人不承担责任，责任由受害人承担。

2. 踢球时被对手撞倒受伤，能要求对方赔偿医疗费吗？

《民法典》第1176条第1款规定："自愿参加具有一定风险的文体活动，因其他参加者的行为受到损害的，受害人不得请求其他参加者承担侵权责任；但是，其他参加者对损害的发生有故意或者重大过失的除外。"行为人自愿参加具有一定风险的文体活动时，应当事先预料到该文体活动所具有的风险，并对风险有一定程度的了解。当行为人参加到文体活动中时，就视为其接受了风险所可能带来的伤害。如果在活动中受伤，除非其他参加者对损害发生有故意或重大过失，否则不能要求其他参加者承担赔偿责任。

3. 遭受人身伤害，除了医疗费以外，还能要求侵权人赔偿什么费用？

根据《民法典》第1179条的规定，侵害他人造成人身损害的，应当赔偿医疗费、护理费、交通费、营养费、住院伙食补助费等为治疗和康复支出的合理费用，以及因误工减少的收入。造成残疾的，还应当赔偿辅助器具费和残疾赔偿金；造成死亡的，还应当赔偿丧葬费和死亡赔偿金。可见，当受害人遭受人身损害后，所受到的损失不仅包括医疗费，还包括因受伤后产生的一系列损失。这些损失都与侵权行为密切相关，侵权人应当进行赔偿。

4. 在工作中对他人造成损害，用人单位应该承担责任吗？

劳动者为用人单位的利益而工作，用人单位享受劳动者的劳动或者工作成果，并为劳动者在执行工作中对他人造成的伤害承担侵权责任。如果劳动者有过错，则用人单位可以向劳动者追偿。《民法典》第1191条规定："用人单位的工作人员因执行工作任务造成他人损害的，由用人单位承担侵权责任。用人单位承担侵权责任后，可以向有故意或者重大过失的工作人员追偿。劳务派遣期间，被派遣的工作人员因执行工作任务造成他人损害的，由接受劳务派遣的用工单位承担侵权责任；劳务派遣单位有过错的，承担相应的责任。"

此外，对于劳务用工的，也是由雇主即接受劳务的一方承担侵权责任。《民法典》第1192条第1款规定："个人之间形成劳务关系，提供劳务一方因劳务造成他人损害的，由接受劳务一方承担侵权责任。接受劳务一方承担侵权责任后，可以向有故意或者重大过失的提供劳务一方追偿。提供劳务一方因劳务受到损害的，根据双方各自的过错承担相应的责任。"

同时，《最高人民法院关于适用〈中华人民共和国民法典〉侵权责任编的解释（一）》第15条规定："与用人单位形成劳动关系的工作人员、执行用人单位工作任务的其他人员，因执行工作任务造成他人损害，被侵权人依照民法典第一千一百九十一条第一款的规定，请求用人单位承担侵权责任的，人民法院应予支持。个体工商户的从业人员因执行工作任务造成他人损害的，适用民法典第一千一百九十一条第一款的规定认定民事责任。"

5. 对于网络上的侵权行为，网站是否应承担连带责任？

《民法典》第1195条规定："网络用户利用网络服务实施侵权

行为的，权利人有权通知网络服务提供者采取删除、屏蔽、断开链接等必要措施。通知应当包括构成侵权的初步证据及权利人的真实身份信息。网络服务提供者接到通知后，应当及时将该通知转送相关网络用户，并根据构成侵权的初步证据和服务类型采取必要措施；未及时采取必要措施的，对损害的扩大部分与该网络用户承担连带责任。权利人因错误通知造成网络用户或者网络服务提供者损害的，应当承担侵权责任。法律另有规定的，依照其规定。"

第 1196 条规定："网络用户接到转送的通知后，可以向网络服务提供者提交不存在侵权行为的声明。声明应当包括不存在侵权行为的初步证据及网络用户的真实身份信息。网络服务提供者接到声明后，应当将该声明转送发出通知的权利人，并告知其可以向有关部门投诉或者向人民法院提起诉讼。网络服务提供者在转送声明到达权利人后的合理期限内，未收到权利人已经投诉或者提起诉讼通知的，应当及时终止所采取的措施。"

第 1197 条规定："网络服务提供者知道或者应当知道网络用户利用其网络服务侵害他人民事权益，未采取必要措施的，与该网络用户承担连带责任。"

由此可见，对于网络上的侵权行为，网站一经发现应及时采取必要的措施。

6. 在商场与他人发生冲突受伤，商场要担责吗？

《民法典》第 1198 条规定："宾馆、商场、银行、车站、机场、体育场馆、娱乐场所等经营场所、公共场所的经营者、管理者或者群众性活动的组织者，未尽到安全保障义务，造成他人损害的，应当承担侵权责任。因第三人的行为造成他人损害的，由第三人承担侵权责任；经营者、管理者或者组织者未尽到安全保障义务的，承担相应的补充责任。经营者、管理者或者组织者承担补充责任后，可以向第三人追偿。"由此可见，经营场所、公共场所的经营者、管理者应当承担起安全保障义务，避免发生人身损害事件。存在第三人侵权事件时，经营者、管理者或组织者没有尽到安全保障义务的，需要承担补充责任。如果在商场与他人发生冲突，被他人打伤，应当向施暴者要求赔偿；如果商场没有尽到安全保障义务，则可以要求商场承担补充责任。

7. 学生在学校遭受伤害，学校应承担哪些责任？

《民法典》第1199条规定："无民事行为能力人在幼儿园、学校或者其他教育机构学习、生活期间受到人身损害的，幼儿园、学校或者其他教育机构应当承担侵权责任；但是，能够证明尽到教育、管理职责的，不承担侵权责任。"第1200条规定："限制民事行为能力人在学校或者其他教育机构学习、生活期间受到人身损害，学校或者其他教育机构未尽到教育、管理职责的，应当承担侵权责任。"第1201条规定："无民事行为能力人或者限制民事行为能力人在幼儿园、学校或者其他教育机构学习、生活期间，受到幼儿园、学校或者其他教育机构以外的第三人人身损害的，由第三人承担侵权责任；幼儿园、学校或者其他教育机构未尽到管理职责的，承担相应的补充责任。幼儿园、学校或者其他教育机构承担补充责任后，可以向第三人追偿。"

《最高人民法院关于适用〈中华人民共和国民法典〉侵权责任编的解释（一）》第14条规定："无民事行为能力人或者限制民事行为能力人在幼儿园、学校或者其他教育机构学习、生活期间，受到教育机构以外的第三人人身损害，第三人、教育机构作为共同被告且依法应承担侵权责任的，人民法院应当在判决中明确，教育机构在人民法院就第三人的财产依法强制执行后仍不能履行的范围内，承担与其过错相应的补充责任。被侵权人仅起诉教育机构的，人民法院应当向原告释明申请追加实施侵权行为的第三人为共同被告。第三人不确定的，未尽到管理职责的教育机构先行承担与其过错相应的责任；教育机构承担责任后向已经确定的第三人追偿的，人民法院依照民法典第一千二百零一条的规定予以支持。"

由此，要判断学生在学校遭受人身损害时，学校该如何承担责任的问题，需要结合学生的年龄以及人身损害发生的原因综合作出判断。如果学生是8周岁以下的无民事行为能力人，因学校内部原因遭受人身损害的，如被同学打伤、下楼梯摔伤、体育锻炼时受伤等，应当由学校承担侵权责任；学校有证据证明其尽到教育、管理职责的可以不承担侵权责任。如果学生是8周岁以上18周岁以下的限制民事行为能力人，学校在未尽到教育、管理职责的情况下，需要承担侵权责任。如果学生遭受的人身损害是学校以外的第三人造成的，应当由第三人承担侵权责任，而学校在未尽到管理职责的情况下需要承担补充责任。

8. 好意搭载他人导致乘车人受伤，驾驶人需要赔偿吗？

《民法典》第1217条规定："非营运机动车发生交通事故造成无偿搭乘人损害，属于该机动车一方责任的，应当减轻其赔偿责任，但是机动车使用人有故意或者重大过失的除外。"在本条规定的情况下，机动车在搭载搭乘人时是无偿的，属于好意施惠，其搭载行为本身不仅不存在过错，还应当得到肯定。因此，即使是机动车一方责任造成无偿搭乘人损害的，也应当适当减轻其赔偿责任。但是，如果机动车使用人有故意或重大过失的行为，如严重违章行为等，则不能减轻其赔偿责任。

9. 放烟花时致人损害，责任由谁承担？

根据《民法典》第 1239 条的规定，易燃、易爆、剧毒、高放射性、强腐蚀性、高致病性等高度危险物造成他人损害的，占有人或者使用人应当承担侵权责任；如果能够证明损害是因受害人故意或者不可抗力造成的，占有人或者使用人不承担责任；被侵权人对损害的发生有重大过失的，可以减轻占有人或者使用人的责任。烟花属于易燃易爆化学物品，具有较大的火灾危险性，因此，法律赋予其占有人、使用人较高的安全保障责任，除因不可抗力或者受害人故意外，致人损害的赔偿责任应由其占有人、使用人承担。

10. 因产品缺陷对他人造成损害，谁应该承担责任？

《民法典》第 1202 条规定："因产品存在缺陷造成他人损害的，生产者应当承担侵权责任。"第 1203 条规定："因产品存在缺陷造成他人损害的，被侵权人可以向产品的生产者请求赔偿，也可以向产品的销售者请求赔偿。产品缺陷由生产者造成的，销售者赔偿后，有权向生产者追偿。因销售者的过错使产品存在缺陷的，生产者赔偿后，有权向销售者追偿。"由此可见，产品责任是一种民事连带责任，产品责任的受害者既可以直接向产品的生产者请求赔偿，也可以向产品的销售者请求赔偿，即请求赔偿的选择权属于受害者。产品的生产者或产品的销售者承担赔偿责任之后，可再向有过错的直接责任者追偿。此外，《最高人民法院关于适用〈中华人民共和国民法典〉侵权责任编的解释（一）》第 19 条规定："因产品存在缺陷造成买受人财产损害，买受人请求产品的生产者或者销售者赔偿缺陷产品本身损害以及其他财产损害的，人民法院依照民法典第一千二百零二条、第一千二百零三条的规定予以支持。"也就是说，因产品缺陷对他人造成损害，无论是人身损害还是财产损害，买受人都可以要求生产者或销售者进行赔偿。

11. 投喂流浪动物咬伤他人，投喂者是否需要担责？

《民法典》第 1245 条规定："饲养的动物造成他人损害的，动物饲养人或者管理人应当承担侵权责任；但是，能够证明损害是因被侵权人故意或者重大过失造成的，可以不承担或者减轻责任。"由此可见，当饲养动物给他人造成损害时，应当由动物饲养人或者管理人承担侵权责任。在司法实践中，流浪动物虽然没有固定的饲养人，但是如果有人长期地、定时定点地投喂流浪动物，投喂人与流浪动物之间可能会被认定为已经形成了实际上的饲养关系，应当对流浪动物尽到一定的管理职责。流浪动物给他人造成伤害，受伤害的人可要求投喂人承担赔偿责任。

同时，《民法典》第 1249 条规定："遗弃、逃逸的动物在遗弃、逃逸期间造成他人损害的，由动物原饲养人或者管理人承担侵权责任。"也就是说，如果流浪动物伤害他人，能确认其原来的主人的，受伤害的人可以找其主人进行赔偿；如果无法确定主人是谁，而又有长期专门投喂流浪动物的人的，则可以要求投喂者进行赔偿。

12. 被高空抛物砸伤，该由谁赔偿？

《民法典》第 1254 条规定："禁止从建筑物中抛掷物品。从建筑物中抛掷物品或者从建筑物上坠落的物品造成他人损害的，由侵权人依法承担侵权责任；经调查难以确定具体侵权人的，除能够证明自己不是侵权人的外，由可能加害的建筑物使用人给予补偿。可能加害的建筑物使用人补偿后，有权向侵权人追偿。物业服务企业等建筑物管理人应当采取必要的安全保障措施防止前款规定情形的发生；未采取必要的安全保障措施的，应当依法承担未履行安全保障义务的侵权责任。发生本条第一款规定的情形的，公安等机关应当依法及时调查，查清责任人。"

从该条规定可以看出，被高空抛物砸伤但无法确定具体责任人的，受害人可以向所有可能实施加害行为的建筑物使用人请求补偿。待具体的责任人查清后，承担了补偿责任的建筑物使用人可以向其进行追偿。例如，甲经过某栋居民楼某单元时，被高空抛物砸伤，但一直无法确定具体的侵权人。此时，该栋楼该单元除了事发时不在家或有其他证据证明自己无法实施高空抛物行为的住户以外，其他住户都有义务对甲进行补偿。除了住户以外，如果建筑物管理人没有尽到安全保障义务的，也需要对受害者承担相应的赔偿责任。

《最高人民法院关于适用〈中华人民共和国民法典〉侵权责任编的解释（一）》第24条规定："物业服务企业等建筑物管理人未采取必要的安全保障措施防止从建筑物中抛掷物品或者从建筑物上坠落的物品造成他人损害，具体侵权人、物业服务企业等建筑物管理人作为共同被告的，人民法院应当依照民法典第一千一百九十八条第二款、第一千二百五十四条的规定，在判决中明确，未采取必要安全保障措施的物业服务企业等建筑物管理人在人民法院就具体侵权人的财产依法强制执行后仍不能履行的范围内，承担与其过错相应的补充责任。"该解释第25条规定："物业服务企业等建筑物管理人未采取必要的安全保障措施防止从建筑物中抛掷物品或者从建筑物上坠落的物品造成他人损害，经公安等机关调查，在民事案件一审法庭辩论终结前仍难以确定具体侵权人的，未采取必要安全保障措施的物业服务企业等建筑物管理人承担与其过错相应的责任。被侵权人其余部分的损害，由可能加害的建筑物使用人给予适当补偿。具体侵权人确定后，已经承担责任的物业服务企业等建筑物管理人、可能加害的建筑物使用人向具体侵权人追偿的，人民法院依照民法典第一千一百九十八条第二款、第一千二百五十四条第一款的规定予以支持。"

13. 因地面施工致人损害，由谁承担责任？

《民法典》第 1258 条第 1 款规定："在公共场所或者道路上挖掘、修缮安装地下设施等造成他人损害，施工人不能证明已经设置明显标志和采取安全措施的，应当承担侵权责任。"即当施工人不能证明已经设置明显标志和采取安全措施时应承担侵权责任，否则不承担责任。由此可见，进行地面施工时，设置明显标志和采取安全措施不仅可以起到防范事故发生的作用，还能使施工人"免责"。

14. 行人被折断的树枝砸伤，谁来赔偿？

根据《民法典》第 1257 条的规定，因林木折断、倾倒或者果实坠落等造成他人损害，林木的所有人或者管理人不能证明自己没有过错的，应当承担侵权责任。

15. 危险物在被非法占有的状态下造成他人损害，谁担责？

《民法典》第 1242 条规定："非法占有高度危险物造成他人损害的，由非法占有人承担侵权责任。所有人、管理人不能证明对防止非法占有尽到高度注意义务的，与非法占有人承担连带责任。"以上规定说明，高度危险物品在被非法占有的状态下造成他人损害，非法占有人是危险物直接使用人，对该危险物实行事实的管理，因此由该非法占有人承担侵权责任。但是与此同时，高度危险物的所有人、管理人应当对危险物尽到认真保管等义务，如果所有人、管理人不能证明自己对防止他人非法占有危险物尽到高度注意义务的，则应与非法占有人承担连带赔偿责任。

16. 未经许可进入高度危险区并受到损害，责任自负吗？

《民法典》第 1243 条规定："未经许可进入高度危险活动区域或者高度危险物存放区域受到损害，管理人能够证明已经采取足够安全措施并尽到充分警示义务的，可以减轻或者不承担责任。"由此可知，未经高度危险区域作业人或管理人的允许而进入高度危险区域，受到损害，很有可能会产生"受害人责任自负"的后果。

17. 自家煤气罐爆炸对他人造成损害，应该由谁赔偿？

根据《民法典》第 1239 条的规定，占有或者使用易燃、易爆、剧毒、高放射性、强腐蚀性、高致病性等高度危险物造成他人损害的，占有人或者使用人应当承担侵权责任；但是，能够证明损害是因受害人故意或者不可抗力造成的，不承担责任。被侵权人对损害的发生有重大过失的，可以减轻占有人或者使用人的责任。煤气罐极其易燃易爆，其爆炸伤人的侵权责任，适用上述法律规定。

18. 遗失、抛弃高度危险物造成他人损害，谁负责赔偿？

凡具有易燃、易爆、剧毒、高放射性、强腐蚀性、高致病性等性质，在运输、装卸、生产、使用、储存、保管过程中，于一定条件下能引起导致人身伤亡和财产损失等事故的物品，都具有高度危险性，其所有人、管理人应妥善管理。《民法典》第 1241 条规定："遗失、抛弃高度危险物造成他人损害的，由所有人承担侵权责任。所有人将高度危险物交由他人管理的，由管理人承担侵权责任；所有人有过错的，与管理人承担连带责任。"据此可知，高度危险物的所有人、管理人应尽妥善管理的义务，如有遗失、抛弃等行为，并造成他人损害的，其所有人、管理人要承担赔偿责任。

19. 帮工遭受人身损害，由谁承担责任？

根据《最高人民法院关于审理人身损害赔偿案件适用法律若干问题的解释》第 5 条的规定，无偿提供劳务的帮工人因帮工活动遭受人身损害的，根据帮工人和被帮工人各自的过错承担相应的责任；被帮工人明确拒绝帮工的，被帮工人不承担赔偿责任，但可以在受益范围内予以适当补偿。帮工人在帮工活动中因第三人的行为遭受人身损害的，有权请求第三人承担赔偿责任，也有权请求被帮工人予以适当补偿。被帮工人补偿后，可以向第三人追偿。

20. 自身在无意识或失控下造成他人损害，需要承担责任吗？

根据《民法典》第 1190 条第 1 款的规定，完全民事行为能力人对自己的行为暂时没有意识或者失去控制造成他人损害有过错的，应当承担侵权责任；没有过错的，根据行为人的经济状况对受害人适当补偿。完全民事行为能力人因醉酒、滥用麻醉药品或者精神药品对自己的行为暂时没有意识或者失去控制造成他人损害的，应当承担侵权责任。

21. 未成年人伤害他人，不直接抚养孩子的一方父母需要承担责任吗？

《最高人民法院关于适用〈中华人民共和国民法典〉侵权责任编的解释（一）》第 8 条规定："夫妻离婚后，未成年子女造成他人损害，被侵权人请求离异夫妻共同承担侵权责任的，人民法院依照民法典第一千零六十八条①、第一千零八十四条②以及第一千一百八十八条③的规定予以支持。一方以未与该子女共同生活为由主张不承担或者少承担责任的,人民法院不予支持。离异夫妻之间的责任份额,可以由双方协议确定;协议不成的,人民法院可以根据双方履行监护职责的约定和实际履行情况等确定。实际承担责任超过自己责任份额的一方向另一方追偿的,人民法院应予支持。"

夫妻离婚以后,双方依然需要对未成年子女承担抚养义务。不直接抚养子女、不与子女共同生活的一方同样对子女负有抚养、教育义务,需要对子女给他人造成的侵害承担相应的赔偿责任。

22. 未成年人打伤同学,继父母是否需要承担责任?

《民法典》第 1072 条第 2 款规定:"继父或者继母和受其抚养教育的继子女间的权利义务关系,适用本法关于父母子女关系的规定。"《最高人民法院关于适用〈中华人民共和国民法典〉侵权责任编的解释(一)》第 9 条规定:"未成年子女造成他人损害的,依照民法典第一千零七十二条第二款的规定,未与该子女形成抚养教育关系的继父或者继母不承担监护人的侵权责任,由该子女的生

---

① 《民法典》第 1068 条规定:"父母有教育、保护未成年子女的权利和义务。未成年子女造成他人损害的,父母应当依法承担民事责任。"

② 《民法典》第 1084 条规定:"父母与子女间的关系,不因父母离婚而消除。离婚后,子女无论由父或者母直接抚养,仍是父母双方的子女。离婚后,父母对于子女仍有抚养、教育、保护的权利和义务。离婚后,不满两周岁的子女,以由母亲直接抚养为原则。已满两周岁的子女,父母双方对抚养问题协议不成的,由人民法院根据双方的具体情况,按照最有利于未成年子女的原则判决。子女已满八周岁的,应当尊重其真实意愿。"

③ 《民法典》第 1188 条规定:"无民事行为能力人、限制民事行为能力人造成他人损害的,由监护人承担侵权责任。监护人尽到监护职责的,可以减轻其侵权责任。有财产的无民事行为能力人、限制民事行为能力人造成他人损害的,从本人财产中支付赔偿费用;不足部分,由监护人赔偿。"

父母依照本解释第八条的规定承担侵权责任。"当继父母与继子女之间形成实际上的抚养教育关系后，双方之间即成立与父母子女同样的权利义务关系，即继父母对未成年继子女负有抚养义务，继子女成年后对继父母负有赡养义务。形成抚养教育关系的继父母需要对继子女承担抚养、教育的责任，自然应当对未成年继子女给他人造成的损害承担责任。如果继父母与继子女并未共同生活，也并未对继子女进行抚养、教育的，不需要对未成年继子女给他人造成的损害承担责任。

第十一节　刑法知识

1. 过失犯罪要负刑事责任吗？

《刑法》第14条规定："明知自己的行为会发生危害社会的结果，并且希望或者放任这种结果发生，因而构成犯罪的，是故意犯罪。故意犯罪，应当负刑事责任。"第15条规定："应当预见自己的行为可能发生危害社会的结果，因为疏忽大意而没有预见，或者已经预见而轻信能够避免，以致发生这种结果的，是过失犯罪。过失犯罪，法律有规定的才负刑事责任。"行为人构成犯罪，主观上应具有故意或过失的心理状态。其中，对于过失犯罪，因主观恶性小，刑法对其处罚往往较轻。

2. 由于意外事件造成损害后果，构成犯罪吗？

《刑法》第16条规定："行为在客观上虽然造成了损害结果，但是不是出于故意或者过失，而是由于不能抗拒或者不能预见的原因所引起的，不是犯罪。"据此可以看出，行为人负刑事责任在主观上要有一定的过错，即故意和过失。如果行为人实施某种行为主观上既不存在犯罪的故意，也不存在犯罪的过失，而完全是由于不能抗拒或不能预见的原因引起的，也即所谓的不可抗力或意外事件引起的，则行为人不构成犯罪，也就无须为自己的行为承担任何刑事责任。比如，农村有小孩子躲在麦垛里藏猫猫，毫不知情的农民将叉子叉进麦垛，一下子刺伤了孩子，由于农民不能预料到孩子在麦垛中，也就无法避免这种损害的发生，因此农民对这个小孩的伤亡就不负刑事责任。

3. 为实施犯罪准备作案工具，需要负刑事责任吗？

有的人为了实施犯罪，往往会事先做很多准备工作，如准备犯罪工具、跟踪被害人、调查被害人的行踪、埋伏在被害人出入的路口等。如因为对仇人怀恨在心，就去买了一包砒霜想伺机下毒，后被人告发，这就属于刑法中的犯罪预备。犯罪预备，按照我国刑法规定，可以进行处罚。《刑法》第22条有明确的规定："为了犯罪，准备工具、制造条件的，是犯罪预备。对于预备犯，可以比照既遂犯从轻、减轻处罚或者免除处罚。"

4. "无限防卫"是怎么回事？

《刑法》第20条第1款规定："为了使国家、公共利益、本人或者他人的人身、财产和其他权利免受正在进行的不法侵害，而采取的制止不法侵害的行为，对不法侵害人造成损害的，属于正当防卫，不负刑事责任。"第3款规定："对正在进行行凶、杀人、抢劫、强奸、绑架以及其他严重危及人身安全的暴力犯罪，采取防卫行为，造成不法侵害人伤亡的，不属于防卫过当，不负刑事责任。"

这里的第 3 款规定，即为无限防卫。无限防卫是指刑法赋予公民在特定情况下的防卫权，针对的是正在进行的行凶、杀人、抢劫、强奸、绑架以及其他严重危及人身安全的暴力犯罪。

5. 明知他人犯罪还为其提供藏身处所是否构成犯罪？

明知他人犯罪而不加以劝阻，还为其提供逃跑工具、藏身处所等，这实际上就是帮助他人逃避法律的制裁，属于窝藏、包庇，触犯了法律的规定。《刑法》第 310 条第 1 款规定了窝藏、包庇罪："明知是犯罪的人而为其提供隐藏处所、财物，帮助其逃匿或者作假证明包庇的，处三年以下有期徒刑、拘役或者管制；情节严重的，处三年以上十年以下有期徒刑。"因此，无论出于何种目的，都不能帮助他人逃避法律的制裁，而应当劝其自首，争取法律的宽大处理。

6. 为了索要债务限制他人自由构成何罪？

《刑法》第 238 条第 1 款至第 3 款规定："非法拘禁他人或者以其他方法非法剥夺他人人身自由的，处三年以下有期徒刑、拘役、管制或者剥夺政治权利。具有殴打、侮辱情节的，从重处罚。犯前款罪，致人重伤的，处三年以上十年以下有期徒刑；致人死亡的，处十年以上有期徒刑。使用暴力致人伤残、死亡的，依照本法第二百三十四条①、第二百三十二条②的规定定罪处罚。为索取债务非

---

① 《刑法》第 234 条规定："故意伤害他人身体的，处三年以下有期徒刑、拘役或者管制。犯前款罪，致人重伤的，处三年以上十年以下有期徒刑；致人死亡或者以特别残忍手段致人重伤造成严重残疾的，处十年以上有期徒刑、无期徒刑或者死刑。本法另有规定的，依照规定。"

② 《刑法》第 232 条规定："故意杀人的，处死刑、无期徒刑或者十年以上有期徒刑；情节较轻的，处三年以上十年以下有期徒刑。"

法扣押、拘禁他人的，依照前两款的规定处罚。"由此可见，为了索要债务将他人关起来的行为一般构成非法拘禁罪。非法拘禁是指以拘押、禁闭或者其他强制方法，非法剥夺他人人身自由的行为。非法拘禁罪侵犯的客体是他人的身体自由权，所谓身体自由权，是指公民身体的动静举止不受非法干预的权利，也就是说公民有权在法律范围内按照自己的意志决定自己身体行动而不受他人非法干涉。这里要注意，非法拘禁他人的目的必须是索取自己的债务，而不能向他人索取额外的钱财，否则有可能涉嫌构成绑架罪。

7. 捡到他人物品拒不交还，构成犯罪吗？

捡到他人遗忘的物品拒不交还，如果数额较大可能会构成侵占罪。侵占罪是指以非法占有为目的，将代为保管的他人财物或他人的遗忘物、埋藏物据为己有，数额较大，拒不交出的犯罪行为。构成侵占罪要符合三个方面的要求：第一，行为人有占有财物的意图；第二，行为人占有的财物仅限于三类——保管物、遗忘物、埋藏物；第三，被占有的财物数额较大。同时要注意，侵占罪只有被害人告诉的，国家机关才处理，否则国家机关不会主动干预。《刑法》第270条规定："将代为保管的他人财物非法占为己有，数额较大，拒不退还的，处二年以下有期徒刑、拘役或者罚金；数额巨大或者有其他严重情节的，处二年以上五年以下有期徒刑，并处罚金。将他人的遗忘物或者埋藏物非法占为己有，数额较大，拒不交出的，依照前款的规定处罚。本条罪，告诉的才处理。"

8. 父母丢弃婴儿并导致婴儿死亡的行为可能构成犯罪吗？

《刑法》第261条规定："对于年老、年幼、患病或者其他没有独立生活能力的人，负有扶养义务而拒绝扶养，情节恶劣的，处五年以下有期徒刑、拘役或者管制。"该条所说的遗弃罪，是指对于年老、年幼、患病或者其他没有独立生活能力的人，本身负有扶养义务而拒绝扶养，情节恶劣的行为。由此可知，父母故意丢弃婴儿，并且由于遗弃行为而致婴儿死亡的，情节恶劣，涉嫌构成遗弃罪，根据法律规定，处5年以下有期徒刑、拘役或者管制。如果在丢弃婴儿时就已预见到会导致婴儿死亡的，还有可能构成故意杀人罪。

9. 放火烧自己家的房屋，也构成放火罪吗？

《刑法》第114条规定："放火、决水、爆炸以及投放毒害性、放射性、传染病病原体等物质或者以其他危险方法危害公共安全，尚未造成严重后果的，处三年以上十年以下有期徒刑。"该法第115条第1款规定："放火、决水、爆炸以及投放毒害性、放射性、传染病病原体等物质或者以其他危险方法致人重伤、死亡或者使公私财产遭受重大损失的，处十年以上有期徒刑、无期徒刑或者死刑。"由此可以得知，放火罪同决水、爆炸、投放危险物质一样，是一种危害公共安全的犯罪，由于它危险性很强，因此刑法不以实际造成损失为放火罪的构成要件，只要有危害公共安全的可能性就成立放火罪。放火罪也不探讨行为人的初衷是什么，即使行为人是为了烧自己家的财物，但最后演变成危害公共安全，行为人就不再是单纯地烧自己家的东西了，而是成立放火罪，要受到刑事处罚。

10. 故意伤害他人，可能需要承担什么刑事责任？

《刑法》第234条规定："故意伤害他人身体的，处三年以下有期徒刑、拘役或者管制。犯前款罪，致人重伤的，处三年以上十年以下有期徒刑；致人死亡或者以特别残忍手段致人重伤造成严重残疾的，处十年以上有期徒刑、无期徒刑或者死刑。本法另有规定的，依照规定。"

在量刑上，《最高人民法院、最高人民检察院关于常见犯罪的量刑指导意见（试行）》指出："（七）故意伤害罪 1. 构成故意伤害罪的，根据下列情形在相应的幅度内确定量刑起点：（1）故意伤害致一人轻伤的，在二年以下有期徒刑、拘役幅度内确定量刑起点。（2）故意伤害致一人重伤的，在三年至五年有期徒刑幅度内确定量刑起点。（3）以特别残忍手段故意伤害致一人重伤，造成六级严重残疾的，在十年至十三年有期徒刑幅度内确定量刑起点。依法应当判处无期徒刑以上刑罚的除外。2. 在量刑起点的基础上，根据伤害后果、伤残等级、手段残忍程度等其他影响犯罪构成的犯罪事实增加刑罚量，确定基准刑。故意伤害致人轻伤的，伤残程度可以在确定量刑起点时考虑，或者作为调节基准刑的量刑情节。3. 构成故意伤害罪的，综合考虑故意伤害的起因、手段、危害后果、赔偿谅解等犯罪事实、量刑情节，以及被告人的主观恶性、人身危险性、认罪悔罪表现等因素，决定缓刑的适用。"

由此可见，成立故意伤害罪的条件主要有以下几个方面：第一，行为人主观上是出于故意伤害他人身体的；第二，行为人客观上实施了伤害他人身体的行为，如殴打、捅刺等；第三，造成了他人轻伤以上的结果。如果行为人给他人造成的伤害未达轻伤的，不成立故意伤害罪，但仍然需要承担治安管理处罚与民事赔偿责任。如果行为人给他人造成的伤害达到重伤以上的，则需要依法对行为人从重处罚。冲动之下将他人打伤的，虽然伤人动机带有激情属性，但只要打伤他人的行为是出于故意，且给他人造成了轻伤以上的伤害，就需要承担刑事责任。

11. 在公共场所起哄闹事，涉嫌什么犯罪？

《刑法》第 293 条规定："有下列寻衅滋事行为之一，破坏社会秩序的，处五年以下有期徒刑、拘役或者管制：（一）随意殴打他人，情节恶劣的；（二）追逐、拦截、辱骂、恐吓他人，情节恶劣的；（三）强拿硬要或者任意损毁、占用公私财物，情节严重的；（四）在公共场所起哄闹事，造成公共场所秩序严重混乱的。纠集他人多次实施前款行为，严重破坏社会秩序的，处五年以上十年以下有期徒刑，可以并处罚金。"由此可见，如果在公共场所起哄闹事，可能成立寻衅滋事罪。《最高人民法院、最高人民检察院关于办理寻衅滋事刑事案件适用法律若干问题的解释》第5条规定："在车站、码头、机场、医院、商场、公园、影剧院、展览会、运动场或者其他公共场所起哄闹事，应当根据公共场所的性质、公共活动的重要程度、公共场所的人数、起哄闹事的时间、公共场所受影响的范围与程度等因素，综合判断是否'造成公共场所秩序严重混乱'。"如果行为人虽然在公共场所起哄闹事，但结合本条规定中的因素，判断尚未对公共秩序造成严重混乱的，不成立寻衅滋事罪，而是应当承担治安管理处罚责任，由公安机关对其进行处罚。

12. 在网上给他人造谣，捏造事实污蔑他人，会构成犯罪吗？

《刑法》第246条规定："以暴力或者其他方法公然侮辱他人或者捏造事实诽谤他人，情节严重的，处三年以下有期徒刑、拘役、管制或者剥夺政治权利。前款罪，告诉的才处理，但是严重危害社会秩序和国家利益的除外。通过信息网络实施第一款规定的行为，被害人向人民法院告诉，但提供证据确有困难的，人民法院可以要求公安机关提供协助。"由此可见，捏造事实侮辱、诽谤他人的，同样可能成立犯罪，需要接受刑事处罚。要成立诽谤罪，需要达成情节严重的条件。《最高人民法院、最高人民检察院关于办理利用信息网络实施诽谤等刑事案件适用法律若干问题的解释》第2条规定："利用信息网络诽谤他人，具有下列情形之一的，应当认定为刑法第二百四十六条第一款规定的'情节严重'：（一）同一诽谤信息实际被点击、浏览次数达到五千次以上，或者被转发次数达到五百次以上的；（二）造成被害人或者其近亲属精神失常、自残、自杀等严重后果的；（三）二年内曾因诽谤受过行政处罚，又诽谤他人的；（四）其他情节严重的情形。"需要注意的是，受害人认为自己遭受诽谤的，如果诽谤行为没有严重危害社会秩序和国家利益的，只能由受害人自己向人民法院提起刑事诉讼。但是，如果受害人获取证据有困难，可以由人民法院要求公安机关提供协助。

13. 仅仅给犯罪分子提供了银行卡，也属于犯罪吗？

《刑法》第287条之二第1款规定了帮助信息网络犯罪活动罪："明知他人利用信息网络实施犯罪，为其犯罪提供互联网接入、服务器托管、网络存储、通讯传输等技术支持，或者提供广告推广、支付结算等帮助，情节严重的，处三年以下有期徒刑或者拘役，并处或者单处罚金。"由此可见，在本条规定的情况下，即使行为人并未实际实施其他犯罪行为，但为他人的信息网络犯罪行为提供了帮助，且达到了情节严重的标准的，就可能成立犯罪。

《最高人民法院、最高人民检察院关于办理非法利用信息网络、帮助信息网络犯罪活动等刑事案件适用法律若干问题的解释》（以下简称《解释》）第12条规定："明知他人利用信息网络实施犯罪，为其犯罪提供帮助，具有下列情形之一的，应当认定为刑法第二百八十七条之二第一款规定的'情节严重'：（一）为三个以上对象提供帮助的；（二）支付结算金额二十万元以上的；（三）以投放广告等方式提供资金五万元以上的；（四）违法所得一万元以上的；（五）二年内曾因非法利用信息网络、帮助信息网络犯罪活动、危害计算机信息系统安全受过行政处罚，又帮助信息网络犯罪活动的；（六）被帮助对象实施的犯罪造成严重后果的；（七）其他情节严重的情形。实施前款规定的行为，确因客观条件限制无法查证被帮助对象是否达到犯罪的程度，但相关数额总计达到前款第二项至第四项规定标准五倍以上，或者造成特别严重后果的，应当以帮助信息网络犯罪活动罪追究行为人的刑事责任。"即可以根据该规定来认定行为人是否达到"情节严重"的标准，是否构成帮助信息网络犯罪活动罪，并承担相应的刑事责任。

此外，需要注意的是，本罪可以独立定罪，不需要依赖于所帮助的犯罪行为是否已经定罪。根据《解释》第13条的规定："被帮助对象实施的犯罪行为可以确认，但尚未到案、尚未依法裁判或者因未达到刑事责任年龄等原因依法未予追究刑事责任的，不影响帮助信息网络犯罪活动罪的认定。"由此可见，只要被帮助对象实施的犯罪行为可以确认，就可以认定帮助信息网络犯罪活动罪。

14. 以兼职、刷单返佣金的方式骗取他人财物，可能构成什么罪？

以兼职、刷单返佣金的方式骗取他人财物的行为可能会成立诈骗罪。《刑法》第266条规定："诈骗公私财物，数额较大的，处三年以下有期徒刑、拘役或者管制，并处或者单处罚金；数额巨大或者有其他严重情节的，处三年以上十年以下有期徒刑，并处罚金；数额特别巨大或者有其他特别严重情节的，处十年以上有期徒刑或者无期徒刑，并处罚金或者没收财产。本法另有规定的，依照规定。"由此可见，诈骗罪的成立条件除了要实施诈骗公私财物的行为以外，还需要达到数额较大的标准。《最高人民法院、最高人民检察院关于办理诈骗刑事案件具体应用法律若干问题的解释》第1条规定："诈骗公私财物价值三千元至一万元以上、三万元至十万元以上、五十万元以上的，应当分别认定为刑法第二百六十六条规定的'数额较大'、'数额巨大'、'数额特别巨大'。各省、自治区、直辖市高级人民法院、人民检察院可以结合本地区经济社会发展状况，在前款规定的数额幅度内，共同研究确定本地区执行的具体数额标准，报最高人民法院、最高人民检察院备案。"因此，通过网络以兼职、刷单返佣金为借口骗取他人财物，总价值达到 3000元以上，行为人便可能构成诈骗罪。

15. 继父母殴打共同生活的继子女，可能构成什么罪？

《刑法》第 260 条规定："虐待家庭成员，情节恶劣的，处二年以下有期徒刑、拘役或者管制。犯前款罪，致使被害人重伤、死亡的，处二年以上七年以下有期徒刑。第一款罪，告诉的才处理，但被害人没有能力告诉，或者因受到强制、威吓无法告诉的除外。"虐待罪是发生在家庭成员之间的犯罪，继父母与继子女之间虽然没有血缘关系，但只要在一起生活，就可以认定为家庭成员。继父母殴打共同生活的继子女，情节恶劣的，应当成立虐待罪。

16. 存在事实婚姻又与他人结婚，构成什么罪？

《刑法》第 258 条规定："有配偶而重婚的，或者明知他人有配偶而与之结婚的，处二年以下有期徒刑或者拘役。"在同一时间内，同一个人只能有一段婚姻关系，如果重婚，将可能构成重婚罪。需要注意的是，判断行为人是否已经结婚并不完全以结婚证为准。《最高人民法院关于适用〈中华人民共和国民法典〉婚姻家庭编的解释（一）》第 7 条规定："未依据民法典第一千零四十九条①规定办理结婚登记而以夫妻名义共同生活的男女，提起诉讼要求离婚

---

① 《民法典》第 1049 条规定："要求结婚的男女双方应当亲自到婚姻登记机关申请结婚登记。符合本法规定的，予以登记，发给结婚证。完成结婚登记，即确立婚姻关系。未办理结婚登记的，应当补办登记。"

的，应当区别对待：（一）1994年2月1日民政部《婚姻登记管理条例》公布实施以前，男女双方已经符合结婚实质要件的，按事实婚姻处理……"由此可见，在《婚姻登记管理条例》公布实施以前，只要男女双方在一起以夫妻名义共同生活，即使未领取结婚证，其婚姻关系也具有法律效力。因此，如果行为人存在事实婚姻，又与他人结婚，或者明知他人存在事实婚姻而与之结婚的，将构成重婚罪。

17. 护工殴打不能自理的病患，构成什么罪？

《刑法》第260条之一规定："对未成年人、老年人、患病的人、残疾人等负有监护、看护职责的人虐待被监护、看护的人，情节恶劣的，处三年以下有期徒刑或者拘役。单位犯前款罪的，对单位判处罚金，并对其直接负责的主管人员和其他直接责任人员，依照前款的规定处罚。有第一款行为，同时构成其他犯罪的，依照处罚较重的规定定罪处罚。"本条所规定的虐待被监护、看护人罪，成立的条件主要有以下几个方面：第一，行为人是负有监护、看护职责的人，如护工、保姆等；第二，实施了虐待行为，且情节恶劣；第三，受害对象应当是未成年人、老年人、患病的人、残疾人等处于弱势地位、受监护或看护的人群。本条犯罪不仅是个人可以构成，单位也可以构成。例如，养老院虐待老人的，也可能构成本罪。

第十二节　医疗纠纷处理法律知识

1. 邀请的外院医生造成了医疗事故，该由谁承担责任？

《最高人民法院关于审理医疗损害责任纠纷案件适用法律若干问题的解释》第20条规定："医疗机构邀请本单位以外的医务人员对患者进行诊疗，因受邀医务人员的过错造成患者损害的，由邀请医疗机构承担赔偿责任。"医疗机构接诊患者后，应当对患者负责。由医疗机构出面邀请本单位以外的医务人员对患者进行诊疗，依然应当由该医疗机构对患者承担责任。

2. 病人急需抢救，但家属却无法达成一致意见，医生可以直接对病人进行手术吗？

《民法典》第1220条规定："因抢救生命垂危的患者等紧急情况，不能取得患者或者其近亲属意见的，经医疗机构负责人或者授权的负责人批准，可以立即实施相应的医疗措施。"《最高人民法院关于审理医疗损害责任纠纷案件适用法律若干问题的解释》第18条规定："因抢救生命垂危的患者等紧急情况且不能取得患者意见时，下列情形可以认定为民法典第一千二百二十条规定的不能取得患者近亲属意见：（一）近亲属不明的；（二）不能及时联系到近亲属的；（三）近亲属拒绝发表意见的；（四）近亲属达不成一致意见的；（五）法律、法规规定的其他情形。前款情形，医务人员经医疗机构负责人或者授权的负责人批准立即实施相应医疗措施，患者因此请求医疗机构承担赔偿责任的，不予支持；医疗机构及其医务人员怠于实施相应医疗措施造成损害，患者请求医疗机构承担赔偿责任的，应予支持。"由此可见，如果患者情况危急，为了挽救患者的生命，在无法取得患者意见，且家属意见不一致的时候，医生可以在经医疗机构负责人或授权的负责人批准后，立即对患者进行手术。

3. 非法行医造成患者人身损害，能否认定为医疗事故？

《医疗事故处理条例》第61条规定："非法行医，造成患者人身损害，不属于医疗事故，触犯刑律的，依法追究刑事责任；有关赔偿，由受害人直接向人民法院提起诉讼。"由此可见，非法行医导致人身损害的，不属于医疗事故。即非法行医人员造成患者伤害的，构成侵权，要赔偿患者损失；如果情况严重，该非法行医人员可能会触犯《刑法》第336条[1]规定，构成非法行医罪。

4. 手术后遗症能否认定为医疗事故？

对于后遗症是否可以认定为医疗事故，不能一概而论，关键还在于后遗症是否由医务人员的过错行为导致。若后遗症的发生是在现有科学技术条件下无法预测或不能防范的，则不能构成医疗事故。对此《医疗事故处理条例》第33条有明确的规定："有下列情形之一的，不属于医疗事故：（一）在紧急情况下为抢救垂危患者生命而采取紧急医学措施造成不良后果的；（二）在医疗活动中由于患者病情异常或者患者体质特殊而发生医疗意外的；（三）在现

---

[1] 《刑法》第336条第1款规定："未取得医生执业资格的人非法行医，情节严重的，处三年以下有期徒刑、拘役或者管制，并处或者单处罚金；严重损害就诊人身体健康的，处三年以上十年以下有期徒刑，并处罚金；造成就诊人死亡的，处十年以上有期徒刑，并处罚金。"

有医学科学技术条件下，发生无法预料或者不能防范的不良后果的；（四）无过错输血感染造成不良后果的；（五）因患方原因延误诊疗导致不良后果的；（六）因不可抗力造成不良后果的。"

5. 租用医院的诊室行医发生医疗事故，由谁承担赔偿责任？

根据《医疗机构管理条例》第9条的规定，单位或者个人设置医疗机构，按照国务院的规定应当办理设置医疗机构批准书的，应当经县级以上地方人民政府卫生行政部门审查批准，并取得设置医疗机构批准书。根据《民法典》第172条的规定，行为人没有代理权、超越代理权或者代理权终止后，仍然实施代理行为，相对人有理由相信行为人有代理权的，代理行为有效。因此，租用医院的诊室行医，如果医院对患者未作出明确的说明，按常理患者会认为该门诊就是属于医院的一个诊室，所以出现医疗事故应该由医院承担相关责任。

6. 护士未按照规定巡视造成患者病情加重，医院要赔偿吗？

《医疗事故处理条例》第2条规定："本条例所称医疗事故，是指医疗机构及其医务人员在医疗活动中，违反医疗卫生管理法律、行政法规、部门规章和诊疗护理规范、常规，过失造成患者人身损害的事故。"由此可见，作为医务人员之一的护士，如果违反诊疗护理规范、常规，未按照规定巡视造成患者病情加重的，属于医疗事故，对患者产生的损害，应由该医院承担相关赔偿责任。

7. 哪些项目属于医疗事故损害赔偿的范围？分别按什么标准计算？

《医疗事故处理条例》第50条规定："医疗事故赔偿，按照下列项目和标准计算：（一）医疗费：按照医疗事故对患者造成的人身损害进行治疗所发生的医疗费用计算，凭据支付，但不包括原发病医疗费用。结案后确实需要继续治疗的，按照基本医疗费用支付。（二）误工费：患者有固定收入的，按照本人因误工减少的固定收入计算，对收入高于医疗事故发生地上一年度职工年平均工资3倍以上的，按照3倍计算；无固定收入的，按照医疗事故发生地上一年度职工年平均工资计算。（三）住院伙食补助费：按照医疗事故发生地国家机关一般工作人员的出差伙食补助标准计算。（四）陪护费：患者住院期间需要专人陪护的，按照医疗事故发生地上一年度职工年平均工资计算。（五）残疾生活补助费：根据伤残等级，按照医疗事故发生地居民年平均生活费计算，自定残之月起最长赔偿30年；但是，60周岁以上的，不超过15年；70周岁以上的，不超过5年。（六）残疾用具费：因残疾需要配置补偿功能器具的，凭医疗机构证明，按照普及型器具的费用计算。（七）丧葬费：按照医疗事故发生地规定的丧葬费补助标准计算。（八）被扶养人生活费：以死者生前或者残疾者丧失劳动能力前实际扶养且没有劳动能力的人为限，按照其户籍所在地或者居所地居民最低生活保障标准计算。对不满16周岁的，扶养到16周岁。对年满16周岁但无劳动能力的，扶养20年；但是，60周岁以上的，不超过15年；70周岁以上的，不超过5年。（九）交通费：按照患者实际必需的交通费用计算，凭据支付。（十）住宿费：按照医疗事故发生地国家机关一般工作人员的出差住宿补助标准计算，凭据支付。（十一）精神损害抚慰金：按照医疗事故发生地居民年平均生活费计算。造成患者死亡的，赔偿年限最长不超过6年；造成患者残疾的，赔偿年限最长不超过3年。"由此可见，《医疗事故处理条例》中规定的对医疗事故受害人的赔偿项目多达11条，受害人及其家属可以根据自己的情况，整理证据、总结赔偿数额，向医院提出合理的请求，以保护自己的最大利益。

8. 对医疗事故的赔偿能自行协商解决吗？

根据《医疗事故处理条例》第 46 条的规定，发生医疗事故的赔偿等民事责任争议，医患双方可以协商解决；不愿意协商或者协商不成的，当事人可以向卫生行政部门提出调解申请，也可以直接向人民法院提起民事诉讼。因此，出现医疗事故后，医患双方是可以协商解决的。此外，根据《医疗事故处理条例》第 47 条的相关规定，双方当事人协商解决医疗事故的赔偿等民事责任争议的，应当制作协议书。协议书应当载明双方当事人的基本情况和医疗事故的原因、双方当事人共同认定的医疗事故等级以及协商确定的赔偿数额等，并由双方当事人在协议书上签名。

第十三节　物业管理法律知识

1. 法律对物业服务费定价有何规定？

根据《物业服务收费管理办法》第 2 条的规定，物业服务收费，是指物业管理企业按照物业服务合同的约定，对房屋及配套的设施设备和相关场地进行维修、养护、管理，维护相关区域内的环境卫生和秩序，向业主所收取的费用。物业服务费的收取分为政府指导价和市场调节价，根据《物业服务收费管理办法》第 6 条和第 7 条的规定，物业服务收费应当区分不同物业的性质和特点分别实行政府指导价和市场调节价。具体定价形式由省、自治区、直辖市人民政府价格主管部门会同房地产行政主管部门确定。物业服务收费实行政府指导价的，有定价权限的人民政府价格主管部门应当会同房地产行政主管部门根据物业管理服务等级标准等因素，制定相应的基准价及其浮动幅度，并定期公布。具体收费标准由业主与物业管理企业根据规定的基准价和浮动幅度在物业服务合同中约定。实行市场调节价的物业服务收费，由业主与物业管理企业在物业服务合同中约定。

2. 物业服务收费明码标价的内容包括什么？

为规范物业服务收费行为，使业主全面了解物业收费项目及标准，减少服务企业与业主之间不必要的矛盾，政府对物业服务收费实行明码标价制度。根据《物业服务收费明码标价规定》第 6 条、第 7 条和第 8 条的规定，物业服务收费明码标价的内容包括：物业管理企业名称、收费对象、服务内容、服务标准、计费方式、计费起始时间、收费项目、收费标准、价格管理形式、收费依据、价格举报电话 12358 等。实行政府指导价的物业服务收费应当同时标明基准收费标准、浮动幅度，以及实际收费标准。物业管理企业在其服务区域内的显著位置或收费地点，可采取公示栏、公示牌、收费表、收费清单、收费手册、多媒体终端查询等方式实行明码标价。物业管理企业接受委托代收供水、供电、供气、供热、通信、有线电视等有关费用的，也应当依照上述规定的有关内容和方式实行明码标价。

3. 物业服务收费标准发生变化时，需要提前多久告知业主？

根据《物业服务收费明码标价规定》第 10 条的规定，实行明码标价的物业服务收费的标准等发生变化时，物业管理企业应当在执行新标准前 1 个月，将所标示的相关内容进行调整，并应标示新标准开始实行的日期。所以，物业管理企业应提前1个月告知业主收费的变动情况。

4. 物业服务费的构成都包括哪些？

根据《物业服务收费管理办法》第11条的规定，实行物业服务费用包干制的，物业服务费用的构成包括物业服务成本、法定税费和物业管理企业的利润。实行物业服务费用酬金制的，预收的物业服务资金包括物业服务支出和物业管理企业的酬金。物业服务成本或者物业服务支出构成一般包括以下部分：（1）管理服务人员的工资、社会保险和按规定提取的福利费等；（2）物业共用部位、共用设施设备的日常运行、维护费用；（3）物业管理区域清洁卫生费用；（4）物业管理区域绿化养护费用；（5）物业管理区域秩序维护费用；（6）办公费用；（7）物业管理企业固定资产折旧；（8）物业共用部位、共用设施设备及公众责任保险费用；（9）经业主同意的其他费用。物业共用部位、共用设施设备的大修、中修和更新、改造费用，应当通过专项维修资金予以列支，不得计入物业服务支出或者物业服务成本。

5. 房子8年无人居住，还需要交纳物业费吗？

《民法典》第944条第1款规定："业主应当按照约定向物业服务人支付物业费。物业服务人已经按照约定和有关规定提供服务的，业主不得以未接受或者无需接受相关物业服务为由拒绝支付物业费。"在实际生活中，空置的房子仍然属于整体建筑的一部分，即使闲置没人住，物业管理企业也对整体建筑进行了维护，所以仍然需要交纳物业费。

6. 承租人与物业公司发生纠纷如何处理？

《最高人民法院关于审理物业服务纠纷案件适用法律若干问题的解释》第4条规定："因物业的承租人、借用人或者其他物业使用人实施违反物业服务合同，以及法律、法规或者管理规约的行为引起的物业服务纠纷，人民法院可以参照关于业主的规定处理。"从实际意义上来讲，承租人是合法占用房屋的使用者，其有权行使业主的相关权利，同样应为物业公司的服务对象。

7. 哪些事项应该由业主共同决定？

凡是涉及全体业主利益的事项都应由业主共同决定。根据《物业管理条例》第11条的规定，下列事项由业主共同决定：（1）制定和修改业主大会议事规则；（2）制定和修改管理规约；（3）选举业主委员会或者更换业主委员会成员；（4）选聘和解聘物业服务企业；（5）筹集和使用专项维修资金；（6）改建、重建建筑物及其附属设施；（7）有关共有和共同管理权利的其他重大事项。

8. 擅自将物业管理用房出租会承担怎样的后果？

根据《物业管理条例》第37条和第62条的规定，物业管理用房的所有权依法属于业主。未经业主大会同意，物业服务企业擅自改变物业管理用房的用途的，由县级以上地方人民政府房地产行政主管部门责令限期改正，给予警告，并处1万元以上10万元以下的罚款；有收益的，所得收益用于物业管理区域内物业共用部位、共用设施设备的维修、养护，剩余部分按照业主大会的决定使用。

物业管理用房如用于其他用途，需要经过业主大会的同意，物业公司擅自出租是违法行为，会受到法律的制裁。

9. 业主交纳专项维修资金是法律所规定的吗？

根据《物业管理条例》第 53 条第 1 款的规定，住宅物业、住宅小区内的非住宅物业或者与单幢住宅楼结构相连的非住宅物业的业主，应当按照国家有关规定交纳专项维修资金。专项维修资金是住房售后为确保住宅物业正常地运作，延长住宅物业的使用寿命，维护住房产权人和使用人利益所预先建立的资金。专项维修资金制度的建立，能最大限度地保障住房人的根本利益。所以，无论是商住还是住宅物业都需要交纳专项维修资金以维护房屋的质量。

10. 专项维修资金应该归谁所有？

建立专项维修资金制度有利于最大限度地维护广大业主的权益。根据《物业管理条例》第 53 条第 2 款的规定，专项维修资金属于业主所有，专项用于物业保修期满后物业共用部位、共用设施设备的维修和更新、改造，不得挪作他用。另外，根据该条例第 60 条的规定，违反该条例的规定，挪用专项维修资金的，由县级以上地方人民政府房地产行政主管部门追回挪用的专项维修资金，给予警告，没收违法所得，可以并处挪用数额 2 倍以下的罚款；构成犯罪的，依法追究直接负责的主管人员和其他直接责任人员的刑事责任。在现实生活中，任何人不得私自挪用专项维修资金用于其他用途。

11. 使用专项维修资金要经过业主同意吗？

根据《物业管理条例》第 12 条第 3 款的规定，业主大会决定该条例第 11 条第 5 项和第 6 项规定的事项（筹集和使用专项维修资金，改建、重建建筑物及其附属设施），应当经专有部分占建筑物总面积 2/3 以上的业主且占总人数 2/3 以上的业主同意。筹集和使用专项维修资金应为全体业主的利益考虑，需得到法律规定的业主人数的同意。法律对专项维修资金筹集和使用的程序作出严格规定，是为了维护业主的合法权益，保障业主对资金去向的知情权。

12. 将房子转卖给他人后，没用完的专项维修资金怎么办？

《住宅专项维修资金管理办法》第 28 条规定："房屋所有权转让时，业主应当向受让人说明住宅专项维修资金交存和结余情况并出具有效证明，该房屋分户账中结余的住宅专项维修资金随房屋所有权同时过户。受让人应当持住宅专项维修资金过户的协议、房屋权属证书、身份证等到专户管理银行办理分户账更名手续。"由此可见，住宅专项维修资金应当与房屋绑定，业主将房屋转让给他人的，结余的专项维修资金并不是退还给业主，而是应当跟随房屋所有权共同过户给新的房屋受让人。

13. 前期物业服务合同尚未到期，业主能选聘新的物业公司吗？

《物业管理条例》第 26 条规定："前期物业服务合同可以约定期限；但是，期限未满、业主委员会与物业服务企业签订的物业服务合同生效的，前期物业服务合同终止。"《民法典》第 940 条规定："建设单位依法与物业服务人订立的前期物业服务合同约定的服务期限届满前，业主委员会或者业主与新物业服务人订立的物业服务合同生效的，前期物业服务合同终止。"前期物业服务合同是建设单位与物业服务人订立的合同。当业主入住后，业主为物业服务人实际的服务对象，有权选择新的物业服务人。即使前期物业服务合同尚未到期，业主也有权与新的物业服务人签订物业服务合同。

14. 物业公司代收水电费能要求业主支付手续费吗?

《物业管理条例》第 44 条规定:"物业管理区域内,供水、供电、供气、供热、通信、有线电视等单位应当向最终用户收取有关费用。物业服务企业接受委托代收前款费用的,不得向业主收取手续费等额外费用。"供水、供电、供气、供热、通信、有线电视等服务是业主与相关单位之间达成的合同内容,物业服务人代收相关费用的,所尽到的应当是委托责任,不得因此收取额外费用,以此获利。

15. 物业公司对委托给他人的服务,还需要对业主负责吗?

《物业管理条例》第 39 条规定:"物业服务企业可以将物业管理区域内的专项服务业务委托给专业性服务企业,但不得将该区域内的全部物业管理一并委托给他人。"《民法典》第 941 条第 1 款规定:"物业服务人将物业服务区域内的部分专项服务事项委托给专业性服务组织或者其他第三人的,应当就该部分专项服务事项向业主负责。"物业服务合同是基于业主对物业服务人的信任所订立的。但现实中,由于部分物业公司的规模、经营范围等限制,很难全方位地为业主提供服务,因此法律允许其将部分服务委托给其他更为专业的企业。同时,由于物业服务合同的当事人为业主与物业服务人,根据合同的相对性,即使将服务委托给他人,也应当由物业服务人对业主承担相应的责任。

16. 选聘了新的物业后,原物业能要求业主支付交接期间的物业费吗?

《物业管理条例》38 条第 2 款规定:"物业服务合同终止时,业主大会选聘了新的物业服务企业的,物业服务企业之间应当做好交接工作。"《民法典》第 949 条规定:"物业服务合同终止的,原物业服务人应当在约定期限或者合理期限内退出物业服务区域,将物业服务用房、相关设施、物业服务所必需的相关资料等交还给业主委员会、决定自行管理的业主或者其指定的人,配合新物业服务人做好交接工作,并如实告知物业的使用和管理状况。原物业服务人违反前款规定的,不得请求业主支付物业服务合同终止后的物业费;造成业主损失的,应当赔偿损失。"由此可见,物业服务企业配合新的物业服务人做好交接工作,是物业服务合同到期后物业服务人应当履行的后合同义务。这一义务是法律明确规定的,具有强制性。如果物业服务企业未做好交接工作,代表其没能按照规定履行义务,不能要求业主支付物业服务合同终止后与新的物业公司进行交接期间的物业费。如果因未做好交接工作给业主造成损害的,物业服务企业还需要对业主承担赔偿责任。

第十四节 城市房屋征收与补偿法律知识

1. 房屋承租人属于被征收人吗?

实际上,并不是家中的每一个人都是被征收人,被征收人仅仅指的是被征收房屋的所有权人。房屋的所有权人,也即我们平时所说的房主,是房屋征收的被征收人。只有房主才有资格与房屋征收人签订房屋征收补偿协议,当然房主也可以授权其他人代自己签订补偿协议。

那么,房屋承租人和其他使用人,如房主的兄弟姐妹或其他亲戚,是否属于被征收人呢?按照《国有土地上房屋征收与补偿条例》规定,被征收人仅仅指的是房主,并不包括房屋的承租人或其他的房屋使用人。在房屋征收拆迁实践中，签订补偿协议，或是催促搬家等，房屋征收人找的都是房主。但房主在获得安置或补偿后，也应对其他房屋使用人进行安置或补偿。

2. "回迁"是怎么回事？

回迁权是指在旧城改造中，改建地区的房屋被依法征收，如果被征收人愿意回到原地的，可以在一定条件下保障其在改建地段或者是就近地段得到安置房的权利。对此，《国有土地上房屋征收与补偿条例》第21条第3款有明确规定："因旧城区改建征收个人住宅，被征收人选择在改建地段进行房屋产权调换的，作出房屋征收决定的市、县级人民政府应当提供改建地段或者就近地段的房屋。""回迁"也是一种补偿方式，属于房屋产权调换的补偿方式。

3. 因征收造成的停产停业损失在补偿范围内吗？

《国有土地上房屋征收与补偿条例》第17条明确规定"因征收房屋造成的停产停业损失的补偿"属于补偿范围，并且，该条例第23条还规定，对因征收房屋造成停产停业损失的补偿，根据房屋被征收前的效益、停产停业期限等因素确定。具体办法由省、自治区、直辖市制定。由此可见，停产停业的损失属于征收补偿范围。

4. 扩建部分能得到房屋征收补偿吗？

《国有土地上房屋征收与补偿条例》第16条第1款规定："房屋征收范围确定后，不得在房屋征收范围内实施新建、扩建、改建房屋和改变房屋用途等不当增加补偿费用的行为；违反规定实施的，不予补偿。"由此可见，征收房屋的房屋面积应当以房屋征收范围确定时的为准。如果是在房屋征收范围确定后，为了多获得补偿金而扩建房屋的，扩建部分的面积不能得到补偿。

5. 征收个人住宅，是否应该优先给予住房保障呢？

《国有土地上房屋征收与补偿条例》第18条明确规定，征收个人住宅，被征收人符合住房保障条件的，作出房屋征收决定的市、县级人民政府应当优先给予住房保障。具体办法由省、自治区、直辖市制定。由此可见，对于个人住宅被征收，被征收人符合住房保障条件的，可以优先得到住房保障，不用等待轮候保障房。不仅《国有土地上房屋征收与补偿条例》有此规定，《民法典》第243条第3款也规定："征收组织、个人的房屋以及其他不动产，应当依法给予征收补偿，维护被征收人的合法权益；征收个人住宅的，还应当保障被征收人的居住条件。"

6. 临时建筑需要给予征收补偿吗？

合法建筑，是指依照《建筑法》等有关法律法规，在施工前已经取得建设、土地、规划等主管部门的批准，或者施工后补办了相关批准证书、权属证书的建筑物和构筑物。

违法建筑，是指未取得建设、土地、规划等主管部门的批准而擅自建设的，或采取欺骗手段骗取批准而占地新建、扩建和改建的建筑物和构筑物。

临时建筑，是指必须限期拆除、结构简易、临时性的建筑物、构筑物和其他设施。

对认定为合法建筑和未超过批准期限的临时建筑，应当给予补偿；对认定为违法建筑和超过批准期限的临时建筑，不予补偿。

7. 受到胁迫而签订的补偿协议能撤销吗?

补偿协议成立生效的一个重要条件是协议双方的真实意思达成一致。如果被征收人受到胁迫而违背自己真实意愿签订补偿协议，该协议是可以被撤销的。根据《民法典》第150条的规定，一方或者第三人以胁迫手段，使对方在违背真实意思的情况下实施的民事法律行为，受胁迫方有权请求人民法院或者仲裁机构予以撤销。法律赋予受胁迫方撤销权以维护自己的合法权利不被侵犯。

8. 因重大误解签订的补偿协议能否撤销?

所谓的重大误解，是指行为人因对行为的性质、对方当事人、标的物的品种、质量、规格和数量等的错误认识，使行为的后果与自己的意思相悖，并造成较大损失。被征收人因为对于协议性质、征收标的等有误解而签订的协议，实质上不是自己真实的意思表示。对于此种情形，《民法典》第147条规定："基于重大误解实施的民事法律行为，行为人有权请求人民法院或者仲裁机构予以撤销。"所以被征收人如果在订立补偿协议时存在重大误解，可以依法申请撤销。

9. 不履行补偿协议要承担怎样的法律责任?

一方不履行补偿协议约定的义务或者履行义务不符合约定的，违约方应当承担继续履行、采取补救措施或赔偿损失的违约责任。双方也可以约定违约方向守约方支付一定金额的违约金。房屋征收人不按照补偿协议约定按时支付补偿金额或者没有按照约定时间交付调换的房屋或周转房屋的，被征收人可以要求房屋征收人继续履行合同，并赔偿被征收人的损失（如因不能及时入住导致需要租房等损失）或支付补偿协议约定的违约金。被征收人没有按照补偿协议约定的时间将自己的房屋腾空并交付征收人拆除的，也应按照补偿协议的约定，向房屋征收人支付违约金。

10. 被人民法院查封的房屋，影响征收的评估价吗？

《国有土地上房屋征收评估办法》第11条规定："被征收房屋价值是指被征收房屋及其占用范围内的土地使用权在正常交易情况下，由熟悉情况的交易双方以公平交易方式在评估时点自愿进行交易的金额，但不考虑被征收房屋租赁、抵押、查封等因素的影响。前款所述不考虑租赁因素的影响，是指评估被征收房屋无租约限制的价值；不考虑抵押、查封因素的影响，是指评估价值中不扣除被征收房屋已抵押担保的债权数额、拖欠的建设工程价款和其他法定优先受偿款。"由此可见，在确定被征收房屋的价值时，所考虑的应当是房屋面积、所处位置等在正常交易情况下确定房屋价值的因素，房屋是否被出租、抵押、查封并不会影响被征收房屋的价值。

第十五节 农村土地承包法律知识

1. 土地承包合同会因负责人的变动而变更吗？

农村土地承包合同较其他合同而言，其合同期限一般较长，耕地的承包期为30年；草地的承包期为30年至50年；林地的承包期为30年至70年。一旦合同签订后，承包人就会投入大量的资金、时间等成本，如果合同可以任意变更或解除，那么承包人的直接损失以及期待利益损失就非常大，严重损害了农户的切身利益，也会影响农户承包经营的积极性，因此，根据我国《农村土地承包法》

第 25 条规定："承包合同生效后，发包方不得因承办人或者负责人的变动而变更或者解除，也不得因集体经济组织的分立或者合并而变更或者解除。"由此可见，为了维护承包方的长远利益，农村土地承包合同具有稳定性，不会因发包方承办人或负责人的变动而变更或解除。

2. 发包方可以在承包期内调整承包地吗？

《农村土地承包法》第 28 条第 1 款规定，承包期内，发包方不得调整承包地。但是该条第 2 款规定，承包期内，因自然灾害严重毁损承包地等特殊情形对个别农户之间承包的耕地和草地需要适当调整的，必须经本集体经济组织成员的村民会议 2/3 以上成员或者 2/3 以上村民代表的同意，并报乡（镇）人民政府和县级人民政府农业农村、林业和草原等主管部门批准。承包合同中约定不得调整的，按照其约定。

3. 将土地承包给"外人"可以吗？

我国实行农村土地承包经营制度，农村土地承包采取农村集体经济组织内部的家庭承包方式，对于不宜采取家庭承包方式的荒山、荒沟、荒丘、荒滩等农村土地，可以采取招标、拍卖、公开协商等方式承包。发包方依法可以将本集体经济组织的土地发包给本集体经济组织以外的单位或者个人。但是，根据《农村土地承包法》第 52 条的规定，发包方将农村土地发包给本集体经济组织以外的单位或者个人承包，应当事先经本集体经济组织成员的村民会议 2/3 以上成员或者 2/3 以上村民代表的同意，并报乡（镇）人民政府批准。由本集体经济组织以外的单位或者个人承包的，应当对承包方的资信情况和经营能力进行审查后，再签订承包合同。

4. 通过拍卖方式承包的土地可以入股吗？

根据《农村土地承包法》第 53 条的规定，通过招标、拍卖、公开协商等方式承包农村土地，经依法登记取得权属证书的，可以依法采取出租、入股、抵押或者其他方式流转土地经营权。因此，通过拍卖承包后的土地可以作为股份入股。

5. 已经流转过一次的土地能否二次流转？

《农村土地承包法》第 46 条规定："经承包方书面同意，并向本集体经济组织备案，受让方可以再流转土地经营权。"当承包方因故不能继续经营土地时，可以选择将土地经营权流转。农业用地资源有限，将有限的土地进行流转、盘活闲置承包地，是受到法律鼓励的。因此，即使承包土地已经经过流转，受让方只要经过承包方书面同意并进行了备案的，就可以再次将土地进行流转。举例来说，A 将自己的承包地经营权流转给 B，B 经过 A 的书面同意和向本集体经济组织备案后，可以将该土地经营权流转给 C。

6. 签订流转合同后，承包关系会受到影响吗？

根据《农村土地承包法》第 44 条的规定，承包方流转土地经营权的，其与发包方的承包关系不变。众所周知，土地承包经营权的流转主体是承包方，而该承包经营权的流转合同是承包方与第三人之间确定的权利义务关系，承包方与发包方之间的承包合同仍在有效期限内，其承包关系仍然存在，不因流转合同的成立而解除或灭失。

7. 土地承包经营权会因妇女结婚、离婚而变动吗？

根据《农村土地承包法》第 31 条的规定，承包期内，妇女结婚，在新居住地未取得承包地的，发包方不得收回其原承包地；妇女离婚或者丧偶，仍在原居住地生活或者不在原居住地生活但在新居住地未取得承包地的，发包方不得收回其原承包地。由此可知，国家尊重和保护妇女的土地承包经营权，已经依法取得的土地承包经营权，并不因妇女结婚、离婚或者丧偶而变动，但妇女在新居住地取得承包地的除外。

8. 农民外出务工，其土地承包经营权可以被收回吗？

根据《农村土地承包法》第 5 条的规定，农村集体经济组织成员有权依法承包由本集体经济组织发包的农村土地。任何组织和个人不得剥夺和非法限制农村集体经济组织成员承包土地的权利。外出务工农民是为了改善生活而暂时离开本村，并没有改变其本村集体经济组织成员的性质，所以，发包方既不能因为农民长期外出务工就剥夺其承包经营权，也不能因此将其原承包的土地任意收回。

9. 自愿交回承包地后，还能再承包新的土地吗？

《农村土地承包法》第 30 条规定："承包期内，承包方可以自愿将承包地交回发包方。承包方自愿交回承包地的，可以获得合理补偿，但是应当提前半年以书面形式通知发包方。承包方在承包期内交回承包地的，在承包期内不得再要求承包土地。"从本条规定可以看出，如果承包期未满，承包方不想再继续承包土地，可以自愿交回承包地，且只能在承包期满后才能再次要求承包土地。如果承包方交回土地后反悔，可以通过流转的方式，受让他人的土地经营权。

10. 农户进城落户就要放弃土地承包经营权吗？

《农村土地承包法》第 27 条第 1 款和第 2 款规定："承包期内，发包方不得收回承包地。国家保护进城农户的土地承包经营权。不得以退出土地承包经营权作为农户进城落户的条件。"由此可见，只要土地还在承包期内，发包方便不能以承包户不再是集体经济组织内部成员为由要求收回土地，也不能将退出土地经营权作为承包方进城落户的条件。根据《农村土地承包法》第 57 条的规定，如果发包方违反规定收回承包地，应当承担停止侵害、排除妨碍、消除危险、返还财产、恢复原状、赔偿损失等民事责任。但是，如果承包户进城落户后自愿交回承包地，则法律是允许的。

11. 村民进城落户后，其承包的土地怎么办？

《农村土地承包法》第 27 条第 3 款特别规定："承包期内，承包农户进城落户的，引导支持其按照自愿有偿原则依法在本集体经济组织内转让土地承包经营权或者将承包地交回发包方，也可以鼓励其流转土地经营权。"由此可见，进城落户的村民，既可以保留自己的土地承包经营权，按时节回乡耕种、打理承包地，也可以将自己的土地经营权通过转包、出租、转让等方式流转给他人或托亲戚、邻居代管，还可以将承包地交回发包方。《农村土地承包法》第 65 条规定："国家机关及其工作人员有利用职权干涉农村土地承包经营，变更、解除承包经营合同，干涉承包经营当事人依法享有的生产经营自主权，强迫、阻碍承包经营当事人进行土地承包经营权互换、转让或者土地经营权流转等侵害土地承包经营权、土地经营权的行为，给承包经营当事人造成损失的，应当承担损害赔偿等责任；情节严重的，由上级机关或者所在单位给予直接责任人员处分；构成犯罪的，依法追究刑事责任。"

12. 将承包地交回能要求补偿吗?

《农村土地承包法》第 27 条第 4 款明确规定:"承包期内,承包方交回承包地或者发包方依法收回承包地时,承包方对其在承包地上投入而提高土地生产能力的,有权获得相应的补偿。"也就是说,当农户自愿交回承包地或其承包地在承包期内依法被收回时,如果承包户投入资金或采取各种措施有效提高了土地的生产能力,那么发包方应该对承包方的投入给予相应的经济补偿。

第十六节　宅基地法律知识

1. 家里人口多,一处宅基地不够住,可以申请新的宅基地吗?

《土地管理法》第 62 条第 1 款规定:"农村村民一户只能拥有一处宅基地,其宅基地的面积不得超过省、自治区、直辖市规定的标准。"从本条规定可以看出,农村的宅基地是按户分配的。农村的宅基地资源有限,一户只能享有一处宅基地。如果村民家中人口众多,原本的宅基地确实无法为所有人口提供住处的,可以通过分户的方式,申请新的宅基地。

2. 村民将房屋出卖、出租或赠与他人后还能再申请宅基地吗?

农村村民一户只能拥有一处宅基地。是否为一户,应根据户籍管理的户口本来判断,即如果在户口本上登记的是一家人,那么该户口本所登记的家庭就属于一户,一户当然只能拥有一处宅基地。

《土地管理法》第 62 条第 5 款明确规定:"农村村民出卖、出租、赠与住宅后,再申请宅基地的,不予批准。"这是因为,如果村民将房屋出卖或出租了,一方面,表明该村民肯定有房屋居住,不用考虑自身住房的问题;另一方面,村民将宅基地上房屋出卖或出租而获取利益,如果再允许他申请宅基地,就变相地侵害了村集体的公共利益。所以,村民将房屋出卖、出租或赠与他人以后,再申请宅基地不能得到批准。

3. 农村宅基地可以继承吗?

《民法典》第1122条规定:"遗产是自然人死亡时遗留的个人合法财产。依照法律规定或者根据其性质不得继承的遗产,不得继承。"《土地管理法》第9条第2款规定:"农村和城市郊区的土地,除由法律规定属于国家所有的以外,属于农民集体所有;宅基地和自留地、自留山,属于农民集体所有。"由此可见,宅基地并不是农民的个人财产,而是属于农民集体所有的财产,农民个人仅能对宅基地享有使用权。因此,宅基地本身是不能继承的。但是,农民在宅基地上建造的房屋为农民的个人财产,可以发生继承。由于房地不可分离,继承人在继承房屋后,依然能够使用房屋所附着的宅基地,但这并不代表其继承了宅基地使用权。

4. 宅基地被征收后,还能申请新的宅基地吗?

《土地管理法》第48条第4款规定:"征收农用地以外的其他土地、地上附着物和青苗等的补偿标准,由省、自治区、直辖市制定。对其中的农村村民住宅,应当按照先补偿后搬迁、居住条件有改善的原则,尊重农村村民意愿,采取重新安排宅基地建房、提供安置房或者货币补偿等方式给予公平、合理的补偿,并对因征收造成的搬迁、临时安置等费用予以补偿,保障农村村民居住的权利和合法的住房财产权益。"征收是政府行为,从村民的角度来说是难以预料的，因征收而失去宅基地使用权并非出自村民的本意。因此，在对村民进行补偿时，应当尊重村民的意愿，如果村民想申请新的宅基地，应当重新为村民安排新的宅基地。但是，如果村民在宅基地被征收后选择了安置房，则不能再申请新的宅基地。

5. 农民进城落户后宅基地会被强制收回吗？

《土地管理法》第 62 条第 6 款规定："国家允许进城落户的农村村民依法自愿有偿退出宅基地，鼓励农村集体经济组织及其成员盘活利用闲置宅基地和闲置住宅。"同时，《中央农村工作领导小组办公室、农业农村部关于进一步加强农村宅基地管理的通知》中指出："要充分保障宅基地农户资格权和农民房屋财产权。不得以各种名义违背农民意愿强制流转宅基地和强迫农民'上楼'，不得违法收回农户合法取得的宅基地，不得以退出宅基地作为农民进城落户的条件……"从以上规定可以看出，当农村村民进城落户后，其宅基地使用权并不会被强制收回，而是根据村民自身的意愿，决定是否要自愿退出宅基地。如果村民自愿退出宅基地，应当适当给予补偿；村民在本集体经济组织内部向符合宅基地申请条件的农户转让宅基地，应积极鼓励。总之不得违背村民意愿，强制要求其退出宅基地，更不能以进城落户作为条件，变相强迫村民退出宅基地。对进城落户的农村村民，各地可以多渠道筹集资金，探索通过多种方式鼓励其自愿有偿退出宅基地。

第四章

人民调解类法律法规及规范性文件

中华人民共和国人民调解法

(2010年8月28日第十一届全国人民代表大会常务委员会第十六次会议通过 2010年8月28日中华人民共和国主席令第34号公布 自2011年1月1日起施行)

第一章 总 则

第一条 为了完善人民调解制度,规范人民调解活动,及时解决民间纠纷,维护社会和谐稳定,根据宪法,制定本法。

第二条 本法所称人民调解,是指人民调解委员会通过说服、疏导等方法,促使当事人在平等协商基础上自愿达成调解协议,解决民间纠纷的活动。

第三条 人民调解委员会调解民间纠纷,应当遵循下列原则:

(一)在当事人自愿、平等的基础上进行调解;

(二)不违背法律、法规和国家政策;

(三)尊重当事人的权利,不得因调解而阻止当事人依法通过仲裁、行政、司法等途径维护自己的权利。

第四条 人民调解委员会调解民间纠纷,不收取任何费用。

第五条　国务院司法行政部门负责指导全国的人民调解工作，县级以上地方人民政府司法行政部门负责指导本行政区域的人民调解工作。

基层人民法院对人民调解委员会调解民间纠纷进行业务指导。

第六条　国家鼓励和支持人民调解工作。县级以上地方人民政府对人民调解工作所需经费应当给予必要的支持和保障，对有突出贡献的人民调解委员会和人民调解员按照国家规定给予表彰奖励。

第二章　人民调解委员会

第七条　人民调解委员会是依法设立的调解民间纠纷的群众性组织。

第八条　村民委员会、居民委员会设立人民调解委员会。企业事业单位根据需要设立人民调解委员会。

人民调解委员会由委员三至九人组成，设主任一人，必要时，可以设副主任若干人。

人民调解委员会应当有妇女成员，多民族居住的地区应当有人数较少民族的成员。

第九条　村民委员会、居民委员会的人民调解委员会委员由村民会议或者村民代表会议、居民会议推选产生；企业事业单位设立的人民调解委员会委员由职工大会、职工代表大会或者工会组织推选产生。

人民调解委员会委员每届任期三年，可以连选连任。

第十条　县级人民政府司法行政部门应当对本行政区域内人民调解委员会的设立情况进行统计，并且将人民调解委员会以及人员组成和调整情况及时通报所在地基层人民法院。

第十一条　人民调解委员会应当建立健全各项调解工作制度，

听取群众意见，接受群众监督。

第十二条　村民委员会、居民委员会和企业事业单位应当为人民调解委员会开展工作提供办公条件和必要的工作经费。

第三章　人民调解员

第十三条　人民调解员由人民调解委员会委员和人民调解委员会聘任的人员担任。

第十四条　人民调解员应当由公道正派、热心人民调解工作，并具有一定文化水平、政策水平和法律知识的成年公民担任。

县级人民政府司法行政部门应当定期对人民调解员进行业务培训。

第十五条　人民调解员在调解工作中有下列行为之一的，由其所在的人民调解委员会给予批评教育、责令改正，情节严重的，由推选或者聘任单位予以罢免或者解聘：

（一）偏袒一方当事人的；

（二）侮辱当事人的；

（三）索取、收受财物或者牟取其他不正当利益的；

（四）泄露当事人的个人隐私、商业秘密的。

第十六条　人民调解员从事调解工作，应当给予适当的误工补贴；因从事调解工作致伤致残，生活发生困难的，当地人民政府应当提供必要的医疗、生活救助；在人民调解工作岗位上牺牲的人民调解员，其配偶、子女按照国家规定享受抚恤和优待。

第四章　调解程序

第十七条　当事人可以向人民调解委员会申请调解；人民调解

委员会也可以主动调解。当事人一方明确拒绝调解的，不得调解。

第十八条　基层人民法院、公安机关对适宜通过人民调解方式解决的纠纷，可以在受理前告知当事人向人民调解委员会申请调解。

第十九条　人民调解委员会根据调解纠纷的需要，可以指定一名或者数名人民调解员进行调解，也可以由当事人选择一名或者数名人民调解员进行调解。

第二十条　人民调解员根据调解纠纷的需要，在征得当事人的同意后，可以邀请当事人的亲属、邻里、同事等参与调解，也可以邀请具有专门知识、特定经验的人员或者有关社会组织的人员参与调解。

人民调解委员会支持当地公道正派、热心调解、群众认可的社会人士参与调解。

第二十一条　人民调解员调解民间纠纷，应当坚持原则，明法析理，主持公道。

调解民间纠纷，应当及时、就地进行，防止矛盾激化。

第二十二条　人民调解员根据纠纷的不同情况，可以采取多种方式调解民间纠纷，充分听取当事人的陈述，讲解有关法律、法规和国家政策，耐心疏导，在当事人平等协商、互谅互让的基础上提出纠纷解决方案，帮助当事人自愿达成调解协议。

第二十三条　当事人在人民调解活动中享有下列权利：

（一）选择或者接受人民调解员；

（二）接受调解、拒绝调解或者要求终止调解；

（三）要求调解公开进行或者不公开进行；

（四）自主表达意愿、自愿达成调解协议。

第二十四条　当事人在人民调解活动中履行下列义务：

（一）如实陈述纠纷事实；

（二）遵守调解现场秩序，尊重人民调解员；

（三）尊重对方当事人行使权利。

第二十五条 人民调解员在调解纠纷过程中，发现纠纷有可能激化的，应当采取有针对性的预防措施；对有可能引起治安案件、刑事案件的纠纷，应当及时向当地公安机关或者其他有关部门报告。

第二十六条 人民调解员调解纠纷，调解不成的，应当终止调解，并依据有关法律、法规的规定，告知当事人可以依法通过仲裁、行政、司法等途径维护自己的权利。

第二十七条 人民调解员应当记录调解情况。人民调解委员会应当建立调解工作档案，将调解登记、调解工作记录、调解协议书等材料立卷归档。

第五章 调解协议

第二十八条 经人民调解委员会调解达成调解协议的，可以制作调解协议书。当事人认为无需制作调解协议书的，可以采取口头协议方式，人民调解员应当记录协议内容。

第二十九条 调解协议书可以载明下列事项：
（一）当事人的基本情况；
（二）纠纷的主要事实、争议事项以及各方当事人的责任；
（三）当事人达成调解协议的内容，履行的方式、期限。

调解协议书自各方当事人签名、盖章或者按指印，人民调解员签名并加盖人民调解委员会印章之日起生效。调解协议书由当事人各执一份，人民调解委员会留存一份。

第三十条 口头调解协议自各方当事人达成协议之日起生效。

第三十一条 经人民调解委员会调解达成的调解协议，具有法律约束力，当事人应当按照约定履行。

人民调解委员会应当对调解协议的履行情况进行监督，督促当事人履行约定的义务。

第三十二条 经人民调解委员会调解达成调解协议后,当事人之间就调解协议的履行或者调解协议的内容发生争议的,一方当事人可以向人民法院提起诉讼。

第三十三条 经人民调解委员会调解达成调解协议后,双方当事人认为有必要的,可以自调解协议生效之日起三十日内共同向人民法院申请司法确认,人民法院应当及时对调解协议进行审查,依法确认调解协议的效力。

人民法院依法确认调解协议有效,一方当事人拒绝履行或者未全部履行的,对方当事人可以向人民法院申请强制执行。

人民法院依法确认调解协议无效的,当事人可以通过人民调解方式变更原调解协议或者达成新的调解协议,也可以向人民法院提起诉讼。

第六章 附 则

第三十四条 乡镇、街道以及社会团体或者其他组织根据需要可以参照本法有关规定设立人民调解委员会,调解民间纠纷。

第三十五条 本法自 2011 年 1 月 1 日起施行。

人民调解委员会组织条例

(1989 年 5 月 5 日国务院第 40 次常务会议通过 1989 年 6 月 17 日中华人民共和国国务院令第 37 号发布 自发布之日起施行)

第一条 为了加强人民调解委员会的建设,及时调解民间纠纷，增进人民团结，维护社会安定，以利于社会主义现代化建设，制定本条例。

第二条　人民调解委员会是村民委员会和居民委员会下设的调解民间纠纷的群众性组织，在基层人民政府和基层人民法院指导下进行工作。

基层人民政府及其派出机关指导人民调解委员会的日常工作由司法助理员负责。

第三条　人民调解委员会由委员三至九人组成，设主任一人，必要时可以设副主任。

人民调解委员会委员除由村民委员会成员或者居民委员会成员兼任的以外由群众选举产生，每三年改选一次，可以连选连任。

多民族居住地区的人民调解委员会中，应当有人数较少的民族的成员。

人民调解委员会委员不能任职时，由原选举单位补选。

人民调解委员会委员严重失职或者违法乱纪的，由原选举单位撤换。

第四条　为人公正，联系群众，热心人民调解工作，并有一定法律知识和政策水平的成年公民，可以当选为人民调解委员会委员。

第五条　人民调解委员会的任务为调解民间纠纷，并通过调解工作宣传法律、法规、规章和政策，教育公民遵纪守法，尊重社会公德。

人民调解委员会应当向村民委员会或者居民委员会反映民间纠纷和调解工作的情况。

第六条　人民调解委员会的调解工作应当遵守以下原则：

（一）依据法律、法规、规章和政策进行调解，法律、法规、规章和政策没有明确规定的，依据社会公德进行调解；

（二）在双方当事人自愿平等的基础上进行调解；

（三）尊重当事人的诉讼权利，不得因未经调解或者调解不成而阻止当事人向人民法院起诉。

第七条 人民调解委员会根据当事人的申请及时调解纠纷；当事人没有申请的，也可以主动调解。

人民调解委员会调解纠纷可以由委员一人或数人进行；跨地区、跨单位的纠纷，可以由有关的各方调解组织共同调解。

人民调解委员会调解纠纷，可以邀请有关单位和个人参加，被邀请的单位和个人应当给予支持。

第八条 人民调解委员会调解纠纷，应当在查明事实、分清是非的基础上，充分说理，耐心疏导，消除隔阂，帮助当事人达成协议。

调解纠纷应当进行登记，制作笔录，根据需要或者当事人的请求，可以制作调解协议书。调解协议书应当有双方当事人和调解人员的签名，并加盖人民调解委员会的印章。

第九条 人民调解委员会主持下达成的调解协议，当事人应当履行。

经过调解，当事人未达成协议或者达成协议后又反悔的，任何一方可以请求基层人民政府处理，也可以向人民法院起诉。

第十条 基层人民政府对于人民调解委员会主持下达成的调解协议，符合法律、法规、规章和政策的，应当予以支持；违背法律、法规、规章和政策的，应当予以纠正。

第十一条 人民调解委员会调解民间纠纷不收费。

第十二条 人民调解委员会委员必须遵守以下纪律：

（一）不得徇私舞弊；

（二）不得对当事人压制、打击报复；

（三）不得侮辱、处罚当事人；

（四）不得泄露当事人的隐私；

（五）不得吃请受礼。

第十三条　各级人民政府对成绩显著的人民调解委员会和调解委员应当予以表彰和奖励。

第十四条　对人民调解委员会委员，根据情况可以给予适当补贴。

人民调解委员会的工作经费和调解委员的补贴经费，由村民委员会或者居民委员会解决。

第十五条　企业、事业单位根据需要设立的人民调解委员会，参照本条例执行。

第十六条　本条例由司法部负责解释。

第十七条　本条例自发布之日起施行。1954年3月22日原中央人民政府政务院公布的《人民调解委员会暂行组织通则》同时废止。

人民调解工作若干规定

（2002年9月26日中华人民共和国司法部令第75号公布　自2002年11月1日起施行）

第一章　总　　则

第一条　为了规范人民调解工作，完善人民调解组织，提高人民调解质量，根据《中华人民共和国宪法》和《中华人民共和国民事诉讼法》、《人民调解委员会组织条例》等法律、法规的规定，结合人民调解工作实际，制定本规定。

第二条　人民调解委员会是调解民间纠纷的群众性组织。

人民调解员是经群众选举或者接受聘任,在人民调解委员会领导下,从事人民调解工作的人员。

人民调解委员会委员、调解员,统称人民调解员。

第三条 人民调解委员会的任务是:

(一)调解民间纠纷,防止民间纠纷激化;

(二)通过调解工作宣传法律、法规、规章和政策,教育公民遵纪守法,尊重社会公德,预防民间纠纷发生;

(三)向村民委员会、居民委员会、所在单位和基层人民政府反映民间纠纷和调解工作的情况。

第四条 人民调解委员会调解民间纠纷,应当遵守下列原则:

(一)依据法律、法规、规章和政策进行调解,法律、法规、规章和政策没有明确规定的,依据社会主义道德进行调解;

(二)在双方当事人自愿平等的基础上进行调解;

(三)尊重当事人的诉讼权利,不得因未经调解或者调解不成而阻止当事人向人民法院起诉。

第五条 根据《最高人民法院关于审理涉及人民调解协议的民事案件的若干规定》,经人民调解委员会调解达成的、有民事权利义务内容,并由双方当事人签字或者盖章的调解协议,具有民事合同性质。当事人应当按照约定履行自己的义务,不得擅自变更或者解除调解协议。

第六条 在人民调解活动中,纠纷当事人享有下列权利:

(一)自主决定接受、不接受或者终止调解;

(二)要求有关调解人员回避;

(三)不受压制强迫,表达真实意愿,提出合理要求;

(四)自愿达成调解协议。

第七条 在人民调解活动中,纠纷当事人承担下列义务:

(一)如实陈述纠纷事实,不得提供虚假证明材料;

（二）遵守调解规则；

（三）不得加剧纠纷、激化矛盾；

（四）自觉履行人民调解协议。

第八条 人民调解委员会调解民间纠纷不收费。

第九条 司法行政机关依照本办法对人民调解工作进行指导和管理。

指导和管理人民调解委员会的日常工作，由乡镇、街道司法所（科）负责。

第二章 人民调解委员会和人民调解员

第十条 人民调解委员会可以采用下列形式设立：

（一）农村村民委员会、城市（社区）居民委员会设立的人民调解委员会；

（二）乡镇、街道设立的人民调解委员会；

（三）企业事业单位根据需要设立的人民调解委员会；

（四）根据需要设立的区域性、行业性的人民调解委员会。

人民调解委员会的设立及其组成人员，应当向所在地乡镇、街道司法所（科）备案；乡镇、街道人民调解委员会的设立及其组成人员，应当向县级司法行政机关备案。

第十一条 人民调解委员会由委员三人以上组成，设主任一人，必要时可以设副主任。

多民族聚居地区的人民调解委员会中，应当有人数较少的民族的成员。

人民调解委员会中应当有妇女委员。

第十二条 村民委员会、居民委员会和企业事业单位的人民调解委员会根据需要，可以自然村、小区（楼院）、车间等为单位，设立调解小组，聘任调解员。

第十三条 乡镇、街道人民调解委员会委员由下列人员担任：

（一）本乡镇、街道辖区内设立的村民委员会、居民委员会、企业事业单位的人民调解委员会主任；

（二）本乡镇、街道的司法助理员；

（三）在本乡镇、街道辖区内居住的懂法律、有专长、热心人民调解工作的社会志愿人员。

第十四条 担任人民调解员的条件是：为人公正，联系群众，热心人民调解工作，具有一定法律、政策水平和文化水平。

乡镇、街道人民调解委员会委员应当具备高中以上文化程度。

第十五条 人民调解员除由村民委员会成员、居民委员会成员或者企业事业单位有关负责人兼任的以外，一般由本村民区、居民区或者企业事业单位的群众选举产生，也可以由村民委员会、居民委员会或者企业事业单位聘任。

乡镇、街道人民调解委员会委员由乡镇、街道司法所（科）聘任。

区域性、行业性的人民调解委员会委员，由设立该人民调解委员会的组织聘任。

第十六条 人民调解员任期三年，每三年改选或者聘任一次，可以连选连任或者续聘。

人民调解员不能履行职务时，由原选举单位或者聘任单位补选、补聘。

人民调解员严重失职或者违法乱纪的，由原选举单位或者聘任单位撤换。

第十七条 人民调解员调解纠纷，必须遵守下列纪律：

（一）不得徇私舞弊；

（二）不得对当事人压制、打击报复；

（三）不得侮辱、处罚纠纷当事人；

（四）不得泄露当事人隐私；

（五）不得吃请受礼。

第十八条 人民调解员依法履行职务，受到非法干涉、打击报复的，可以请求司法行政机关和有关部门依法予以保护。

人民调解员履行职务，应当坚持原则，爱岗敬业，热情服务，诚实守信，举止文明，廉洁自律，注重学习，不断提高法律、道德素养和调解技能。

第十九条 人民调解委员会应当建立健全岗位责任制、例会、学习、考评、业务登记、统计和档案等各项规章制度，不断加强组织、队伍和业务建设。

第三章 民间纠纷的受理

第二十条 人民调解委员会调解的民间纠纷，包括发生在公民与公民之间、公民与法人和其他社会组织之间涉及民事权利义务争议的各种纠纷。

第二十一条 民间纠纷，由纠纷当事人所在地（所在单位）或者纠纷发生地的人民调解委员会受理调解。

村民委员会、居民委员会或者企业事业单位的人民调解委员会调解不了的疑难、复杂民间纠纷和跨地区、跨单位的民间纠纷，由乡镇、街道人民调解委员会受理调解，或者由相关的人民调解委员会共同调解。

第二十二条 人民调解委员会不得受理调解下列纠纷：

（一）法律、法规规定只能由专门机关管辖处理的，或者法律、法规禁止采用民间调解方式解决的；

（二）人民法院、公安机关或者其他行政机关已经受理或者解决的。

第二十三条　人民调解委员会根据纠纷当事人的申请，受理调解纠纷；当事人没有申请的，也可以主动调解，但当事人表示异议的除外。

当事人申请调解纠纷，可以书面申请，也可以口头申请。

受理调解纠纷，应当进行登记。

第二十四条　当事人申请调解纠纷，符合条件的，人民调解委员会应当及时受理调解。

不符合受理条件的，应当告知当事人按照法律、法规规定提请有关机关处理或者向人民法院起诉；随时有可能激化的，应当在采取必要的缓解疏导措施后，及时提交有关机关处理。

第四章　民间纠纷的调解

第二十五条　人民调解委员会调解纠纷，应当指定一名人民调解员为调解主持人，根据需要可以指定若干人民调解员参加调解。

当事人对调解主持人提出回避要求的，人民调解委员会应当予以调换。

第二十六条　人民调解委员会调解纠纷，应当分别向双方当事人询问纠纷的事实和情节，了解双方的要求及其理由，根据需要向有关方面调查核实，做好调解前的准备工作。

第二十七条　人民调解委员会调解纠纷，根据需要可以邀请有关单位或者个人参加，被邀请的单位或者个人应当给予支持。

调解跨地区、跨单位的纠纷，相关人民调解委员会应当相互配合，共同做好调解工作。

第二十八条　人民调解委员会调解纠纷，一般在专门设置的调解场所进行，根据需要也可以在便利当事人的其他场所进行。

第二十九条　人民调解委员会调解纠纷，根据需要可以公开进行，允许当事人的亲属、邻里和当地（本单位）群众旁听。但是涉及当事人的隐私、商业秘密或者当事人表示反对的除外。

第三十条　人民调解委员会调解纠纷，在调解前应当以口头或者书面形式告知当事人人民调解的性质、原则和效力，以及当事人在调解活动中享有的权利和承担的义务。

第三十一条　人民调解委员会调解纠纷，应当在查明事实、分清责任的基础上，根据当事人的特点和纠纷性质、难易程度、发展变化的情况，采取灵活多样的方式方法，开展耐心、细致的说服疏导工作，促使双方当事人互谅互让，消除隔阂，引导、帮助当事人达成解决纠纷的调解协议。

第三十二条　人民调解委员会调解纠纷，应当密切注意纠纷激化的苗头，通过调解活动防止纠纷激化。

第三十三条　人民调解委员会调解纠纷，一般在一个月内调结。

第五章　人民调解协议及其履行

第三十四条　经人民调解委员会调解解决的纠纷，有民事权利义务内容的，或者当事人要求制作书面调解协议的，应当制作书面调解协议。

第三十五条　调解协议应当载明下列事项：

（一）双方当事人基本情况；

（二）纠纷简要事实、争议事项及双方责任；

（三）双方当事人的权利和义务；

（四）履行协议的方式、地点、期限；

（五）当事人签名，调解主持人签名，人民调解委员会印章。

调解协议由纠纷当事人各执一份,人民调解委员会留存一份。

第三十六条 当事人应当自觉履行调解协议。

人民调解委员会应当对调解协议的履行情况适时进行回访,并就履行情况做出记录。

第三十七条 当事人不履行调解协议或者达成协议后又反悔的,人民调解委员会应当按下列情形分别处理:

(一)当事人无正当理由不履行协议的,应当做好当事人的工作,督促其履行;

(二)如当事人提出协议内容不当,或者人民调解委员会发现协议内容不当的,应当在征得双方当事人同意后,经再次调解变更原协议内容;或者撤销原协议,达成新的调解协议;

(三)对经督促仍不履行人民调解协议的,应当告知当事人可以请求基层人民政府处理,也可以就调解协议的履行、变更、撤销向人民法院起诉。

第三十八条 对当事人因对方不履行调解协议或者达成协议后又后悔,起诉到人民法院的民事案件,原承办该纠纷调解的人民调解委员会应当配合人民法院对该案件的审判工作。

第六章 对人民调解工作的指导

第三十九条 各级司法行政机关应当采取切实措施,加强指导,不断推进本地区人民调解委员会的组织建设、队伍建设、业务建设和制度建设,规范人民调解工作,提高人民调解工作的质量和水平。

各级司法行政机关在指导工作中,应当加强与人民法院的协调和配合。

第四十条 各级司法行政机关应当采取多种形式,加强对人民调解员的培训，不断提高人民调解员队伍的素质。

第四十一条 各级司法行政机关对于成绩显著、贡献突出的人民调解委员会和人民调解员，应当定期或者适时给予表彰和奖励。

第四十二条 各级司法行政机关应当积极争取同级人民政府的支持，保障人民调解工作的指导和表彰经费；协调和督促村民委员会、居民委员会和企业事业单位，落实人民调解委员会的工作经费和人民调解员的补贴经费。

第四十三条 乡镇、街道司法所（科），司法助理员应当加强对人民调解委员会工作的指导和监督，负责解答、处理人民调解委员会或者纠纷当事人就人民调解工作有关问题的请示、咨询和投诉；应人民调解委员会的请求或者根据需要，协助、参与对具体纠纷的调解活动；对人民调解委员会主持达成的调解协议予以检查，发现违背法律、法规、规章和政策的，应当予以纠正；总结交流人民调解工作经验，调查研究民间纠纷的特点和规律，指导人民调解委员会改进工作。

第七章 附　　则

第四十四条 人民调解委员会工作所需的各种文书格式，由司法部统一制定。

第四十五条 本规定自二〇〇二年十一月一日起施行。本规定发布前，司法部制定的有关规章、规范性文件与本规定相抵触的，以本规定为准。

人民调解委员会及调解员奖励办法

(1991年7月12日中华人民共和国司法部令第15号公布　自公布之日起施行)

第一条　为加强人民调解委员会组织建设，鼓励先进，调动调解人员的工作积极性，促进人民调解工作的开展，维护社会安定，根据《人民调解委员会组织条例》的有关规定，制定本办法。

第二条　本办法规定的奖励适用于人民调解委员会、人民调解员。

第三条　奖励必须实事求是，实行精神鼓励和物质奖励相结合，以精神鼓励为主的原则。

第四条　奖励条件

符合下列条件的人民调解委员会，给予集体奖励：

1. 组织健全，制度完善；

2. 调解纠纷和防止民间纠纷激化工作成绩显著，连续三年无因民间纠纷引起的刑事案件、自杀事件和群众性械斗；

3. 积极开展法制宣传教育、预防民间纠纷效果显著；

4. 积极向村（居）民委员会报告民间纠纷和调解工作情况，为减少纠纷发生和加强基层政权建设作出突出成绩。

符合下列条件之一的人民调解员，给予奖励：

1. 长期从事人民调解工作，勤勤恳恳，任劳任怨，全心全意为人民服务，为维护社会安定、增进人民团结作出突出贡献者；

2. 在防止民间纠纷激化工作中，积极疏导，力排隐患，临危不惧，挺身而出，舍己救人，对制止恶性案件发生或减轻危害后果作出突出贡献者；

3. 在纠纷当事人准备或正在实施自杀行为的紧急时刻,及时疏导调解,采取果断措施,避免当事人死亡的;

4. 刻苦钻研人民调解业务,认真总结人民调解工作经验,勇于改革开拓,对发展人民调解工作理论,丰富人民调解工作实践作出突出贡献者;

5. 忠实于法律、忠实于事实、忠实于人民利益,秉公办事,不徇私情、不谋私利事迹突出者;

6. 及时提供民间纠纷激化信息,为防止或减轻因民间纠纷激化引起的重大刑事案件、群众性械斗事件发生,作出较大贡献者;

7. 在维护社会安定、增进人民团结等其它方面作出重大贡献者。

第五条 奖励分为:模范人民调解委员会、模范人民调解员;优秀人民调解委员会、优秀人民调解员;先进人民调解委员会、先进人民调解员。

事迹特别突出、贡献特别大的集体或个人,给予命名表彰。

第六条 对受集体奖励者发给奖状或锦旗;对受个人奖励者发给奖状、证书和奖金。

第七条 奖励的审批权限

模范人民调解委员会和模范人民调解员以及集体和个人的命名表彰,由司法部批准。

优秀人民调解委员会和优秀人民调解员由省、自治区、直辖市司法厅(局)批准。

地(市)、县级司法局(处)表彰的统称先进人民调解委员会和先进人民调解员,分别由地(市)、县级司法局(处)批准。

第八条 凡报上一级机关批准奖励的集体或个人,呈报机关应当报送拟表彰奖励的请示报告、事迹材料和奖励审批表。

第九条 奖励工作具体事项,由各级司法行政机关基层工作部门商政工(人事)部门办理。

第十条　表彰奖励集体和个人，地（市）、县级司法局（处）每一年或两年一次，省、自治区、直辖市司法厅（局）每两年一次，司法部每四年一次。对有特殊贡献的集体和个人，可随时表彰奖励。

对在人民调解工作岗位上牺牲的调解人员，符合本办法奖励条件的，应追授奖励。

第十一条　凡发现受奖者事迹失实、隐瞒严重错误骗取荣誉的，或授予称号后犯严重错误，丧失模范作用的，由批准机关撤销其称号，并收回奖状、证书或锦旗。

第十二条　奖励经费按司法部、财政部（85）司发计财字384号《关于修订司法业务费开支范围的规定的通知》的有关规定，由批准奖励机关编造预算报同级财政部门列入调解费开支。

第十三条　按本办法受过奖励的人民调解委员会和人民调解员，仍可受各级人民政府依据《人民调解委员会组织条例》第十三条的规定给予的表彰和奖励。

第十四条　各省、自治区、直辖市司法厅（局）根据本办法可以制定实施细则，报司法部备案。

第十五条　本办法自公布之日起施行。

最高人民法院关于人民调解协议司法确认程序的若干规定

（2011年3月21日最高人民法院审判委员会第1515次会议通过　2011年3月23日最高人民法院公告公布　自2011年3月30日起施行　法释〔2011〕5号）

为了规范经人民调解委员会调解达成的民事调解协议的司法确

认程序,进一步建立健全诉讼与非诉讼相衔接的矛盾纠纷解决机制,依照《中华人民共和国民事诉讼法》和《中华人民共和国人民调解法》的规定,结合审判实际,制定本规定。

第一条 当事人根据《中华人民共和国人民调解法》第三十三条的规定共同向人民法院申请确认调解协议的,人民法院应当依法受理。

第二条 当事人申请确认调解协议的,由主持调解的人民调解委员会所在地基层人民法院或者它派出的法庭管辖。

人民法院在立案前委派人民调解委员会调解并达成调解协议,当事人申请司法确认的,由委派的人民法院管辖。

第三条 当事人申请确认调解协议,应当向人民法院提交司法确认申请书、调解协议和身份证明、资格证明,以及与调解协议相关的财产权利证明等证明材料,并提供双方当事人的送达地址、电话号码等联系方式。委托他人代为申请的,必须向人民法院提交由委托人签名或者盖章的授权委托书。

第四条 人民法院收到当事人司法确认申请,应当在三日内决定是否受理。人民法院决定受理的,应当编立"调确字"案号,并及时向当事人送达受理通知书。双方当事人同时到法院申请司法确认的,人民法院可以当即受理并作出是否确认的决定。

有下列情形之一的,人民法院不予受理:

(一) 不属于人民法院受理民事案件的范围或者不属于接受申请的人民法院管辖的;

(二) 确认身份关系的;

(三) 确认收养关系的;

(四) 确认婚姻关系的。

第五条 人民法院应当自受理司法确认申请之日起十五日内作出是否确认的决定。因特殊情况需要延长的,经本院院长批准,可以延长十日。

在人民法院作出是否确认的决定前,一方或者双方当事人撤回司法确认申请的,人民法院应当准许。

第六条 人民法院受理司法确认申请后,应当指定一名审判人员对调解协议进行审查。人民法院在必要时可以通知双方当事人同时到场,当面询问当事人。当事人应当向人民法院如实陈述申请确认的调解协议的有关情况,保证提交的证明材料真实、合法。人民法院在审查中,认为当事人的陈述或者提供的证明材料不充分、不完备或者有疑义的,可以要求当事人补充陈述或者补充证明材料。当事人无正当理由未按时补充或者拒不接受询问的,可以按撤回司法确认申请处理。

第七条 具有下列情形之一的,人民法院不予确认调解协议效力:

(一)违反法律、行政法规强制性规定的;

(二)侵害国家利益、社会公共利益的;

(三)侵害案外人合法权益的;

(四)损害社会公序良俗的;

(五)内容不明确,无法确认的;

(六)其他不能进行司法确认的情形。

第八条 人民法院经审查认为调解协议符合确认条件的,应当作出确认决定书;决定不予确认调解协议效力的,应当作出不予确认决定书。

第九条 人民法院依法作出确认决定后,一方当事人拒绝履行或者未全部履行的,对方当事人可以向作出确认决定的人民法院申请强制执行。

第十条 案外人认为经人民法院确认的调解协议侵害其合法权益的,可以自知道或者应当知道权益被侵害之日起一年内,向作出确认决定的人民法院申请撤销确认决定。

第十一条 人民法院办理人民调解协议司法确认案件，不收取费用。

第十二条 人民法院可以将调解协议不予确认的情况定期或者不定期通报同级司法行政机关和相关人民调解委员会。

第十三条 经人民法院建立的调解员名册中的调解员调解达成协议后，当事人申请司法确认的，参照本规定办理。人民法院立案后委托他人调解达成的协议的司法确认，按照《最高人民法院关于人民法院民事调解工作若干问题的规定》（法释〔2004〕12号）的有关规定办理。

最高人民法院关于建立健全诉讼与非诉讼相衔接的矛盾纠纷解决机制的若干意见

（2009年7月24日　法发〔2009〕45号）

为发挥人民法院在建立健全诉讼与非诉讼相衔接的矛盾纠纷解决机制方面的积极作用，促进各种纠纷解决机制的发展，现制定以下意见。

一、明确主要目标和任务要求

1. 建立健全诉讼与非诉讼相衔接的矛盾纠纷解决机制的主要目标是：充分发挥人民法院、行政机关、社会组织、企事业单位以及其他各方面的力量，促进各种纠纷解决方式相互配合、相互协调和全面发展，做好诉讼与非诉讼渠道的相互衔接，为人民群众提供更多可供选择的纠纷解决方式，维护社会和谐稳定，促进经济社会又好又快发展。

2. 建立健全诉讼与非诉讼相衔接的矛盾纠纷解决机制的主要

任务是：充分发挥审判权的规范、引导和监督作用，完善诉讼与仲裁、行政调处、人民调解、商事调解、行业调解以及其他非诉讼纠纷解决方式之间的衔接机制，推动各种纠纷解决机制的组织和程序制度建设，促使非诉讼纠纷解决方式更加便捷、灵活、高效，为矛盾纠纷解决机制的繁荣发展提供司法保障。

3. 在建立健全诉讼与非诉讼相衔接的矛盾纠纷解决机制的过程中，必须紧紧依靠党委领导，积极争取政府支持，鼓励社会各界参与，充分发挥司法的推动作用；必须充分保障当事人依法处分自己的民事权利和诉讼权利。

二、促进非诉讼纠纷解决机制的发展

4. 认真贯彻执行《中华人民共和国仲裁法》和相关司法解释，在仲裁协议效力、证据规则、仲裁程序、裁决依据、撤销裁决审查标准、不予执行裁决审查标准等方面，尊重和体现仲裁制度的特有规律，最大程度地发挥仲裁制度在纠纷解决方面的作用。对于仲裁过程中申请证据保全、财产保全的，人民法院应当依法及时办理。

5. 认真贯彻执行《中华人民共和国劳动争议调解仲裁法》和相关司法解释的规定，加强与劳动、人事争议等仲裁机构的沟通和协调，根据劳动、人事争议案件的特点采取适当的审理方式，支持和鼓励仲裁机制发挥作用。对劳动、人事争议仲裁机构不予受理或者逾期未作出决定的劳动、人事争议事项，申请人向人民法院提起诉讼的，人民法院应当依法受理。

6. 要进一步加强与农村土地承包仲裁机构的沟通和协调，妥善处理农村土地承包纠纷，努力为农村改革发展提供强有力的司法保障和法律服务。当事人对农村土地承包仲裁机构裁决不服而提起诉讼的，人民法院应当及时审理。当事人申请法院强制执行已经发生法律效力的裁决书和调解书的，人民法院应当依法及时执行。

7. 人民法院要大力支持、依法监督人民调解组织的调解工作，在审理涉及人民调解协议的民事案件时，应当适用有关法律规定。

8. 为有效化解行政管理活动中发生的各类矛盾纠纷，人民法院鼓励和支持行政机关依当事人申请或者依职权进行调解、裁决或者依法作出其他处理。调解、裁决或者依法作出的其他处理具有法律效力。当事人不服行政机关对平等主体之间民事争议所作的调解、裁决或者其他处理，以对方当事人为被告就原争议向人民法院起诉的，由人民法院作为民事案件受理。法律或司法解释明确规定作为行政案件受理的，人民法院在对行政行为进行审查时，可对其中的民事争议一并审理，并在作出行政判决的同时，依法对当事人之间的民事争议一并作出民事判决。

行政机关依法对民事纠纷进行调处后达成的有民事权利义务内容的调解协议或者作出的其他不属于可诉具体行政行为的处理，经双方当事人签字或者盖章后，具有民事合同性质，法律另有规定的除外。

9. 没有仲裁协议的当事人申请仲裁委员会对民事纠纷进行调解的，由该仲裁委员会专门设立的调解组织按照公平中立的调解规则进行调解后达成的有民事权利义务内容的调解协议，经双方当事人签字或者盖章后，具有民事合同性质。

10. 人民法院鼓励和支持行业协会、社会组织、企事业单位等建立健全调解相关纠纷的职能和机制。经商事调解组织、行业调解组织或者其他具有调解职能的组织调解后达成的具有民事权利义务内容的调解协议，经双方当事人签字或者盖章后，具有民事合同性质。

11. 经《中华人民共和国劳动争议调解仲裁法》规定的调解组织调解达成的劳动争议调解协议，由双方当事人签名或者盖章，经调解员签名并加盖调解组织印章后生效，对双方当事人具有合同约束力，当事人应当履行。双方当事人可以不经仲裁程序，根据本意见关于司法确认的规定直接向人民法院申请确认调解协议效力。人民法院不予确认的,当事人可以向劳动争议仲裁委员会申请仲裁。

12. 经行政机关、人民调解组织、商事调解组织、行业调解组织或者其他具有调解职能的组织对民事纠纷调解后达成的具有给付内容的协议,当事人可以按照《中华人民共和国公证法》的规定申请公证机关依法赋予强制执行效力。债务人不履行或者不适当履行具有强制执行效力的公证文书的,债权人可以依法向有管辖权的人民法院申请执行。

13. 对于具有合同效力和给付内容的调解协议,债权人可以根据《中华人民共和国民事诉讼法》和相关司法解释的规定向有管辖权的基层人民法院申请支付令。申请书应当写明请求给付金钱或者有价证券的数量和所根据的事实、证据,并附调解协议原件。

因支付拖欠劳动报酬、工伤医疗费、经济补偿或者赔偿金事项达成调解协议,用人单位在协议约定期限内不履行的,劳动者可以持调解协议书依法向人民法院申请支付令。

三、完善诉讼活动中多方参与的调解机制

14. 对属于人民法院受理民事诉讼的范围和受诉人民法院管辖的案件,人民法院在收到起诉状或者口头起诉之后、正式立案之前,可以依职权或者经当事人申请后,委派行政机关、人民调解组织、商事调解组织、行业调解组织或者其他具有调解职能的组织进行调解。当事人不同意调解或者在商定、指定时间内不能达成调解协议的,人民法院应当依法及时立案。

15. 经双方当事人同意,或者人民法院认为确有必要的,人民法院可以在立案后将民事案件委托行政机关、人民调解组织、商事调解组织、行业调解组织或者其他具有调解职能的组织协助进行调解。当事人可以协商选定有关机关或者组织,也可商请人民法院确定。

调解结束后,有关机关或者组织应当将调解结果告知人民法院。达成调解协议的,当事人可以申请撤诉、申请司法确认,或者由人民法院经过审查后制作调解书。调解不成的,人民法院应当及时审判。

16. 对于已经立案的民事案件,人民法院可以按照有关规定邀请符合条件的组织或者人员与审判组织共同进行调解。调解应当在人民法院的法庭或者其他办公场所进行,经当事人同意也可以在法院以外的场所进行。达成调解协议的,可以允许当事人撤诉,或者由人民法院经过审查后制作调解书。调解不成的,人民法院应当及时审判。

开庭前从事调解的法官原则上不参与同一案件的开庭审理,当事人同意的除外。

17. 有关组织调解案件时,在不违反法律、行政法规强制性规定的前提下,可以参考行业惯例、村规民约、社区公约和当地善良风俗等行为规范,引导当事人达成调解协议。

18. 在调解过程中当事人有隐瞒重要事实、提供虚假情况或者故意拖延时间等行为的,调解员可以给予警告或者终止调解,并将有关情况报告委派或委托人民法院。当事人的行为给其他当事人或者案外人造成损失的,应当承担相应的法律责任。

19. 调解过程不公开,但双方当事人要求或者同意公开调解的除外。

从事调解的机关、组织、调解员,以及负责调解事务管理的法院工作人员,不得披露调解过程的有关情况,不得在就相关案件进行的诉讼中作证,当事人不得在审判程序中将调解过程中制作的笔录、当事人为达成调解协议而作出的让步或者承诺、调解员或者当事人发表的任何意见或者建议等作为证据提出,但下列情形除外:

(一)双方当事人均同意的;

（二）法律有明确规定的；

（三）为保护国家利益、社会公共利益、案外人合法权益，人民法院认为确有必要的。

四、规范和完善司法确认程序

20. 经行政机关、人民调解组织、商事调解组织、行业调解组织或者其他具有调解职能的组织调解达成的具有民事合同性质的协议，经调解组织和调解员签字盖章后，当事人可以申请有管辖权的人民法院确认其效力。当事人请求履行调解协议、请求变更、撤销调解协议或者请求确认调解协议无效的，可以向人民法院提起诉讼。

21. 当事人可以在书面调解协议中选择当事人住所地、调解协议履行地、调解协议签订地、标的物所在地基层人民法院管辖，但不得违反法律对专属管辖的规定。当事人没有约定的，除《中华人民共和国民事诉讼法》第三十四条规定的情形外，由当事人住所地或者调解协议履行地的基层人民法院管辖。经人民法院委派或委托有关机关或者组织调解达成的调解协议的申请确认案件，由委派或委托人民法院管辖。

22. 当事人应当共同向有管辖权的人民法院以书面形式或者口头形式提出确认申请。一方当事人提出申请，另一方表示同意的，视为共同提出申请。当事人提出申请时，应当向人民法院提交调解协议书、承诺书。人民法院在收到申请后应当及时审查，材料齐备的，及时向当事人送达受理通知书。双方当事人签署的承诺书应当明确载明以下内容：

（一）双方当事人出于解决纠纷的目的自愿达成协议，没有恶意串通、规避法律的行为；

（二）如果因为该协议内容而给他人造成损害的，愿意承担相应的民事责任和其他法律责任。

23. 人民法院审理申请确认调解协议案件，参照适用《中华人民共和国民事诉讼法》有关简易程序的规定。案件由审判员一人独任审理，双方当事人应当同时到庭。人民法院应当面询问双方当事人是否理解所达成协议的内容，是否接受因此而产生的后果，是否愿意由人民法院通过司法确认程序赋予该协议强制执行的效力。

24. 有下列情形之一的，人民法院不予确认调解协议效力：

（一）违反法律、行政法规强制性规定的；

（二）侵害国家利益、社会公共利益的；

（三）侵害案外人合法权益的；

（四）涉及是否追究当事人刑事责任的；

（五）内容不明确，无法确认和执行的；

（六）调解组织、调解员强迫调解或者有其他严重违反职业道德准则的行为的；

（七）其他情形不应当确认的。

当事人在违背真实意思的情况下签订调解协议，或者调解组织、调解员与案件有利害关系、调解显失公正的，人民法院对调解协议效力不予确认，但当事人明知存在上述情形，仍坚持申请确认的除外。

25. 人民法院依法审查后，决定是否确认调解协议的效力。确认调解协议效力的决定送达双方当事人后发生法律效力，一方当事人拒绝履行的，另一方当事人可以依法申请人民法院强制执行。

五、建立健全工作机制

26. 有条件的地方人民法院可以按照一定标准建立调解组织名册和调解员名册，以便于引导当事人选择合适的调解组织或者调解员调解纠纷。人民法院可以根据具体情况及时调整调解组织名册和调解员名册。

27. 调解员应当遵守调解员职业道德准则。人民法院在办理相关案件过程中发现调解员与参与调解的案件有利害关系，可能影响其保持中立、公平调解的，或者调解员有其他违反职业道德准则的行为的，应当告知调解员回避、更换调解员、终止调解或者采取其他适当措施。除非当事人另有约定，人民法院不允许调解员在参与调解后又在就同一纠纷或者相关纠纷进行的诉讼程序中作为一方当事人的代理人。

28. 根据工作需要，人民法院指定院内有关单位或者人员负责管理协调与调解组织、调解员的沟通联络、培训指导等工作。

29. 各级人民法院应当加强与其他国家机关、社会组织、企事业单位和相关组织的联系，鼓励各种非诉讼纠纷解决机制的创新，通过适当方式参与各种非诉讼纠纷解决机制的建设，理顺诉讼与非诉讼相衔接过程中出现的各种关系，积极推动各种非诉讼纠纷解决机制的建立和完善。

30. 地方各级人民法院应当根据实际情况，制定关于调解员条件、职业道德、调解费用、诉讼费用负担、调解管理、调解指导、衔接方式等规范。高级人民法院制定的相关工作规范应当报最高人民法院备案。基层人民法院和中级人民法院制定的相关工作规范应当报高级人民法院备案。

司法部关于贯彻实施《中华人民共和国人民调解法》的意见

（2010年12月24日　司发通〔2010〕224号）

为贯彻实施《中华人民共和国人民调解法》（以下简称人民调解法），现就有关问题提出以下意见：

一、深入学习、宣传、贯彻人民调解法

1. 充分认识贯彻实施人民调解法的重要意义。人民调解法是我国第一部专门规范人民调解工作的法律。人民调解法的颁布实施，对于完善人民调解制度、促进人民调解工作发展，对于深入推进三项重点工作、维护社会和谐稳定，对于进一步做好群众工作、密切党群干群关系，都具有十分重要的意义。各级司法行政机关要切实增强贯彻实施人民调解法的责任感、使命感，以贯彻实施人民调解法为契机，努力开创人民调解工作新局面。

2. 广泛深入地学习宣传人民调解法。各级司法行政机关、广大人民调解组织和人民调解员要深入学习人民调解法，掌握人民调解法的立法精神和各项规定，做到准确理解法律、自觉遵守法律、正确执行法律。要按照统一规划、分级负责、分期分批实施的原则，切实组织好人民调解法学习培训工作，为贯彻实施人民调解法奠定牢固基础。要面向社会、面向群众，广泛宣传人民调解法的重要意义和主要内容，宣传人民调解制度的特色和优势，为人民调解法的贯彻实施营造良好社会氛围。

3. 全面贯彻落实人民调解法的各项要求。人民调解法内容完备、要求明确，要在人民调解工作中全面贯彻、严格执行人民调解法，确保各项规定落到实处。要坚持人民调解的本质特征和工作原则，保证人民调解工作的正确方向。要加强人民调解组织和人民调解员队伍建设，为开展人民调解工作提供强有力的组织保障。要规范人民调解程序，不断提高人民调解工作的质量。要把握人民调解的基础性地位，充分发挥人民调解在化解矛盾纠纷中的优势和作用。要切实履行司法行政机关对人民调解工作的指导职责，有力推动人民调解工作的改革发展。

二、积极推进人民调解组织队伍建设

4. 建立健全人民调解委员会。依法全面建立村（居）人民调解委员会，实现村（居）人民调解委员会全覆盖。结合企业事业单位的特点和实际，鼓励和帮助企业事业单位建立人民调解委员会。

加强乡镇（街道）人民调解委员会建设，充分发挥其化解疑难、复杂矛盾纠纷的作用。积极与有关行业主管部门、社会团体和其他组织沟通协调，着重加强专业性、行业性人民调解委员会建设。

5. 健全完善人民调解组织网络。村（居）和企业事业单位人民调解委员会根据需要，可以在自然村、小区、楼院、车间等设立人民调解小组开展调解工作，也可以在机关、单位等场所设立人民调解工作室调解特定的民间纠纷。

6. 规范人民调解委员会名称。村（居）、企业事业单位、乡镇（街道）人民调解委员会名称由"所在村民委员会、居民委员会名称或者所在乡镇、街道行政区划名称或者所在企业事业单位名称"和"人民调解委员会"两部分内容依次组成。区域性、行业性、专业性人民调解委员会名称由"所在市、县或者乡镇、街道行政区划名称"、"特定区域名称或者行业、专业纠纷类型"和"人民调解委员会"三部分内容依次组成。

7. 提高人民调解员队伍素质。严格按照法定条件推选、聘任人民调解员。充分利用社会资源，吸收具有专业技能和专业知识的人员担任专兼职人民调解员。积极开展法律政策、职业道德和调解技巧的培训，不断提高人民调解员的政治素质和工作能力。

三、大力预防和化解社会矛盾纠纷

8. 全面做好人民调解工作。广泛开展经常性的矛盾纠纷排查，及时发现倾向性、苗头性问题，做到底数清、情况明。切实做好矛盾纠纷化解工作，依法及时、就地调解矛盾纠纷，做到案结事了，防止纠纷激化。认真做好矛盾纠纷预防工作，及时发现可能导致矛盾纠纷的潜在因素，尽早采取有针对性的防范措施。

9. 努力拓展人民调解工作领域。主动适应新时期社会矛盾纠纷发展变化的新趋势，在做好婚姻家庭、相邻关系、损害赔偿等常见性、多发性矛盾纠纷调解工作的同时，积极在征地拆迁、教育医疗、道路交通、劳动争议、物业管理、环境保护等领域开展人民调解工作,扩大人民调解覆盖面。

10. 着力化解重大复杂疑难民间纠纷。人民调解组织要着力化解本地区多年积累、长期未得到有效解决的矛盾纠纷,群众反映强烈、社会影响大的矛盾纠纷以及党委、政府交办的矛盾纠纷。要集中时间、集中力量,深入开展形式多样、主题鲜明的人民调解专项活动,推进人民调解工作不断深入。对于重大、复杂、疑难的矛盾纠纷,司法行政机关领导干部要加强督促指导,亲自参与调解,确保矛盾纠纷得到有效化解。

四、规范开展人民调解活动

11. 完善人民调解受理方式。当事人书面申请调解的,应当填写《人民调解申请书》;口头申请的,人民调解委员会应当填写《人民调解受理登记表》。对于排查中主动发现的、群众反映的或者有关部门移送的民间纠纷,人民调解委员会应当主动进行调解。对于不属于受理范围的纠纷,人民调解委员会应当告知当事人按照法律、法规的规定,可以请求有关部门处理或者向人民法院提起诉讼。

12. 依法开展调解活动。人民调解员调解纠纷,应当严格遵循人民调解工作的原则,主动告知当事人在调解活动中的权利义务,耐心听取当事人对纠纷事实的讲述,深入讲解法律政策和社会公德,帮助当事人认识其在纠纷中应当承担的责任和享有的权利,采取有针对性的措施防止纠纷激化。

13. 规范人民调解协议。经人民调解委员会调解达成调解协议的,可以制作《人民调解协议书》。调解协议有给付内容且非即时履行的,一般应当制作《人民调解协议书》。当事人认为无需制作调解协议书的,可以采取口头协议方式,由人民调解员填写《人民调解口头协议登记表》。

14. 督促当事人履行人民调解协议。人民调解委员会应当对人民调解协议的履行情况,适时进行回访,并填写《人民调解回访记录》。当事人无正当理由不履行人民调解协议的,应当督促其履行。发现人民调解协议内容不当的,在征得各方当事人同意后,可以再次进行调解达成新的调解协议。

五、建立健全人民调解委员会工作制度

15. 健全人民调解委员会工作制度。人民调解委员会要建立完善学习培训、社情民意分析、重大纠纷集体讨论、重大疑难纠纷报告及档案管理等制度,逐步形成有效预防和化解矛盾纠纷的人民调解工作制度体系。

16. 加强人民调解统计报送工作。要全面、及时地对人民调解工作情况进行登记和统计。人民调解员调解每一件纠纷,都应当填写《人民调解员调解案件登记单》。人民调解委员会应当按期填写《人民调解委员会调解案件汇总登记表》,及时向司法行政机关报送《人民调解组织队伍经费保障情况统计表》、《人民调解案件情况统计表》。

17. 规范人民调解卷宗。人民调解委员会调解纠纷,一般应当制作调解卷宗,做到一案一卷。调解卷宗主要包括《人民调解申请书》或者《人民调解受理登记表》、人民调解调查(调解、回访)记录、《人民调解协议书》或者《人民调解口头协议登记表》等。纠纷调解过程简单或者达成口头调解协议的,也可以多案一卷,定期集中组卷归档。

六、切实加强对人民调解工作的指导

18. 依法全面履行指导人民调解工作职责。各级司法行政机关特别是县级司法行政机关,要采取有力措施,推进人民调解组织建设、队伍建设、制度建设和保障能力建设,不断提高人民调解工作质量和水平,充分发挥人民调解在化解社会矛盾、维护社会稳定中的作用。

19. 大力开展人民调解队伍培训工作。省级、市级司法行政机关负责培训县级司法行政机关指导人民调解工作干部和司法所工作人员。县级司法行政机关组织开展本行政区域内的人民调解员培训工作，每年至少开展一次人民调解员任职培训，每三年完成一次人民调解员轮训。

20. 推动落实人民调解工作各项保障政策。各级司法行政机关应当加强与有关部门的沟通协调，解决好人民调解工作指导经费、人民调解委员会补助经费、人民调解员补贴经费；协调人民调解委员会设立单位为其提供必要的工作经费和办公条件；推动落实人民调解员的表彰奖励、困难救助、优待抚恤政策，充分调动广大人民调解员的积极性、主动性和创造性。

21. 进一步强化司法所指导人民调解工作的职能。司法所要切实履行对人民调解工作的日常指导职责，帮助有关单位和组织建立健全人民调解委员会，配齐配强人民调解员，健全完善人民调解工作制度；总结交流人民调解工作经验，指导人民调解委员会调解民间纠纷，纠正违法和不当的调解活动；维护人民调解员合法权益，协调解决人民调解委员会和人民调解员工作中的困难和问题，保障人民调解工作的顺利发展。

22. 充分发挥人民调解员协会的作用。司法行政机关要依法指导人民调解员协会开展工作，支持人民调解员协会充分履行组织会员学习、总结交流经验、开展理论研究、维护会员权益等职责，团结和带领广大人民调解员努力做好人民调解工作。

司法部、中央综治办、最高人民法院、民政部 关于推进行业性专业性人民调解工作的指导意见

(2016 年 1 月 5 日 司发通〔2016〕1 号)

各省、自治区、直辖市司法厅（局）、综治办、高级人民法院、民政厅（局），新疆维吾尔自治区高级人民法院生产建设兵团分院，新疆生产建设兵团司法局、综治办、民政局：

为深入贯彻落实党的十八大和十八届三中、四中、五中全会精神，及时有效预防化解行业、专业领域矛盾纠纷，充分发挥人民调解在矛盾纠纷多元化解机制中的基础性作用，维护社会和谐稳定，现就推进行业性、专业性人民调解工作提出如下意见。

一、充分认识推进行业性、专业性人民调解工作的重要意义

推进行业性、专业性人民调解工作，是适应经济社会发展、化解新型矛盾纠纷的迫切需要，是维护群众合法权益、促进社会公平正义的必然要求，是创新社会治理、完善矛盾纠纷多元化解机制的重要内容。近年来，在党中央、国务院的正确领导和各级党委、政府的大力支持下，各地围绕中心、服务大局，积极推进行业性、专业性人民调解工作，化解了大量矛盾纠纷，取得了明显成效。实践证明，开展行业性、专业性人民调解工作，是新时期人民调解工作的创新发展，是人民调解制度的丰富完善。当前，我国经济发展进入新常态，改革进入攻坚期和深水区，社会结构深刻变动，利益关系深刻调整，各种矛盾凸显叠加，特别是一些行业、专业领域矛盾纠纷易发多发，这类矛盾纠纷行业特征明显，专业性强，涉及主体多，影响面大，必须及时有效化解。党的十八届四中全会从全面推进依法治国的高度，对完善矛盾纠纷多元化解机制，加强行业性、

专业性人民调解工作作出部署，对新时期人民调解工作提出了新的更高要求。贯彻落实党的十八届四中全会精神，大力加强行业性、专业性人民调解工作，依法及时化解行业、专业领域矛盾纠纷，对于维护相关行业、专业领域正常工作秩序，维护社会和谐稳定，保障公平正义，促进经济社会发展具有重要意义。

二、推进行业性、专业性人民调解工作的总体要求

加强行业性、专业性人民调解工作要认真贯彻落实党的十八大和十八届三中、四中、五中全会精神，以邓小平理论、"三个代表"重要思想和科学发展观为指导，深入贯彻落实习近平总书记系列重要讲话精神，按照协调推进"四个全面"战略布局的要求，全面贯彻落实人民调解法，进一步加强行业性、专业性人民调解组织队伍建设，健全部门间协调配合机制，完善工作制度，提升保障能力，有效预防化解矛盾纠纷，切实维护社会和谐稳定。

推进行业性、专业性人民调解工作必须遵循以下原则：

——坚持党委领导，政府主导，司法行政机关指导，相关部门密切配合，共同推进行业性、专业性人民调解工作。

——坚持以人为本，始终把维护双方当事人合法权益作为人民调解工作的出发点和落脚点，根据当事人需求，提供便捷服务，维护双方合法权益。

——坚持实事求是，因地制宜，不搞一刀切，从化解矛盾纠纷的实际需要出发，积极推动设立行业性、专业性人民调解组织。

——坚持尊重科学，根据矛盾纠纷的行业、专业特点和规律，运用专业知识，借助专业力量，提高调解的权威性和公信力。

——坚持工作创新，充分发挥人民调解工作优势，大力推进工作理念、制度机制和方式方法创新，努力实现人民调解工作创新发展。

三、进一步加强行业性、专业性人民调解组织建设

行业性、专业性人民调解组织是在司法行政机关指导下，依法

设立的调解特定行业、专业领域矛盾纠纷的群众性组织。加强行业性、专业性人民调解组织建设，必须遵守人民调解法的各项规定，坚持人民调解的基本属性，发挥人民调解的特点和优势。司法行政机关要加强与有关行业主管部门协调配合，根据相关行业、专业领域矛盾纠纷情况和特点，指导人民调解协会、相关行业协会等社会团体和其他组织，设立行业性、专业性人民调解委员会或依托现有的人民调解委员会设立人民调解工作室。要围绕党委、政府中心工作和广大群众关注的热点、难点问题，总结借鉴医疗卫生、道路交通、劳动关系、家事关系等领域人民调解工作的经验，积极推动相关行业、专业领域人民调解组织建设。对于本地相关行业、专业领域需要设立人民调解组织的，要主动向党委、政府汇报，与有关部门沟通协调，及时推动设立。已设立行业性、专业性人民调解组织的，要进一步巩固提高，依法规范人民调解委员会的组成、人民调解员选聘等，健全各项工作制度，强化学习培训，提高工作能力，有效化解矛盾纠纷。对尚未设立行业性、专业性人民调解组织的，现有人民调解委员会应将辖区内行业性、专业性矛盾纠纷纳入调解范围。行业性、专业性人民调解组织要以方便群众调解为目的选择办公地点和办公场所，办公场所应悬挂统一的人民调解组织标牌和标识，公开人民调解制度及调委会组成人员，方便群众调解纠纷。行业性、专业性人民调解组织应当自设立或变更之日起三十日内，将组织名称、人员组成、工作地址、联系方式等情况报所在地县级司法行政机关，县级司法行政机关应及时通报所在地综治组织和基层人民法院。

四、大力加强行业性、专业性人民调解员队伍建设

司法行政机关要积极协调相关行业主管部门，指导设立单位做好人民调解员的选聘、培训和考核管理等工作。行业性、专业性人民调解委员会的调解员由设立单位或人民调解委员会聘任。要充分利用社会资源,根据矛盾纠纷的行业、专业特点,选聘具有相关行业、专业背景和法学、心理学、社会工作等专业知识的人员担任专职人民调解员,聘请教学科研单位专家学者、行政事业单位专业技术人员作为兼职人民调解员参与调解,建设一支适应化解行业性、专业性矛盾纠纷需要,专兼结合、优势互补、结构合理的人民调解员队伍。每个行业性、专业性人民调解委员会一般应配备3名以上专职人民调解员,人民调解工作室应配备1名以上专职人民调解员。行业性、专业性人民调解委员会主任一般由专职人民调解员担任。要加强专家库建设,根据化解矛盾纠纷需要,聘请法学、心理学、社会工作和相关行业、专业领域专家学者组建人民调解专家库,为人民调解组织化解矛盾纠纷提供专业咨询,专家咨询意见可以作为调解的参考依据。要加大培训力度,通过举办培训班、现场观摩、案例研讨等形式,加强政策法规、业务知识、调解技能培训,切实提高人民调解员队伍的素质和能力。新任人民调解员须经司法行政机关培训合格后上岗。要加强考核工作,及时了解掌握人民调解员的工作情况,对不称职的人民调解员应及时调整或解聘。要按照《关于加强社会工作专业人才队伍建设的意见》(中组发〔2011〕25号)要求,把人民调解员纳入社会工作专业人才培养、职业水平评价体系,积极探索人民调解员专业化、职业化发展的途径。

五、大力加强行业性、专业性人民调解工作制度化、规范化建设

司法行政机关要会同相关部门指导行业性、专业性人民调解委员会建立健全纠纷受理、调解、履行、回访等工作制度,使调解工作各个环节都有章可循;建立健全矛盾纠纷分析研判制度,定期对矛盾纠纷进行分析研判,把握趋势、掌握规律;建立健全信息反馈制度,根据矛盾纠纷调解情况,分析行业、专业领域矛盾纠纷发生原因，提出对策建议，并及时向有关行业主管部门和单位反馈。相关部门和单位要建立健全告知引导制度，对适宜通过人民调解方式化解的矛盾纠纷，应当告知人民调解的特点和优势，引导当事人优先选择人民调解；建立健全矛盾纠纷移交委托等衔接工作制度，明确移交委托范围，规范移交委托程序，健全完善人民调解与行政调解、司法调解联动工作机制。要加强规范化建设，依法规范行业性、专业性人民调解委员会设立及人员组成，规范人民调解员选聘、培训、考核，规范人民调解委员会名称、标牌、标识，规范文书和卷宗制作，规范人民调解统计报送等，不断提高行业性、专业性人民调解工作制度化、规范化水平。

六、进一步提高工作保障能力和水平

按照人民调解法的规定，设立行业性、专业性人民调解委员会的单位应为人民调解委员会开展工作提供办公场所、办公设施和必要的工作经费。要按照《财政部、司法部关于进一步加强人民调解工作经费保障的意见》（财行〔2007〕179号）要求，切实落实行业性、专业性人民调解工作指导经费、人民调解委员会补助经费、人民调解员补贴经费，并建立动态增长机制。要按照《财政部、民政部、工商总局关于印发政府购买服务管理办法（暂行）的通知》（财综〔2014〕96号）要求，把人民调解作为社会管理性服务内容纳入政府购买服务指导性目录，并按照规定的购买方式和程序积极组织实施，提高行业性、专业性人民调解工作经费保障水平。鼓励社会各界通过社会捐赠、公益赞助等方式，为行业性、专业性人民调解工作提供经费支持。

七、全力化解行业、专业领域矛盾纠纷

要及时受理矛盾纠纷，人民调解委员会对排查出来的矛盾纠纷，应及时引导双方当事人通过人民调解方式解决；对当事人申请调解的矛盾纠纷，应认真听取当事人诉求，根据矛盾纠纷的不同情

况，采取相应的措施予以解决；对有关单位移交委托调解的矛盾纠纷，属于人民调解范围的，人民调解委员会应当及时受理；不属于人民调解范围的，应向当事人说明情况，并向委托单位反馈。要善于运用法治思维和法治方式化解纠纷，对合法诉求，应依法予以支持；对不合法、不合理的诉求，要做好疏导工作，引导当事人放弃于法无据、于理不符的要求，说服当事人在平等协商、互谅互让的基础上自愿达成调解协议，做到案结事了。对调解不成的，要告知当事人通过仲裁、行政裁决、诉讼等合法渠道解决。对涉及人员多、影响面广，可能引发治安案件或刑事案件的纠纷，要及时向当地公安机关、行业主管部门报告，并配合做好疏导化解工作。要善于运用专业知识调解，注重发挥相关行业、专业领域专家学者的专业优势，根据调解纠纷的需要邀请相关专家参与调解工作；对复杂疑难案件应充分听取专家咨询意见，必要时可委托具有资质的鉴定机构进行鉴定，确保矛盾纠纷得到科学公正处理。要善于运用法、理、情相结合的方式开展调解工作，既讲法律政策、也重情理疏导，既解法结、又解心结，不断提高调解成功率、协议履行率和人民群众满意度。

八、切实加强组织领导

各级司法行政机关、综治组织、人民法院、民政和相关行业主管部门要高度重视行业性、专业性人民调解工作，积极争取将其纳入党委政府提升社会治理能力、深入推进平安建设、法治建设的总体部署，为行业性、专业性人民调解工作顺利开展提供政策保障。要坚持问题导向，加强调查研究，定期沟通行业性、专业性人民调解工作情况，认真总结行业性、专业性人民调解工作的经验做法，及时解决工作中存在的困难和问题。要广泛宣传行业性、专业性人民调解工作典型经验做法、人民调解特点优势、工作成效等，大力表彰工作中涌现出的先进集体和先进个人，进一步扩大人民调解工作的社会影响，引导更多的纠纷当事人选择人民调解方式解决矛盾纠纷。司法行政机关要切实履行指导人民调解组织设立、人民调解员选任培训等法定职责，认真研究新形势下加强和改进行业性、专业性人民调解工作的方法和措施，大力加强行业性、专业性人民调解工作制度化、规范化建设，及时了解掌握人民调解员需要救助和抚恤的情况，对符合相关条件的，协调落实生活救助或抚恤优待政策。综治组织要将行业性、专业性人民调解纳入综治工作（平安建设）考核评价体系。民政部门要鼓励引导行业协会商会等社会团体和其他社会组织设立行业性、专业性人民调解组织，支持把行业性、专业性人民调解纳入政府购买服务规划。人民法院要通过选任人民调解员担任人民陪审员、邀请人民调解员旁听民事案件审理等形式，对人民调解工作进行业务指导；要及时开展人民调解协议司法确认工作，并将司法确认情况告知人民调解委员会和同级司法行政机关。

司法部、卫生部、保监会关于加强医疗纠纷人民调解工作的意见

（2010年1月8日　司发通〔2010〕5号）

各省、自治区、直辖市司法厅（局）、卫生厅（局），新疆生产建设兵团司法局、卫生局，各保监局：

为进一步发挥新时期人民调解工作在化解医疗纠纷、和谐医患关系、促进平安医院建设、构建社会主义和谐社会中的重要作用，现就加强医疗纠纷人民调解工作提出如下意见：

一、高度重视人民调解工作的重要作用，积极构建和谐医患关系

构建和谐的医患关系，维护医患双方的合法权益，维持正常的

医疗秩序，实现病有所医，是以改善民生为重点的社会建设的重要内容，是构建社会主义和谐社会的需要。近年来，随着我国经济、社会、文化等各项事业的快速发展，人民群众不断增长的医疗服务需求与医疗服务能力、医疗保障水平的矛盾日益突出，人民群众对疾病的诊治期望与医学技术的客观局限性之间的矛盾日益突出，因医疗产生的医患纠纷呈频发态势，严重影响医疗秩序，一些地方甚至出现了因医疗纠纷引发的群体性事件，成为影响社会稳定的突出问题。贯彻"调解优先"原则，引入人民调解工作机制，充分发挥人民调解工作预防和化解矛盾纠纷的功能，积极参与医疗纠纷的化解工作，对于建立和谐的医患关系，最大限度地消除不和谐因素，最大限度地增加和谐因素，更好地维护社会稳定具有十分重要的意义。

加强医疗纠纷人民调解工作要以邓小平理论和"三个代表"重要思想为指导，深入贯彻落实科学发展观，坚持围绕中心、服务大局，发挥人民调解扎根基层、贴近群众、熟悉民情的特点和优势，坚持合理合法、平等自愿、不妨碍当事人诉讼权利的原则，及时妥善、公平公正地化解医疗纠纷，构建和谐医患关系，维护社会和谐稳定。

二、加强医疗纠纷人民调解组织建设

医疗纠纷人民调解委员会是专业性人民调解组织。各级司法行政部门、卫生行政部门要积极与公安、保监、财政、民政等相关部门沟通，指导各地建立医疗纠纷人民调解委员会，为化解医疗纠纷提供组织保障。

要积极争取党委、政府支持，建立由党委、政府领导的，司法行政部门和卫生行政部门牵头，公安、保监、财政、民政等相关部门参加的医疗纠纷人民调解工作领导小组，明确相关部门在化解医疗纠纷、维护医疗机构秩序、保障医患双方合法权益等方面的职责和任务，指导医疗纠纷人民调解委员会的工作。

医疗纠纷人民调解委员会原则上在县（市、区）设立。各地应结合本地实际，循序渐进，有计划、有步骤开展，不搞"一刀切"。

三、加强医疗纠纷人民调解员队伍建设

医疗纠纷人民调解委员会人员组成，要注重吸纳具有较强专业知识和较高调解技能、热心调解事业的离退休医学专家、法官、检察官、警官，以及律师、公证员、法律工作者和人民调解员。原则上每个医疗纠纷人民调解委员会至少配备 3 名以上专职人民调解员；涉及保险工作的，应有相关专业经验和能力的保险人员；要积极发挥人大代表、政协委员、社会工作者等各方面的作用，逐步建立起专兼职相结合的医疗纠纷人民调解员队伍。

要重视和加强对医疗纠纷人民调解员的培训，把医疗纠纷人民调解员培训纳入司法行政队伍培训计划，坚持统一规划、分级负责、分期分批实施，不断提高医疗纠纷人民调解员的法律知识、医学专业知识、业务技能和调解工作水平。

四、建立健全医疗纠纷人民调解委员会的保障机制

医疗纠纷人民调解委员会调解医疗纠纷不收费。其办公场所、工作经费应当由设立单位解决。经费不足的，各级司法行政部门按照财政部、司法部《关于进一步加强人民调解工作经费保障的意见》（财行〔2007〕179 号）的要求，争取补贴。鼓励医疗纠纷人民调解委员会通过吸纳社会捐赠、公益赞助等符合国家法律法规规定的渠道筹措工作经费。

各地要按照规范化人民调解委员会建设的标准，建设医疗纠纷人民调解委员会。医疗纠纷人民调解委员会的办公场所，应设置办公室、接待室、调解室、档案室等，悬挂人民调解工作标识和"医疗纠纷人民调解委员会"标牌，配备必要的办公设施。要建立健全各项规章制度，规范工作流程，并将工作制度、工作流程和人民调解委员会组成人员加以公示。

五、规范医疗纠纷人民调解委员会的业务工作

医疗纠纷人民调解委员会受理本辖区内医疗机构与患者之间的医疗纠纷。受理范围包括患者与医疗机构及其医务人员就检查、诊疗、护理等过程中发生的行为、造成的后果及原因、责任、赔偿等问题，在认识上产生分歧而引起的纠纷。

医疗纠纷人民调解委员会调解医疗纠纷应当按照国务院《人民调解委员会组织条例》、司法部《人民调解工作若干规定》的要求，采取说服、教育、疏导等方法，促使医患双方当事人消除隔阂，在平等协商、互谅互让的基础上达成调解协议。要善于根据矛盾纠纷的性质、难易程度和当事人的具体情况，充分利用便民利民的方式，因地制宜地开展调解工作，切实提高人民调解工作质量。需要进行相关鉴定以明确责任的，经双方同意，医疗纠纷人民调解委员会可以委托有法定资质的专业鉴定机构进行鉴定。调解成功的一般应当制作人民调解协议书，人民调解委员会应当督促当事人履行协议。

六、加强医疗纠纷人民调解工作的指导管理

各级司法行政部门和卫生行政部门应当加强沟通与协作，通过医疗纠纷人民调解工作领导小组加强对医疗纠纷人民调解工作的指导。要建立健全联席会议制度，定期召开会议，通报工作情况，共同研究和解决工作中遇到的困难和问题。

司法行政部门要会同卫生、保监、财政、民政等部门加强对医疗纠纷人民调解委员会的监督指导，建立医学、法学专家库，提供专业咨询指导，帮助医疗纠纷人民调解委员会做到依法、规范调解。要对医疗纠纷人民调解员的工作进行定期评估，帮助他们不断改进工作。

卫生行政部门要指导各级各类医疗机构坚持"以病人为中心"，提高医疗质量，注重人文关怀，加强医患沟通，正确处理事前防范

与事后调处的关系，通过分析典型医疗纠纷及其特点进行针对性改进，预防和减少医疗纠纷的发生。各省、自治区、直辖市卫生行政部门可根据本地实际情况，对公立医疗机构就医疗纠纷与患者自行和解的经济补偿、赔偿最高限额等予以规定。

七、进一步健全和完善医疗责任保险制度

各地要积极推进医疗责任保险工作。司法行政部门要指导医疗纠纷人民调解组织加强与卫生行政部门、保险部门的沟通，建立信息共享、互动合作的长效工作机制。各级卫生行政部门要组织公立医疗机构参加医疗责任保险，鼓励和支持其他各级各类医疗机构参加医疗责任保险。保监部门要鼓励、支持和引导保险公司积极依托医疗纠纷人民调解机制，处理涉及医疗责任保险的有关保险赔案，在医疗纠纷调解委员会主持下达成的调解协议，是医疗责任保险理赔的依据。形成医疗纠纷人民调解和保险理赔互为补充、互相促进的良好局面。

八、加大医疗纠纷人民调解工作宣传表彰力度

要引导新闻单位坚持正面宣传报道为主，大力宣传医疗卫生工作者为维护人民群众的身体健康和生命安全所作出的不懈努力和无私奉献；宣传医德高尚、医术精湛的正面典型，弘扬正气，增强医患之间的信任感；客观宣传生命科学和临床医学的特殊性、高科技性和高风险性，引导群众理性对待可能发生的医疗风险和医疗损害纠纷，优化医疗执业环境，增进社会各界对医学和医疗卫生工作的尊重、理解和支持。要加强对医疗纠纷人民调解工作的宣传，通过多种形式，借助有关媒体大力宣传医疗纠纷人民调解工作的特点、优势、方法、程序以及调解协议的效力，引导纠纷当事人尽可能地通过调解的方式解决纠纷。对于在医疗纠纷人民调解工作中表现突出的先进集体和先进个人应当予以大力表彰和宣传。

司法部关于加强行业性、专业性
人民调解委员会建设的意见

（2011年5月12日　司发通〔2011〕93号）

各省、自治区、直辖市司法厅（局），新疆生产建设兵团司法局、监狱局：

根据《中华人民共和国人民调解法》（以下简称人民调解法）第三十四条的规定，社会团体或者其他组织根据需要可以设立人民调解委员会，调解民间纠纷。为进一步加强行业性、专业性人民调解委员会建设，充分发挥人民调解化解矛盾纠纷、维护社会稳定的职能作用，提出如下意见。

一、充分认识加强行业性、专业性人民调解委员会建设的重要性

近年来，随着我国经济体制深刻变革、社会结构深刻变动、利益格局深刻调整、思想观念深刻变化，各种矛盾纠纷不断增加，呈现出复杂性、多样性、专业性和面广量大的特点，特别是行业性、专业性矛盾纠纷大量上升，已经成为影响社会和谐稳定的难点、热点问题。大力加强行业性、专业性人民调解委员会建设，及时有效地化解特定行业和专业领域出现的难点、热点矛盾纠纷，对于加强和创新社会管理，维护社会和谐稳定，具有重要意义。各级司法行政机关要切实增强责任感、使命感，以贯彻实施人民调解法为契机，大力加强行业性、专业性人民调解委员会建设，完善人民调解制度，为深化三项重点工作，加强和创新社会管理，维护社会和谐稳定，促进经济平稳较快发展作出积极贡献。

二、社会团体或者其他组织设立行业性、专业性人民调解委员会的基本要求

加强行业性、专业性人民调解委员会建设,必须严格遵守人民调解法的各项规定,坚持人民调解的特点和基本属性;必须坚持在当事人自愿、平等的基础上进行调解,不违背法律、法规和国家政策,尊重当事人的权利;必须坚持围绕中心、服务大局,围绕党委、政府和广大群众关注的难点、热点问题开展工作;必须体现行业性、专业性人民调解委员会的特点,针对特定行业和专业领域的矛盾纠纷,运用专业知识,有针对性地开展矛盾纠纷预防化解工作,实现提前预防、及时化解、定分止争、案结事了;必须坚持司法行政机关的指导,确保行业性、专业性人民调解委员会的各项工作健康、规范、有序开展。行业性、专业性人民调解委员会由社会团体或者其他组织设立,由所在地的县级司法行政机关负责履行统计、培训等指导职责。

三、积极推动行业性、专业性人民调解委员会建设

司法行政机关要切实加强与有关行业管理部门、社会团体和组织联系和沟通,相互支持、相互配合,共同指导和推动行业性、专业性人民调解委员会的建立。社会团体或者其他组织可以结合相关行业和专业特点,在县级司法行政机关的指导下,设立行业性、专业性人民调解委员会,并将人民调解委员会以及人员组成及时报送所在地县级司法行政机关。行业性、专业性人民调解委员会要以方便调解为目的设立办公地点,名称由"所在市、县或者乡镇、街道行政区划名称"、"行业、专业纠纷类型"和"人民调解委员会"三部分内容依次组成。人民调解委员会在特定场所设立人民调解工作室调解特定民间纠纷的,名称由"人民调解委员会名称"、"派驻单位名称"和"人民调解工作室"三部分内容依次组成。要在固定的调解场所内悬挂统一的人民调解工作标识,公开人民调解制

度及调委会组成人员，便于当事人选择调解员调解纠纷。

四、加强专业化、社会化人民调解员队伍建设

司法行政机关要加强对人民调解员推选、聘任的指导，吸收具有较强专业知识、较高政策水平、热心调解事业的人员，从事行业性、专业性矛盾纠纷调解工作，每个行业性、专业性人民调解委员会专门从事人民调解工作的人民调解员原则上不应少于三名。要充分发挥退休法官、检察官、警官、律师、公证员等法律工作者以及相关领域专家、学者的专业优势，参与调解行业性、专业性矛盾纠纷，形成年龄知识结构合理、优势互补、专兼职相结合人民调解员队伍，实现人民调解员队伍专业化、社会化。要加强对人民调解员专业知识、法律政策知识和调解技能等培训，会同相关部门制定培训计划，坚持统一规划、分级负责、分期分批实施，共同组织好培训，不断提高人民调解员队伍整体素质，努力培养和造就一支适应化解行业性、专业性矛盾纠纷需要的高素质人民调解员队伍。

五、健全完善行业性、专业性人民调解委员会保障机制

各级司法行政机关应当会同相关部门按照人民调解法的规定和财政部、司法部《关于进一步加强人民调解工作经费保障的意见》（财行〔2007〕179号）的要求，积极争取党委、政府和有关部门的重视和支持，把行业性、专业性人民调解委员会工作经费纳入政府保障，全面落实人民调解工作指导经费、人民调解委员会补助经费、人民调解员补贴经费。设立行业性、专业性人民调解委员会的社会团体或者其他组织，应当为其开展工作提供办公条件和必要的工作经费。要积极争取各级党委、政府和有关部门出台地方性法规、规章和政策，为行业性、专业性人民调解委员会开展工作提供法律或者政策保障。

六、加强行业性、专业性人民调解委员会业务建设

要根据矛盾纠纷的性质、难易程度和当事人的具体情况，充分发挥行业性、专业性人民调解委员会的职能优势，有针对性地开展调解工作。要采取说服、教育、疏导等多种方式调解纠纷，促使纠纷当事人消除隔阂，在平等协商、互谅互让的基础上达成调解协议。达成调解协议的，可以制作人民调解协议书，也可以采取口头协议方式，由人民调解委员会督促当事人履行协议；调解不成的，人民调解委员会应当及时终止调解，并引导当事人通过合法渠道解决。要建立健全学习、例会、疑难复杂纠纷讨论、考评、统计、档案管理和信息报送等制度。要按照统一的文书格式，规范卷宗档案格式，制作调解卷宗，做到一案一卷。要按照统一的统计口径，对人民调解工作情况进行登记和统计，及时向司法行政机关报送《人民调解组织队伍经费保障情况统计表》、《人民调解案件情况统计表》。

七、加强对行业性、专业性人民调解委员会建设的指导

各级司法行政机关要依法履行职责，切实加强对行业性、专业性人民调解委员会的指导。要积极争取党委、政府的重视和领导，将这项工作纳入党委、政府的工作大局。要切实加强与相关行业管理部门的协调配合，形成分工合理、相互配合、协调有序的工作机制，共同推动行业性、专业性人民调解委员会建设工作的开展。要把行业性、专业性人民调解委员会和人民调解员纳入司法行政机关的统计范围和培训计划，大力加强组织建设、队伍建设、业务建设和法制化规范化建设，努力提高人民调解工作的质量和水平。要加强调查研究，认真总结分析行业性、专业性人民调解委员会的组织特点、人员构成、工作模式和运行机制，分析不足，及时改进。要广泛宣传人民调解化解行业性、专业性矛盾纠纷的经验、做法和成效，大力表彰工作中有突出贡献的先进集体和先进个人，提高人民调解公信力，形成推进人民调解工作深入发展的良好社会环境。

司法部关于进一步加强行业性、专业性人民调解工作的意见

(2014年9月30日 司发通〔2014〕109号)

各省、自治区、直辖市司法厅（局），新疆生产建设兵团司法局：

为全面贯彻落实党的十八大、十八届三中全会精神，深入贯彻落实习近平总书记系列重要讲话精神和对司法行政工作重要指示精神，进一步发挥人民调解在化解行业、专业领域矛盾纠纷中的重要作用，维护社会和谐稳定，深入推进平安中国建设，现就进一步加强行业性、专业性人民调解工作提出如下意见。

一、充分认识进一步加强行业性、专业性人民调解工作的重要性和必要性

近年来，各级司法行政机关认真贯彻落实人民调解法和司法部《关于加强行业性、专业性人民调解委员会建设的意见》（司发通〔2011〕93号），大力推进行业性、专业性人民调解工作，取得了明显成效。三年多来，建立了行业性、专业性人民调解组织3万多个，人民调解员近13万人，共化解行业、专业领域矛盾纠纷300多万件，为维护社会和谐稳定作出了积极贡献。实践证明，开展行业性、专业性人民调解工作，是围绕中心、服务大局，充分发挥人民调解职能作用的重要举措，是新时期人民调解工作的创新、发展，是人民调解制度的丰富、完善。但由于行业性、专业性人民调解工作开展时间不长，还存在组织不健全、制度机制不完善、工作不规范、经费保障没有落实到位等问题，各地对此要高度重视，采取有效措施切实加以解决。

随着我国改革进入攻坚期和深水区，社会稳定进入风险期，各

种矛盾纠纷多发易发，影响社会和谐稳定。特别是在医疗卫生、劳动争议、环境保护等行业、专业领域的矛盾纠纷，如果不及时化解，将会影响社会稳定。有效预防和化解行业性、专业性矛盾纠纷，事关人民群众切身利益，事关社会和谐稳定大局。进一步加强行业性、专业性人民调解工作，积极推动人民调解向这些领域延伸，依法及时化解矛盾纠纷，充分发挥人民调解在社会矛盾纠纷调解体系中的基础性作用，对于创新社会治理体系、提高社会治理能力，维护相关行业领域正常秩序、维护人民群众合法权益、维护社会和谐稳定具有重要意义。

二、进一步加强行业性、专业性人民调解工作的指导思想和基本原则

（一）指导思想。全面贯彻落实党的十八大、十八届三中全会精神，深入贯彻落实习近平总书记系列重要讲话精神和对司法行政工作重要指示精神，深入贯彻落实人民调解法，大力加强行业性、专业性人民调解组织和队伍建设，进一步加强制度化、规范化建设，积极化解行业、专业领域矛盾纠纷，切实加强对行业性、专业性人民调解工作的指导，推动人民调解工作创新发展，为维护社会和谐稳定，深化平安中国建设作出新的贡献。

（二）基本原则。行业性、专业性人民调解工作要在坚持人民调解基本原则基础上，坚持党委、政府领导，司法行政机关指导，相关部门密切配合，共同推进行业性、专业性人民调解工作深入开展。要坚持以人为本，始终把维护双方当事人合法权益作为人民调解工作的出发点和落脚点，根据双方当事人需求，提供便捷服务，维护双方合法权益；坚持实事求是、因地制宜，从化解矛盾纠纷的实际需要出发，积极推动设立行业性、专业性人民调解组织，不搞一刀切；坚持尊重科学，着眼于矛盾纠纷的行业、专业特点和规律，运用专业知识，借助专业力量，提高调解的权威性和公信力；

坚持改革创新，从我国基本国情出发，大力推进工作理念、制度机制和方式方法创新，努力实现行业性、专业性人民调解工作创新发展。

三、进一步加强行业性、专业性人民调解组织和队伍建设

（一）加强组织建设。行业性、专业性人民调解委员会是在司法行政机关指导下，依法设立的调解特定行业、专业领域矛盾纠纷的群众性组织。司法行政机关要加强与有关行业主管部门协调配合，根据相关行业、专业领域矛盾纠纷情况和特点，指导人民调解协会、相关行业协会等社会团体和其他组织，设立行业性、专业性人民调解委员会或依托现有的人民调解委员会设立人民调解工作室。当前，要重点加强医疗卫生、道路交通、劳动争议、物业管理、环境保护等行业性、专业性人民调解组织建设，进一步扩大人民调解工作覆盖面。对于本地相关行业、专业领域需要设立人民调解组织的，要主动向党委、政府汇报，与有关部门沟通协调，及时推动设立。已设立的行业性、专业性人民调解组织，要进一步巩固提高，规范组织名称和标牌、标识使用，健全各项制度，有效开展工作。对未设立行业性、专业性人民调解组织的，现有人民调解委员会应将辖区内行业性、专业性矛盾纠纷纳入调解范围。

（二）加强队伍建设。行业性、专业性人民调解委员会的调解员由设立单位或人民调解委员会聘任。根据矛盾纠纷的行业、专业特点，选聘具有相关专业背景和法学、心理学等专业知识的人员以及专家学者、法律服务工作者等为人民调解员，建立专兼结合、优势互补、结构合理的人民调解员队伍。通过政府购买服务等方式，配备专职人民调解员。行业性、专业性人民调解委员会主任一般由专职人民调解员担任。加强考核管理，及时了解掌握人民调解员的工作情况，对不胜任、不称职的人民调解员应及时指导聘任单位调整或解聘。加强人民调解员培训，把行业性、专业性人民调解委员会调解员培训纳入司法行政队伍培训规划。新任人民调解员须经司法行政机关培训合格后上岗。

（三）建立健全专家库。要根据化解矛盾纠纷需要，聘请相关行业或专业领域的专家学者组建人民调解专家库、成立专家咨询委员会等，为人民调解组织化解矛盾纠纷提供专业咨询和指导。

四、进一步加强行业性、专业性人民调解工作制度化、规范化建设

（一）建立健全工作制度。建立健全行业性、专业性人民调解纠纷受理、调解、履行、回访等内部工作制度，使调解工作各个环节都有章可循；建立健全纠纷移交、委托等衔接工作制度，及时受理、调解有关行业部门和单位移交、委托的矛盾纠纷；建立健全行业性、专业性人民调解组织与纠纷当事人所在地人民调解组织或单位之间联合调解制度，有效化解矛盾纠纷；建立健全信息反馈制度，及时向有关部门或单位反馈有关信息和意见建议。

（二）加强规范化建设。要依法规范行业性、专业性人民调解委员会设立和人员组成，确保人民调解群众性、自治性、民间性基本属性；规范人民调解员选聘、培训、岗位职责、工作纪律和研讨学习、年度考核等管理工作，提高人民调解员的政策业务水平和工作责任感；规范文书和卷宗制作，按照统一的文书格式和立卷归档要求，制作调解文书和调解卷宗，做到一案一卷；规范人民调解统计报送工作，确保统计数据真实、准确，报送及时，不断提高行业性、专业性人民调解工作规范化水平。

五、大力化解行业、专业领域矛盾纠纷

（一）依法及时调解。要坚持抓早抓小，及时了解掌握可能引发矛盾纠纷的不稳定因素，努力把矛盾纠纷化解在基层、消除在萌芽状态。对排查出的、当事人申请的和有关部门移送的矛盾纠纷，要及时受理，依法调解，通过教育疏导等方式，帮助当事人在平等协商、互谅互让的基础上自愿达成调解协议；对调解不成的，要引导当事人通过合法渠道解决。对涉及人员多、影响面广、容易激化的重大矛盾纠纷，应及时报告有关部门，并配合做好矛盾纠纷疏导化解工作，防止矛盾激化。

（二）注重运用专业知识调解。针对行业性、专业性矛盾纠纷行业特征明显、专业性强等特点，善于运用专业知识化解矛盾纠纷。对疑难复杂的矛盾纠纷，应充分听取专家咨询意见，必要时可委托具有资质的鉴定机构进行鉴定，确保矛盾纠纷得到科学公正处理。善于运用法、理、情相结合的方式开展调解工作，既讲法律政策、也重情理疏导，既解法结、又解心结，不断提高调解成功率、协议履行率和人民群众满意度。

（三）推进工作创新。创新工作理念，善于运用法治思维和法治方式化解矛盾纠纷，对合法诉求，应依法予以支持；对不合法、不合理的诉求，要做好疏导工作，引导当事人放弃于法无据、于理不符的要求，实现定纷止争、案结事了。创新工作方式方法，善于运用专业知识，借助专业力量和社会力量开展调解，充分运用现代科技手段开展工作，提高调解工作实效。创新工作机制，健全完善司法行政机关、人民调解委员会与相关部门、单位协调配合机制，形成工作合力；健全完善人民调解与行政调解、司法调解衔接配合机制，充分发挥人民调解在社会矛盾纠纷调解工作体系中的基础性作用。

六、切实加强对行业性、专业性人民调解工作指导

（一）加强组织领导。切实把加强行业性、专业性人民调解作为新形势下人民调解工作的重要任务，摆上重要议事日程，主动向党委、政府汇报工作，积极争取把行业性、专业性人民调解纳入当地深化平安建设的总体部署，制定出台加强行业性、专业性人民调解工作的配套政策，为行业性、专业性人民调解工作创造良好条件。加强与财政部门的协调，落实行业性、专业性人民调解委员会补助经费、调解员补贴经费等，并建立动态增长机制。加强与相关行业主管部门、设立单位沟通协调，定期通报情况，及时研究解决工作中存在的问题。加强与基层人民法院的协调配合，通过个案指导、依法确认和执行人民调解协议等措施，提高调解质量。

（二）加强工作指导。认真分析本地区行业、专业领域矛盾纠纷发生、发展的特点和趋势，研究制定加强行业性、专业性人民调解工作的计划和安排，落实工作责任，积极推进人民调解组织队伍、业务工作和保障能力建设。坚持分类指导，加强调查研究，及时研究解决不同行业、专业领域人民调解工作的新情况、新问题，有针对性地提出指导意见，推进工作创新发展。落实人民调解员困难救助和优待抚恤政策，解决人民调解员生活困难，维护人民调解员权益，充分调动广大人民调解员的工作积极性。

（三）加强宣传表彰。通过各种形式，大力宣传行业性、专业性人民调解工作的特点优势、取得的成效和发挥的作用，大力宣传人民调解员的先进事迹和典型案例，增强社会各界和人民群众对行业性、专业性人民调解工作的了解和支持。大力表彰行业性、专业性人民调解先进集体和先进个人，增强人民调解员的荣誉感，激励他们更加积极地做好矛盾纠纷化解工作，为维护社会和谐稳定，推进平安中国建设做出新的贡献。

财政部、司法部关于进一步加强人民调解工作经费保障的意见

（2007年7月9日　财行〔2007〕179号）

各省、自治区、直辖市财政厅（局）、司法厅（局），新疆生产建设兵团财务局、司法局：

人民调解制度是在党的领导下，继承发扬我国民间调解的传统

并不断发展完善起来的一项重要法律制度。党的十六届六中全会提出了构建社会主义和谐社会的战略任务，对人民调解工作提出了新的更高的要求。为确保人民调解工作正常开展，调动广大调解员积极性，充分发挥人民调解在化解矛盾纠纷、维护社会稳定中的独特作用，现就进一步加强人民调解工作经费保障的问题提出如下意见：

一、人民调解工作经费的开支范围

根据司法部、财政部修订的《司法业务费开支范围的规定》〔(85)司发计字第384号〕和人民调解工作发展的需要，人民调解工作经费的开支范围包括司法行政机关指导人民调解工作经费、人民调解委员会工作补助经费、人民调解员补贴经费。

1. 司法行政机关指导人民调解工作经费包括：人民调解工作宣传经费、培训经费、表彰奖励费等；

2. 人民调解委员会补助经费是指对人民调解委员会购置办公文具、文书档案和纸张等的补助费；

3. 人民调解员补贴经费是指发放给被司法行政部门正式聘请的人民调解员调解纠纷的生活补贴费。

二、人民调解工作经费的保障办法

1. 司法行政机关指导人民调解工作经费列入同级财政预算。

2. 为支持人民调解委员会和人民调解员的工作，地方财政根据当地经济社会发展水平和财力状况，适当安排人民调解委员会补助经费和人民调解员补贴经费。乡镇（街道）、村（居）委会、企事业单位等设立人民调解委员会和人民调解员的机构应继续在各方面对其提供支持。

3. 人民调解委员会补助经费、人民调解员补贴经费的安排和发放应考虑每个人民调解委员会及调解员调解纠纷的数量、质量、纠纷的难易程度、社会影响大小以及调解的规范化程度。补助和补贴标准可由县级司法行政部门商同级财政部门确定。

三、人民调解工作经费的管理

1. 人民调解工作经费由各级财政部门会同司法行政部门共同管理。司法行政部门要每年编报经费预算，报同级财政部门审批；使用过程中要严格把关，杜绝弄虚作假、瞒报、虚报现象。财政部门要加强对司法行政部门人民调解工作经费管理的监督检查。

2. 财政部门和司法行政部门要加强协调配合，及时研究解决工作中遇到的新情况、新问题，将人民调解工作经费保障落到实处，促进人民调解工作的进一步发展。

中央政法委、最高人民法院、司法部、民政部、财政部、人力资源和社会保障部关于加强人民调解员队伍建设的意见

（2018年4月27日）

为认真落实党的十九大精神，深入贯彻党的十八届四中全会关于发展人民调解员队伍的决策部署，全面贯彻实施人民调解法，现就加强人民调解员队伍建设提出如下意见。

一、充分认识加强人民调解员队伍建设的重要意义

人民调解是在继承和发扬我国民间调解优良传统基础上发展起来的一项具有中国特色的法律制度，是公共法律服务体系的重要组成部分，在矛盾纠纷多元化解机制中发挥着基础性作用。人民调解员是人民调解工作的具体承担者，肩负着化解矛盾、宣传法治、维护稳定、促进和谐的职责使命。加强人民调解员队伍建设，对于提高人民调解工作质量，充分发挥人民调解维护社会和谐稳定"第一道防线"作用，推进平安中国、法治中国建设，实现国家治理体系

与治理能力现代化具有重要意义。党中央、国务院历来高度重视人民调解工作。党的十八大以来，习近平总书记多次对人民调解工作作出重要指示批示，为做好人民调解工作和加强人民调解员队伍建设指明了方向。广大人民调解员牢记使命、扎根基层、无私奉献，积极开展矛盾纠纷排查调解工作，切实把矛盾纠纷化解在基层，消除在萌芽状态，为维护社会和谐稳定、服务保障和改善民生作出了积极贡献。当前，中国特色社会主义进入新时代。社会主要矛盾已经转化为人民日益增长的美好生活需要和不平衡不充分的发展之间的矛盾。人民不仅对物质文化生活提出了更高要求，而且在民主、法治、公平、正义、安全、环境等方面的要求日益增长。党的十九大强调，要加强预防和化解社会矛盾机制建设，正确处理人民内部矛盾。这些都对人民调解、行业专业调解和调解员队伍建设提出了新的更高要求。各地各有关部门一定要充分认识加强人民调解员队伍建设的重要性、紧迫性，切实增强责任感和使命感，采取有效措施，大力推进人民调解员队伍建设，不断提高人民调解工作水平，全力维护社会和谐稳定。

二、加强人民调解员队伍建设的指导思想和基本原则

（一）指导思想

深入贯彻落实党的十九大精神，坚持以习近平新时代中国特色社会主义思想为指导，按照"五位一体"总体布局和"四个全面"战略布局，全面贯彻实施人民调解法，优化队伍结构，着力提高素质，完善管理制度，强化工作保障，努力建设一支政治合格、熟悉业务、热心公益、公道正派、秉持中立的人民调解员队伍，为平安中国、法治中国建设作出积极贡献。

（二）基本原则

——坚持党的领导。认真贯彻落实中央关于人民调解工作的决策部署，确保人民调解员队伍建设的正确方向。

——坚持依法推动。贯彻落实人民调解法、民事诉讼法等法律规定，不断提高人民调解员队伍建设的规范化、法治化水平。

——坚持择优选聘。按照法定条件和公开公平公正的原则，吸收更多符合条件的社会人士和专业人员参与人民调解工作。

——坚持专兼结合。在积极发展兼职人民调解员队伍的同时，大力加强专职人民调解员队伍建设，不断优化人民调解员队伍结构。

——坚持分类指导。根据各地实际情况和专兼职人民调解员队伍的不同特点，完善管理制度，创新管理方式，不断提高人民调解工作质量。

三、加强人民调解员队伍建设的主要任务

（一）认真做好人民调解员选任工作

1. 严格人民调解员选任条件。人民调解员由人民调解委员会委员和人民调解委员会聘任的人员担任，既可以兼职，也可以专职。人民调解员应由公道正派、廉洁自律、热心人民调解工作，并具有一定文化水平、政策水平和法律知识的成年公民担任。乡镇（街道）人民调解委员会的调解员一般应具有高中以上学历，行业性、专业性人民调解委员会的调解员一般应具有大专以上学历，并具有相关行业、专业知识或工作经验。

2. 依法推选人民调解委员会委员。人民调解委员会委员通过推选产生。村民委员会、社区居民委员会的人民调解委员会委员由村民会议或者村民代表会议、居民会议或者居民代表会议推选产生。企业事业单位设立的人民调解委员会委员由职工大会、职工代表大会或者工会组织推选产生。乡镇（街道）人民调解委员会委员由行政区域内村（居）民委员会、有关单位、社会团体、其他组织推选产生。行业性、专业性人民调解委员会委员由有关单位、社会团体或者其他组织推选产生。人民调解委员会委员任期届满，应及

时改选，可连选连任。任期届满的原人民调解委员会主任应向推选单位报告工作，听取意见。新当选的人民调解委员会委员应及时向社会公布。

3. 切实做好人民调解员聘任工作。人民调解委员会根据需要可以聘任一定数量的专兼职人民调解员，并颁发聘书。要注重从德高望重的人士中选聘基层人民调解员。要注重选聘律师、公证员、仲裁员、基层法律服务工作者、医生、教师、专家学者等社会专业人士和退休法官、检察官、民警、司法行政干警以及相关行业主管部门退休人员担任人民调解员，不断提高人民调解员的专业化水平。要积极发展专职人民调解员队伍，行业性、专业性人民调解委员会应有3名以上专职人民调解员，乡镇（街道）人民调解委员会应有2名以上专职人民调解员，有条件的村（居）和企事业单位人民调解委员会应有1名以上专职人民调解员，派驻有关单位和部门的人民调解工作室应有2名以上专职人民调解员。

（二）明确人民调解员职责任务

4. 人民调解员的职责任务。积极参与矛盾纠纷排查，对排查发现的矛盾纠纷线索，采取有针对性的措施，预防和减少矛盾纠纷的发生；认真开展矛盾纠纷调解，在充分听取当事人陈述和调查了解有关情况的基础上，通过说服、教育、规劝、疏导等方式方法，促进当事人平等协商、自愿达成调解协议，督促当事人及时履行协议约定的义务，人民调解员对当事人主动申请调解的，无正当理由不得推诿不受理；做好法治宣传教育工作，注重通过调解工作宣传法律、法规、规章和政策，教育公民遵纪守法，弘扬社会公德、职业道德和家庭美德；发现违法犯罪以及影响社会稳定和治安秩序的苗头隐患，及时报告辖区公安机关；主动向所在的人民调解委员会报告矛盾纠纷排查调解情况，认真做好纠纷登记、调解统计、案例选报和文书档案管理等工作；自觉接受司法行政部门指导和基层人民法院业务指导，严格遵守人民调解委员会制度规定，积极参加各项政治学习和业务培训；认真完成司法行政部门和人民调解委员会交办的其他工作任务。

（三）加强人民调解员思想作风建设

5. 加强思想政治建设。组织广大人民调解员认真学习宣传贯彻党的十九大精神，坚持以习近平新时代中国特色社会主义思想武装头脑、指导工作。教育引导人民调解员牢固树立政治意识、大局意识、核心意识、看齐意识，自觉在思想上政治上行动上同以习近平同志为核心的党中央保持高度一致。加强人民调解员职业道德教育，深入开展社会主义核心价值观和社会主义法治理念教育，弘扬调解文化，增强人民调解员的社会责任感和职业荣誉感。

6. 加强纪律作风建设。完善人民调解员行为规范，教育人民调解员严格遵守和执行职业道德和工作纪律，树立廉洁自律良好形象，培养优良作风。建立投诉处理机制，及时查处人民调解员违法违纪行为，不断提高群众满意度。

7. 加强党建工作。党员人民调解员应积极参加所属党支部的组织生活，加强党性修养，严守党员标准，自觉接受党内外群众的监督，发挥党员在人民调解工作中的先锋模范作用。支持具备条件的人民调解委员会单独建立党组织，落实基层党建基本制度，严格党内政治生活，突出政治功能，发挥战斗堡垒作用。

（四）加强人民调解员业务培训

8. 落实培训责任。开展人民调解员培训是司法行政部门的重要职责。要坚持分级负责、以县（市、区）为主，加大对人民调解员的培训力度。县（市、区）司法行政部门主要负责辖区内人民调解委员会主任、骨干调解员的岗前培训和年度培训，指导和组织司法所培训辖区内人民调解员；市（地、州）司法行政部门主要负责辖区内大中型企业、乡镇（街道）和行业性、专业性人民调解委会主任、骨干调解员的岗前培训和年度培训；省（区、市）司法行政部门负责制定本地区人民调解员培训规划，组织人民调解员骨干示范培训，建立培训师资库；司法部负责组织编写培训教材，规范培训内容，开展人民调解员师资培训。司法行政部门要积极吸纳律师、公证员、司法鉴定人、专职人民调解员等作为培训师资力量，提高培训质量和水平。基层人民法院要结合审判工作实际和人民调解员队伍状况，积极吸纳人民调解委员会进入人民法院特邀调解组织名册，通过委派调解、委托调解，选任符合条件的人民调解员担任人民陪审员，加强司法确认工作等灵活多样的形式，加大对人民调解员进行业务培训的力度。

9. 丰富培训内容和形式。司法行政部门和人民调解员协会要根据本地和行业、专业领域矛盾纠纷特点设置培训课程，重点开展社会形势、法律政策、职业道德、专业知识和调解技能等方面的培训。创新培训方式和载体，采取集中授课、研讨交流、案例评析、实地考察、现场观摩、旁听庭审、实训演练等形式，提高培训的针对性、有效性。顺应"互联网+"发展趋势，建立完善人民调解员网络培训平台，推动信息技术与人民调解员培训深度融合。依托有条件的高校、培训机构开展培训工作，开发人民调解员培训课程和教材，建立完善人民调解员培训质量评估体系。

（五）加强对人民调解员的管理

10. 健全管理制度。人民调解委员会应当建立健全人民调解员聘用、学习、培训、考评、奖惩等各项管理制度，加强对人民调解员的日常管理。建立人民调解员名册制度，县（市、区）司法行政部门定期汇总人民调解员基本信息，及时向社会公开并通报人民法院，方便当事人选择和监督。建立岗位责任和绩效评价制度，完善评价指标体系。

11. 完善退出机制。人民调解员调解民间纠纷，应当坚持原则、明法析理、主持公道。对偏袒一方当事人，侮辱当事人，索取、收受财物或者牟取其他不正当利益，或泄露当事人的个人隐私、商业秘密的人民调解员，由其所在的人民调解委员会给予批评教育、责令改正；情节严重的，由推选或者聘任单位予以罢免或者解聘。对因违法违纪不适合继续从事调解工作；严重违反管理制度、怠于履行职责造成恶劣社会影响；不能胜任调解工作；因身体原因无法正常履职；自愿申请辞职的人民调解员，司法行政部门应及时督促推选或者聘任单位予以罢免或者解聘。

（六）积极动员社会力量参与人民调解工作

12. 发动社会力量广泛参与。切实发挥村（居）民小组长、楼栋长、网格员的积极作用，推动在村（居）民小组、楼栋（院落）等建立纠纷信息员队伍，帮助了解社情民意，排查发现矛盾纠纷线索隐患。发展调解志愿者队伍，积极邀请"两代表一委员"（党代表、人大代表、政协委员）、"五老人员"（老党员、老干部、老教师、老知识分子、老政法干警）、专家学者、专业技术人员、城乡社区工作者、大学生村官等参与矛盾纠纷化解。充分发挥律师、公证员、司法鉴定人、基层法律服务工作者、法律援助工作者等司法行政系统资源优势，形成化解矛盾纠纷工作合力。

13. 建立人民调解咨询专家库。县级以上司法行政部门可以根据调解纠纷需要，会同相关行业主管部门设立人民调解咨询专家库，由法学、心理学、社会工作和相关行业、专业领域的专业人员组成，相关专家负责向人民调解委员会提供专家咨询意见和调解建议。人民调解咨询专家库可以是包含多领域专业人才的区域性综合型专家库，也可以是某一特定行业、专业领域的专家库。

（七）强化对人民调解员的工作保障

14. 落实人民调解员待遇。地方财政根据当地经济社会发展水平和财力状况，适当安排人民调解员补贴经费。人民调解员补贴经费的安排和发放应考虑调解员调解纠纷的数量、质量、难易程度、社会影响大小以及调解的规范化程度。补贴标准由县级以上司法行政部门商同级财政部门确定，明令禁止兼职取酬的人员，不得领取人民调解员补贴。对财政困难地区，省级要统筹现有资金渠道，加强人民调解工作经费保障。人民调解委员会设立单位和相关行业主管部门应依法为人民调解员开展工作提供场所、设施等办公条件和必要的工作经费。省（区、市）司法行政部门或人民调解员协会应通过报纸、网络等形式，每半年或一年向社会公开人民调解经费使用情况和工作开展情况，接受社会监督。

15. 通过政府购买服务推进人民调解工作。司法行政部门应当会同有关部门做好政府购买人民调解服务工作，完善购买方式和程序，积极培育人民调解员协会、相关行业协会等社会组织，鼓励其聘请专职人民调解员，积极参与承接政府购买人民调解服务。

16. 落实人民调解员抚恤政策。司法行政部门应及时了解掌握人民调解员需要救助的情况，协调落实相关政策待遇。符合条件的人民调解员因从事调解工作致伤致残，生活发生困难的，当地人民政府应当按照有关规定提供必要的医疗、生活救助；在人民调解工作岗位上因工作原因死亡的，其配偶、子女按照国家规定享受相应的抚恤等相关待遇。探索多种资金渠道为在调解工作中因工作原因死亡、伤残的人民调解员或其亲属提供帮扶。

17. 加强对人民调解员的人身保护。人民调解员依法调解民间纠纷，受到非法干涉、打击报复或者本人及其亲属人身财产安全受到威胁的，当地司法行政部门和人民调解员协会应当会同有关部门采取措施予以保护，维护其合法权益。探索建立人民调解员人身保障机制，鼓励人民调解委员会设立单位和人民调解员协会等为人民调解员购买人身意外伤害保险等。

四、加强对人民调解员队伍建设的组织领导

（一）加强组织领导

司法行政机关负责指导人民调解工作，要把人民调解员队伍建设摆上重要位置，列入重要议事日程，切实加强指导。要主动向党委和政府汇报人民调解工作，积极争取有关部门重视和支持，着力解决人民调解员开展工作遇到的困难和问题。要完善相关制度，提高人民调解员队伍管理水平。人民调解员协会要发挥行业指导作用，积极做好对人民调解员的教育培训、典型宣传、权益维护等工作，加强对人民调解员队伍的服务和管理。

（二）落实部门职责

各有关部门要明确自身职责，加强协调配合，共同做好人民调解工作。各级政法委要将人民调解员队伍建设纳入综治工作（平安建设）考核评价体系。人民法院要通过各种形式，加强对人民调解员调解纠纷的业务指导，提高人民调解工作水平。财政部门要落实财政保障责任，会同司法行政部门确定经费保障标准，建立动态调整机制。民政部门要对符合条件的人民调解员落实相关社会救助和抚恤政策，会同人力资源社会保障部门把符合条件的人民调解员纳入社会工作专业人才培养和职业水平评价体系。各相关行业主管部门要从各方面对人民调解员开展工作提供支持和保障。

（三）加强表彰宣传

认真贯彻落实人民调解法，加大对人民调解员的表彰力度，对有突出贡献的人民调解员按照国家有关规定给予表彰奖励。要充分运用传统媒体和网络、微信、微博等新媒体，积极宣传人民调解工作典型人物和先进事迹，扩大人民调解工作社会影响力，增强广大人民调解员的职业荣誉感和自豪感，为人民调解员开展工作创造良好社会氛围。

各地要结合实际，按照本意见精神制定具体实施意见。

图书在版编目（CIP）数据

人民调解方法技巧与法律知识 /《人民调解工作法律实务丛书》编写组编. -- 2 版. -- 北京：中国法治出版社，2025.6. --（人民调解工作法律实务丛书）.
ISBN 978-7-5216-5374-8

Ⅰ. D925.114.4
中国国家版本馆 CIP 数据核字第 2025JD7504 号

责任编辑：周琼妮　　　　　　　　　　　　封面设计：杨泽江

人民调解方法技巧与法律知识
RENMIN TIAOJIE FANGFA JIQIAO YU FALÜ ZHISHI

编者/《人民调解工作法律实务丛书》编写组
经销/新华书店
印刷/三河市国英印务有限公司
开本/880 毫米×1230 毫米　32 开　　　印张/10.375　字数/235 千
版次/2025 年 6 月第 2 版　　　　　　　2025 年 6 月第 1 次印刷

中国法治出版社出版
书号 ISBN 978-7-5216-5374-8　　　　　　　　定价：45.00 元

北京市西城区西便门西里甲 16 号西便门办公区
邮政编码：100053　　　　　　　　　　　传真：010-63141600
网址：http://www.zgfzs.com　　　　　　编辑部电话：010-63141807
市场营销部电话：010-63141612　　　　　印务部电话：010-63141606

（如有印装质量问题，请与本社印务部联系。）